CIÊNCIA E VIDA CIVIL
NO RENASCIMENTO ITALIANO

FUNDAÇÃO EDITORA DA UNESP

Presidente do Conselho Curador
Herman Jacobus Cornelis Voorwald

Diretor-Presidente
José Castilho Marques Neto

Editor-Executivo
Jézio Hernani Bomfim Gutierre

Conselho Editorial Acadêmico
Alberto Tsuyoshi Ikeda
Áureo Busetto
Célia Aparecida Ferreira Tolentino
Eda Maria Góes
Elisabete Maniglia
Elisabeth Criscuolo Urbinati
Ildeberto Muniz de Almeida
Maria de Lourdes Ortiz Gandini Baldan
Nilson Ghirardello
Vicente Pleitez

Editores-Assistentes
Anderson Nobara
Fabiana Mioto
Jorge Pereira Filho

EUGENIO GARIN

CIÊNCIA E VIDA CIVIL NO RENASCIMENTO ITALIANO

Tradução de
Cecília Prada

Revisão técnica de
José Aluysio Reis de Andrade

Copyright © 1993 by Gius. Latarza & Figli
Título em italiano: *Scienza e vita civile nel Rinascimento italiano.*

Copyright © 1994 da tradução brasileira:
Editora Unesp da Fundação para o Desenvolvimento
da Universidade Estadual Paulista (Fundunesp).

Fundação Editora da Unesp (FEU)
Praça da Sé, 108
01001-900 – São Paulo – SP
Tel.: (0xx11) 3242-7171
Fax.: (0xx11) 3242-7172
www.editoraunesp.com.br
www.livrariaunesp.com.br
feu@editora.unesp.br

Dados Internacionais de Catalogação na Publicação (CIP)
(Câmara Brasileira do Livro, SP, Brasil)

Garin, Eugenio, 1909.
  Ciência e vida civil no Renascimento italiano / Eugenio Garin; tradução de Cecília Prada. – São Paulo: Editora da Universidade Estadual Paulista, 1996. – (Biblioteca básica)

  Título original: Scienza e vita civile nel Rinascimento italiano.
  ISBN 85-7139-110-6

  1. Ciência renascentista 2. Humanismo 3. Itália – Política e governo – Século XV 4. Renascença – Itália I. Título. II. Série.

96-0241   CDD-945.05

Índices para catálogo sistemático:
1. Itália: Renascimento: História   945.05
2. Renascimento italiano: História   945.05

SUMÁRIO

7 Prefácio

21 Capítulo 1
Os chanceleres humanistas da república florentina, de Coluccio Salutati a Bartolomeu Scala

57 Capítulo 2
A cidade ideal

81 Capítulo 3
A cultura florentina na época de Leonardo da Vinci

109 Capítulo 4
Universalidade de Leonardo da Vinci

131 Capítulo 5
Galileu e a cultura do seu tempo

167 Capítulo 6
Galileu "filósofo"

191 Índice onomástico

PREFÁCIO

1 Os estudos recolhidos neste livro nasceram todos como conferências, ou seja, com limites definidos: necessidade de ampliação expositiva dos resultados obtidos; falta de justificativas crítica e documental completas. Tentamos minimizar tais imperfeições reorganizando os textos e indicando nas Notas as pesquisas em que algumas asserções se basearam. Este Prefácio visa esclarecer alguns dos critérios adotados.

O discurso organiza-se em torno de dois eixos: 1. as "ideias" e os "ideais" ético-políticos das cidades italianas do século XV; 2. alguns aspectos da problemática científica "renascentista", relacionados com a retomada dos estudos "humanísticos". De um ponto de vista mais geral, tentamos demonstrar nestas páginas em que sentido um movimento cultural profundamente ligado em sua origem à vida das cidades italianas nos séculos XIV e XV deve ser considerado uma das premissas da renovação científica moderna. Por outro lado, paralelamente ao desenvolvimento de uma nova visão do mundo e das relações entre o homem e as coisas, as cidades italianas e as "idealizações" civis que tinham alimentado essa imagem do homem passam a viver o seu declínio. Em aproximadamente dois séculos, numa curva que se estende do florescimento "humanístico", passando pelos triunfos das artes figurativas, à metafísica de Giordano Bruno e à ciência de Galileu, a hegemonia cultural italiana, que se afirmara por uma forte tomada de consciência "nacional", diluiu-se na crise das estruturas das cidades em que esta cultura "humana" havia-se baseado. No início, um empenho moral e político decidido; no fim, o distanciamento de uma reflexão já então autônoma em sua própria teoricidade orgânica.

Sobre muitos dos temas tratados, houve e há inúmeras dissensões, calorosamente expostas, tanto na Itália como fora dela.[1] Se, de fato, ao menos em parte, reconhece-se, ainda que com diversas nuanças, a importância ético-política da atividade dos "humanistas", não mais reduzidos a simples "gramáticos", ainda se contesta uma ressonância profunda deles seja no plano das "ideias" filosóficas, seja no das pesquisas científicas; isso, quando não se diz abertamente que ciência e filosofia afirmaram-se *contra* a obra dos "literatos", *não obstante* o apelo que estes faziam aos textos antigos. Não são poucos os que, diante da reação aristotélica e antiescolástica de críticos como Valla ou Erasmo, "manifestam o seu estupor pela ingenuidade da matemática e da física do século XV, e deploram as antipatias, considerando o culto humanístico da Antiguidade nocivo ao desenvolvimento regular da ciência moderna".[2] Assim, Marie Boas sintetiza uma atitude muito comum entre os historiadores da ciência, para logo depois sublinhar as suas limitações: "o que os humanistas atacavam na ciência medieval não era a ciência; era a sutileza estéril" de discussões "dialéticas" *in utramque partem*, justamente aquela contra a qual se lançam, em termos quase idênticos, Da Vinci e Galileu. Entre os méritos mais importantes dos "humanistas" em relação à ciência, está justamente a reforma da lógica, ou seja, a reivindicação da retórica e da dialética para as ciências morais, ao lado do reconhecimento da importância da matemática para as ciências naturais. Por outro lado, acrescenta ainda Marie Boas, "os cientistas estavam prontos a aceitar os métodos dos humanistas por muitas razões", e antes de mais nada porque justamente no terreno da ciência achavam que "as obras do passado recente são muito inferiores às dos cientistas greco-romanos". Assim, não consideravam em absoluto "anticientífico" assumir em relação aos textos gregos uma atitude semelhante à dos "humanistas", quando não se valiam abertamente da sua mediação – que nunca era unicamente linguística – para descobrir um novo acesso aos cientistas antigos. Entretanto, seria errado reduzir esta mudança de direção da cultura ocidental ao incremento de uma biblioteca oferecida pelos "gramáticos" aos pensadores. O que mudou foi um modo de concepção (*an intellectual attitude*); "tratava-se" – escreveu Alexandre Koyré[3] – "não de combater teorias errôneas ou insuficientes, mas de transformar os quadros da própria inteligência, de derrubar uma atitude intelectual". Um número demasiado grande de historiadores, ou que acreditam sê-lo, por uma exigência de continuidade cada vez mais exasperada (*the cancerous growth of continuity*),[4] esforça-se para apresentar a ciência do século XVII como o último parágrafo do saber medieval, esvaziando a importância de parte da obra dos séculos XV e XVI, unicamente por não conseguir incluí-la nos esquemas do passado. Não percebem a armadilha implícita nessa maneira de compreender a "continuidade", confinada, em última análise, aos limites de uma "linearidade" fixada segundo classificações escolásticas. Dessa maneira, fecham toda via de acesso aos momentos da história em que a ordem se diluía e o novo ainda não se afirmara. As novas concepções, e as "revoluções" que lhe são solidárias e as fazem triunfar, não se explicam dentro dos quadros do passado, em relação aos quais representam um desvio. Para evitar as contradições não resolvidas, e os círculos viciosos, outras perspectivas e outros métodos tornam-se necessários. Não é sem motivo que se diz que a afirmação *"il faut reculer pour mieux sauter"* é verdadeira sobretudo no plano intelectual.

Ora, no início do século XV, a inspiração medieval encontrava-se no seu nível mais baixo; a inspiração grega oferecia muito mais, naquele momento. Contudo, o impulso dirigido a uma retomada do patrimônio científico grego, ou seja, o impulso dirigido a novos métodos e novos horizontes, não vem do âmbito da ciência e da filosofia da Idade Média tardia; provém de outras partes, como consequência de outros ideais, capazes de transformar a visão do homem e da cultura. Alguns adeptos da "continuidade linear" não conseguem compreender que o movimento humanístico explodiu, partindo da "vida civil" em direção aos vários campos do saber, permitindo sua retomada e seu florescimento.

2 A cultura "humanística", que desabrochou nas cidades italianas entre os séculos XIV e XV, manifestou-se principalmente no campo das disciplinas "morais", por um novo caminho em direção aos autores antigos. Concretizou-se nos métodos educativos adotados nas escolas de "gramática" e de "retórica"; atuou na formação dos dirigentes das cidades-estado, oferecendo-lhes técnicas políticas mais refinadas. Serviu não apenas para a compilação mais eficaz do epistolário oficial, mas também para formular programas, compor tratados, definir "ideais", elaborar uma concepção da vida e do significado do homem na sociedade. As palavras de um passado com o qual se pretendia estabelecer uma continuidade de tradição nacional, os livros de autores dos quais todos se proclamavam herdeiros contribuíam para uma autoconsciência e para a formação de uma visão de conjunto da história do homem.[5] O discurso estabelecido pelos "gramáticos" sobre a linguagem dos textos antigos passou a integrar todo texto e toda linguagem: instituições, costumes, normas, procedimentos lógicos, visões de mundo. Uma afirmação sem preconceitos do espírito crítico veio operando nos vários campos da atividade humana, colocando em dúvida, em seus fundamentos, as "autoridades" sobre as quais grande parte do saber medieval estava fundamentada.

Esta complexa mudança cultural, contudo, não aconteceu nem sob um único signo nem por meio de esquemas rígidos ou por continuidade linear, em setores nitidamente separados. Foi, antes, uma ruptura de equilíbrio e de esquemas, que torna evidente a insuficiência de uma historiografia classificatória que tende a separar as diversas disciplinas, fundamentando-as em pseudocategorias: lá as *cartas*, aqui a *filosofia* e as *ciências*; ali a *arte* e a *moral*, aqui a *religião* e a *política*. Perde-se, assim, o sentido das mutáveis hegemonias das várias formas da atividade humana; ignora-se o fato de que as atitudes fundamentais e os quadros de conjunto, que têm um peso decisivo no progresso da cultura, encontram vez por outra o seu centro de gravidade no âmbito daquela "forma" que acaba por predominar, atingindo o máximo de caracterização e de perfeição.[6] E, da mesma forma que não é verdade que as várias disciplinas e atividades permanecem sempre substancialmente idênticas a si mesmas, também não é verdade que o seu relacionamento é sempre igual. Quando, numa sociedade em crise, parece predominar a experiência religiosa, os quadros de conjunto, as ideias gerais parecem encontrar uma formulação sob o signo da religião, assim como, em outros momentos, em que parece emergir a atividade artística ou científica, o centro de gravidade de toda a cultura parece deslocar-se. "O *itinerarium mentis-in veritatem*" – escrevia Alexandre Koyré, apresentando em 1961 *La révolution astronomique*, ou seja, a história de uma revolução do saber sob o signo da astronomia – "não segue uma linha reta: é necessário segui-lo acompanhando todos os seus tortuosos caminhos."

Ora, entre o século XIV e o XVI, na verdade, houve uma mudança de equilíbrio; os "humanistas", e com eles os artistas, os artesãos, os homens de ação, substituíram as trilhas já sem perspectiva da especulação medieval por novas exigências, novos impulsos, novos fermentos; diante das perguntas que até aquele momento haviam permanecido sem resposta, abriram-se novas e imprevisíveis possibilidades. De uma forma inteiramente inédita e desconcertante, novas ideias e novas hipóteses floresceram: desaparecia assim uma forma de entender a realidade, enquanto surgiam posições completamente originais. Magia e ciência, poesia e filosofia misturavam-se e auxiliavam-se, numa sociedade atravessada por inquietações religiosas e por exigências práticas de todo gênero. Longe de se apresentarem em linhas bem definidas, os vários movimentos agiram uns sobre os outros, condenando à esterilidade as posições esquematizadoras ou as reconstruções sistemáticas.

Por outro lado, se medidos pelo metro de Tomás e de Escoto, ou pelo de Descartes e Espinosa, um Pico della Mirandola e um Ficino, um Pomponazzi e um Telésio, perdem qualquer importância, enquanto um Valla e um Poliziano desaparecem na fileira dos pedantes; até mesmo Da Vinci e Galileu, esvaziados de sentido pelos "pretensos" precursores medievais, limitados a uma problemática que não lhes era própria, reduzem-se a objetos de curiosidade ou de exaltação retórica.

À bem conhecida identificação do "humanismo" com um momento da apologética católica pré-tridentina veio corresponder um esvaziamento de toda a cultura renascentista, mediante uma redução como fatos escolares feita pelos cursos universitários de retórica e de filosofia. Paralelamente à contraposição estabelecida entre a pia "retórica" e a herética ciência greco-arábica, estabeleceu-se a rígida distinção entre o "humanismo" literário e a filosofia (isto é, a ciência), tida como releitura de autores clássicos (Platão, Aristóteles, Galeno, Euclides e Arquimedes), simples parágrafo de uma época muito modesta do ponto de vista especulativo, esmagada entre as grandes sínteses teológicas medievais e os grandes sistemas filosófico-científicos do século XVII.

À medida que uma admirável erudição acumulava materiais inéditos e desconhecidos, os pretensos destruidores de um mundo e os sonhadores de novos mundos, os espíritos rebeldes e inquietos, incapazes de permanecer confinados aos quadros costumeiros, acabavam por adquirir fama de vaidosos, retóricos e retrógrados.

Uma época de crise, de revoluções mentais, de iluminações fecundas, tornava-se uma época de eruditos e de pedantes. Permanecia à sombra justamente a ruptura com os esquemas tradicionais, o nascimento de novos tipos de "intelectuais", uma forma diferente de circulação de ideias, não somente nas escolas mas nas cidades e nas cortes, nas lojas e nos bancos, entre magistrados, políticos e homens de ação: entre "leigos" numa sociedade de "leigos". Esqueciam-se as consequências mentais de "descobertas" como as de Colombo e de Copérnico. Ignorava-se o sentido de novidade radical que num certo momento foi comum a cientistas e filósofos, que concordavam em dizer que se voltava às origens com a impressão de se estar começando tudo de novo.

3 Uma parte dos escritos aqui reunidos insiste sobretudo no aspecto "prático", ético-político da renovação cultural que teve lugar entre os séculos XIV e XV, sob o signo do "retorno aos clássicos".

A aproximação entre a produção literária e os escritos políticos; a impossibilidade de separar, nos "humanistas", a atividade "literária" e "privada" da "oficial" e "pública", demonstram como certas formas de expressão se submetiam a exigências políticas bem definidas; como uma certa "retórica" e certas concepções de vida se afirmavam, evoluíam e decaíam simultaneanente ao desenvolvimento e ao declínio de uma sociedade. Os exemplos poderiam ser ampliados: foi de propósito que se levou em conta especificamente o ambiente florentino dos séculos XIV e XV, e insistiu-se também em procurar em Salutati a importância e o significado do homem, na passagem da época de Petrarca e Bocácio para o século XV. A respeito do próprio Salutati, considerou-se oportuno estender a análise, para que a ligação entre a obra desse tratadista e os atos da República pudesse ser mais bem documentada. De fato, não somente as cartas "familiares" do chanceler parecem entrelaçar-se com as cartas oficiais da *Signoria*, como é possível também encontrar nas suas obras os próprios motivos de importantes deliberações. Na carta que enviou em 18 de julho de 1396 ao Grande Senescal do Reino da Sicília, Agnolo Acciaiuoli, a propósito do bando que tinha agredido Donato Acciaiuoli, podem ser lidos, quando fala dos cidadãos que atentam contra a liberdade do Estado, argumentos, até expressões destinadas a encontrar lugar no *De tyranno*, escrito em resposta a Antonio di Aquila e enviado no dia 30 de agosto de 1400 a Francesco Zabarella. As lições dos antigos ligam-se constantemente às experiências do momento, e esclarecem-se umas às outras. Daí a impossibilidade de separar algumas das maiores personalidades da época da atividade concreta que exerciam; daí também a necessidade de reinserir a "retórica" dos "humanistas", o seu retorno à Antiguidade e às suas traduções na realidade da vida política, e a oportunidade de ver em tudo isso muito mais do que um parágrafo da história das escolas de gramática.

É óbvio que uma tentativa séria de se entender personalidades como Salutati, Bruni, Acciaiuoli poderá tirar uma grande vantagem também de estudos aprofundados sobre a estrutura social e sobre a situação patrimonial dos humanistas.[7] Poder-se-á esboçar, assim, um quadro mais completo e mais vivo, mas que não alterará nem o sentido de seus programas e embates, nem a relação entre as várias posições. Sobretudo, não ocorrerá uma separação entre os seus "estudos literários", entre as leituras que faziam das histórias antigas, e a realidade dos contrastes políticos. Pois que disto principalmente se trata: de menosprezar a, por assim dizer, "retórica", ou "gramática", dos "humanistas", reduzindo-a a mero fato escolar ou literário.

Por outro lado, tendo-se a atenção voltada para o nexo entre cultura e atividade prática, pode-se acompanhar melhor determinada trajetória e distinguir e caracterizar os seus momentos. O brilhante movimento de ideias e de ideais, de leituras e de autores, que torna tão diversa a Florença de Salutati daquela de Ficino, e que repercute nas artes figurativas e na poesia, na filosofia e na "retórica", encontra correspondência em um acontecimento político exemplar. E, embora não haja intenção de discorrer sobre "causas", será, no entanto, útil para a compreensão histórica dos fatos culturais sublinhar os nexos evidentes e as relações ocultas, e indagar sobre a consistência dos grupos que agitavam e defendiam as diversas ideias. Dessa forma, a generalidade dos termos poderá dar lugar à consideração de cada acontecimento específico. Para dar um único exemplo: a passagem da hegemonia da cultura "humanística" dos Salutati e dos Bruni à "teológica" dos ficinianos parecerá algo bem diverso de conversão pessoal de alguns eruditos das "letras" à "filosofia", e nem será mais possível reduzi-la às vicissitudes "interiores" de alguma alma piedosa disposta a reafirmar a continuidade da tradição platônica medieval.

4 Sempre dentro do quadro mencionado, as páginas que se seguem pretendem chamar a atenção do leitor para um outro ponto: as contribuições que possam advir, para uma melhor compreensão dos estudos científicos, de uma pesquisa sobre determinados homens e grupos, conduzida não em termos abstratos, mas num plano mais próximo e de maneira mais rápida. Falou-se muito de heterogeneidade a propósito dos interesses filosóficos e científicos dos "humanistas" e, por conseguinte, de períodos diversos; negou-se a circulação de ideias entre os eruditos, os artistas e os artesãos; deixou-se na sombra a conexão entre a elaboração das ideias gerais, efetuada pelos "literatos" e "filósofos", e a renovação das ciências; foram também esquecidas as contribuições efetuadas por elucubrações místico-mágicas, para a formulação de hipóteses muito fecundas; não foi levado em conta o fato de que a contribuição das técnicas artesanais tornou-se determinante por uma conscientização ligada a uma transformação cultural mais ampla; silenciou-se sobre a importância que a evolução da retórica teve sobre o desenvolvimento da matemática, da lógica e das ciências naturais. Fez-se uma história preto no branco, para as grandes categorias: aqui o platonismo evasivo, ali o aristotelismo rigoroso; aqui a mística ficiniana, lá o Da Vinci "Sanza Lettere";[8] aqui os filósofos neoplatônicos e herméticos, lá Galileu com a sua luneta e o arsenal de Veneza. Que Copérnico não despreze uma ascendência platônica para a sua obra-prima; que Galileu combata não os platônicos, mas sim os peripatéticos; que (como Da Vinci) as pessoas se deleitem com páginas de literatura solar escritas no mais desconcertante estilo ficiniano; que William Harvey coloque no início de sua obra-prima um texto que poderia ser encontrado numa página de Pico della Mirandola: todos estes fatos são fundamentais, mesmo quando se tenta liquidá-los, atribuindo-os a um modismo, à sobrevivência de um passado não atuante. Mas por que justamente este passado e estas imagens, que constituíam a expressão e o momento fantástico de hipóteses destinadas a se tornar atuantes?

Os acontecimentos registrados nos documentos dão um testemunho diferente. Recentemente, tentou-se reconstruir um dos capítulos mais significativos da ciência (e da filosofia) medieval, o da "perspectiva", com todas as suas conotações (da anatomia à teoria da visão, à astronomia e à astrologia), tomando-se como ponto de referência um códice muito importante, que pertenceu outrora ao convento florentino de San Marco, e que em relação a esses escritos é um códice único. Trata-se de uma coletânea orgânica, elaborada por volta de 1400, de textos fundamentais de Oresme, de Henrique de Lagenstein, de Domenico da Chivasso e outros. Mas o que importa é que esse manuscrito faz parte de um conjunto muito importante de códices científicos, todos de grande valor, e quase todos reunidos por ser Filippo di ser Ugolino Pieruzzi da Vertine, Notário das *Riformagioni* de 1429, e que já em 1401 lavrava escrituras: um "humanista", portanto, segundo a classificação de certos historiadores, destinado a acabar como professor de latim nas escolinhas rurais, após ter sido banido em 1444 por fazer oposição aos Medici. Os que folheiam os manuscritos de *ser* Filippo, conservados atualmente na Biblioteca Laurenciana e na Biblioteca Nacional de Florença, têm a nítida impressão de estar diante de uma magnífica biblioteca da ciência antiga e medieval, reunida com rara competência por um grande erudito, estudioso da matemática, da física, da astronomia e da astrologia. Mas hoje já não é preciso ir a esses lugares para se analisar tais livros, pois A. A. Björnbo já os analisou resumidamente, no início do século, numa série de escritos que mereceriam maior atenção, visto terem trazido à luz um singular documento de interesse científico de altíssimo nível, justamente num centro de estudos humanos como era a Florença de fins do século XIV e dos primeiros decênios do XV. Não são menos esclarecedoras as anotações existentes em alguns desses códices, que passaram das mãos de Salutati, por meio de *ser* Filippo, até as de Niccoli e de Cosimo, o Velho, como é o caso da *Perspectiva* de John Peckam (ms. *Conv. Sopp.* I. v.25), publicada mais tarde por Fazio Cardano, usada e citada por Leonardo da Vinci.[9]

 O discurso sobre os tratados da "perspectiva" nos levaria muito longe. Mas como não lembrar ao menos o manuscrito *Conv.* J. v.30, mais um códice que outrora pertenceu a *ser* Filippo di *ser* Ugolino, e sobre o qual recentemente Marshall Clagett chamou a atenção ao que denominou "The Florence Versions" do *De mensura circuli* de Arquimedes?[10] Pelo que conhecemos de *ser* Filippo (cuja vida foi escrita por Vespasiano), temos certeza de sua ligação com Bruni, com Traversari, com Manetti e com Marsuppini. Sabemos também que conhecia o grego e que se relacionava com todos os círculos cultos da cidade. Chegamos assim a Toscanelli, ao seu conhecimento matemático, às suas discussões com Nicolau de Cusa, às suas pesquisas sobre a "perspectiva", natural e artificial e ao seu relacionamento "científico" com Brunelleschi.[11] Este é um caminho no qual encontramos, muito mais do que os tratados compilatórios de um Ghiberti (cujos *Commentarii* foram iniciados, parecem-nos, em 1948), a atividade tão complexa de Alberti, num importantíssimo encontro de cultura humanística refinada, de arte e de ciência. No século XV, de uma forma quase emblemática ele demonstra, apenas com a sua presença, a artificialidade das demasiado fáceis contraposições entre literatura e ciência, entre "humanismo" e "naturalismo", entre o mundo dos artistas e o mundo dos sábios. Em suas páginas encontramos, na boca de Momo, o elogio da natureza divina racional e reguladora do tudo, animadora imutável de cada ser vivente (*"fungi iccirco, quaecumque a Natura procreata sint, certo praescriptoque officio... quandoquidem invita repugnanteque Natura eadem ipsa per se nihil possint"*) ("por isso, respeitar todas as coisas que tenham sido criadas pela Natureza é estrito dever de ofício, uma vez que, se a Natureza não o quisesse e se lhe repugnasse, por si mesmas, essas coisas nada poderiam").[12] Como se sabe, Alberti teorizava sobre a presença de leis e princípios racionais na realidade, e combatia as superstições mágicas e astrológicas, zombando cruelmente delas. Em outro diálogo, referindo-se às lembranças bolonhesas, narra o episódio ocorrido com um erudito astrônomo, insigne cientista de Bolonha: quando do nascimento de seu filho, foi feito o horóscopo da criança e os astros anunciaram que esse filho morreria enforcado. Para evitar tal destino, o filho foi encaminhado para a vida religiosa, pois, conforme as leis, os sacerdotes não podiam ser enforcados. Ainda que o filho tivesse sido um modelo de virtude, e por isso mesmo superior ao destino, mesmo assim, no momento em que fora indicado pelos astros, com grande comoção e perante os amigos, o bom pai obteve do filho que este passasse por uma simulação de enforcamento, sem que efetivamente corresse algum perigo, para que assim se cumprisse o anúncio feito pelos astros e sua influência fosse, enfim, exorcizada. O jovem, sem ter conhecimento de tal desígnio se havia prestado ao estranho procedimento movido unicamente pela obediência filial. Porém, ao tomar conhecimento da farsa em meio à euforia de ter sido salvo daquele perigo anunciado, o filho insurgiu-se gravemente contra o pai, baseando-se na inutilidade científica da astrologia divinatória e também nos ensinamentos morais que havia adquirido: porque o sábio é senhor das estrelas. Pouco mais tarde, ainda no tempo previsto pelos astros, uma rebelião estourou na cidade e alguns rebeldes, desconfiados da imparcialidade do jovem sacerdote, enforcaram-no, apesar de todas as leis.

Gostaríamos de continuar a analisar outras páginas em que Alberti recoloca em discussão todas as suas teorias sobre o destino e a virtude. A consciência crítica e a abertura antidogmática atingem pontos extremos. A consciência do valor do trabalho humano se transforma no sentido dos seus limites, concluindo depois com uma espécie de suspensão enigmática. Cientista e artista, literato e filósofo, Alberti está presente em todos os campos, de uma maneira determinante. É difícil não recordá-lo lendo Erasmo e Giordano Bruno, Leonardo da Vinci e Ariosto – os pensadores e cientistas mais avançados, os poetas mais hábeis, os escritores mais procurados, o *Sonho de Polifilo* e *Orlando Furioso*.

É o mundo dessa cultura que procuramos aqui redescobrir e fixar, em alguns de seus elementos mais significativos.

E. G.
Florença, abril de 1965.

Notas

1 Para uma exposição ampla e equilibrada dos vários problemas aqui mencionados, e para se obter um ponto de vista um tanto diferente, deve-se ver os volumes de P. O. Kristeller, *Renaissance Thoughtew* e *Renaissance Thought II*, New York, 1961, e 1965 (aos quais deve ser acrescentado o volume *Eight Philosophers of the Italian Renaissance*. California: Stanford, 1964).

2 M. Boas, *The Scientific Renaissance, 1450-1630*. London, 1962, p.27 ss.

3 A. Koyré, *Études galiléennes*, I, Paris, 1939, p.9.

4 A expressão é de J. Agassi, Towards an historiography of Science, "History and Theory", *Beiheft*, n.2, 1963, p.33.

5 Há aproximadamente trinta anos o autor dedicou grande parte de suas pesquisas a este aspecto da atividade dos "humanistas", tendo verificado então a sua eficácia também em outras direções. Os seus longínquos estudos, especialmente os realizados sobre o aspecto "moral" de Salutati e sobre a polêmica entre médicos e juristas, destinavam-se a extrair as raízes mais profundas desses fatos. Não há dúvida, porém, de que não somente os seus métodos mas também os seus pontos de vista vieram se modificando e se aprofundando gradativamente, até chegar, em vários casos, a conclusões distantes do ponto de partida. No longo caminho percorrido, usou, com grande êxito, especialmente alguns dos primeiros artigos de H. Baron, de quem se confessa devedor. Mas não lhe foi então possível usar suas duas obras maiores (*The Crisis of the Early Italian Renaissance* e *Humanistic and Political Literature in Florence and Venice*, são de 1955; o seu *Der italianische Humanismus* saiu em 1947) e, infelizmente, nem mesmo alguns dos ensaios que foram publicados fora da Itália na época da Segunda Guerra Mundial. O autor salienta o fato com o único objetivo de lamentar que as férreas leis da cronologia não lhe permitiram incluir nos seus trabalhos antigos as obras que ainda não haviam sido escritas pelo grande especialista, ao contrário do que parecem supor, há algum tempo, alguns dos nossos "historiadores", especialmente vagos no que se refere à genealogia e à hierarquia (para as indicações sobre as principais obras, no que se refere a Kristeller, Baron e o autor deste livro, cf. F. Chabod, *Machiavelli and the Renaissance*, London, 1960, p.217-9).

6 No seu importante livro, *The Metaphysical Foundations of Modern Physical Science*, de 1925, E. A. Burt enfatiza as ligações entre a história da ciência e as suas "revoluções", e a história da metafísica.

7 Para uma contribuição, ver Lauro Martines, *The Social World of Florentine Humanists*, Princeton, 1963 (pode ser interessante lembrar a tirada de Antonio Labriola, numa carta a Engels de 3 de agosto de 1894, sobre o nexo existente entre o chanceler Salutati "a partir do qual se inicia o *humanismo*", "a verdadeira burguesia" , que "começa a dominar Florença", e as teorias econômicas de São Bernardino e Santo Antonino. "A Itália daquela época" – conclui – "é a pré-história do capitalismo.").

8 Expressão corrente então a respeito de Leonardo da Vinci, referindo-se depreciativamente ao seu autodidatismo. (N. E.)

9 As considerações de A. A. Björnbo saíram numa série de artigos publicados, a partir de 1903, na terceira série da "Bibliotheca Mathematica" (*Die mathematischen S. Marcohandshcriften in Florenz*). O manuscrito referido, Biblioteca Nacional de Florença, *Conv. Soppr.* J, X, 19, é o ponto de partida de G. Federici Vescovini, *Studi sulla prospettiva medievale*, Torino, 1965.

10 M. Clagett, *Arquimedes in the Middle Ages*, v.I: *The Arabo-Latin Tradition*, Madison, 1964, p.91-142. O precioso material recolhido por Clagett é importante, entre outras coisas, para demonstrar como foi modesta a parte de Arquimedes na Idade Média (p.14: "*we must conclude that he played ... a modest part*"). Dizia Koyré: (op. cit., 1939, p.10, n.1): "acho que se poderia resumir o trabalho científico do século XVI na gradual recepção e compreensão da obra de Arquimedes. Para a história do pensamento científico, o conceito popular de 'Renascimento' mostra-se profundamente verdadeiro".

Uma observação tão vigorosa quanto exata sobre a importância dominante de Arquimedes e dos matemáticos gregos foi feita recentemente por Neal W. Gilbert, Galileo and the School of Padua, *Journal of the History of Philosophy*, I, 1963, p.223-31, contra a tese de J. H. Randall Jr., *The Schoolf of Padua and the Emergence of Modern Science*, Padova, 1961. Gilbert nega que Galileu derive o seu método dos lógicos aristotélicos de Pádua e insiste no fato de que se baseava em Euclides, Arquimedes e Pappo. Insiste também, e com razão, no fato de que o acirramento das discussões sobre o método se deveu à retomada da leitura dos diálogos platônicos (a propósito destes pontos, permito-me chamar a atenção para tudo o que tive a oportunidade de observar, até em comparação com Randall, não somente em algumas "conferências" sobre Galileu feitas em 1963, mas também no ensaio "Gli umanisti e la scienza", *Rivista de filosofia*, v.52, 1961, p.259-78). Sobre um determinado tópico (p.227), Gilbert, mesmo tendo razão substancialmente, não diz totalmente a verdade, ou seja, sobre a falta de referências "lógicas" nas *Juvenilia* de Galileu. Como se verá mais adiante, Favaro omitiu na sua publicação as notas da *Dialectica*, as quais, é verdade, nem mesmo Randall parece levar em conta. Nessas notas, entretanto, mesmo não se encontrando os nomes dos lógicos peripatéticos paduanos, são encontradas as suas influências, sem que isto de maneira alguma prejudique o discurso de Gilbert.

De fato, o equívoco em que frequentemente se incorre é crer que a influência da nova lógica ou da nova retórica sobre a formação da nova ciência seja direta: ou seja, que os filósofos naturais usem as técnicas dos "retóricos" e dos "dialéticos", quando delas se servem de uma maneira mais indireta, quer valorizando as suas instâncias críticas, quer levando em conta a determinação mais exata das funções próprias (morais e políticas) de certas técnicas que derivam do aristotelismo.

11 Cf., a este respeito, a obra de A. Parronchi, *Studi sulla "dolce" prospettiva*. Roma, 1964, p.581-641. Parronchi aí reproduz, entre outros, atribuindo-o a Toscanelli, o pequeno tratado *Della prospettiva*, antes atribuído a Alberti por A. Bonucci.

12 As passagens latinas foram traduzidas pelo professor Alceu Dias Lima e seus colaboradores da Faculdade de Ciências e Letras, Unesp, Campus de Araraquara. (N. E.)

CAPÍTULO 1

OS CHANCELERES HUMANISTAS DA REPÚBLICA FLORENTINA, DE COLUCCIO SALUTATI A BARTOLOMEU SCALA[1]

"Nesta ilustre cidade, flor da Toscana e espelho da Itália, rival daquela gloriosíssima Roma da qual descende e cujas antigas pegadas segue, combatendo pela salvação da Itália e pela liberdade de todos, aqui em Florença, ocupa-me um trabalho ininterrupto mas de grande importância. Não se trata de uma cidade qualquer; não me limito a comunicar aos países vizinhos as decisões de um grande povo; devo manter informados dos acontecimentos os soberanos e os princípes de todo o mundo." Este é o início de uma carta escrita por Coluccio Salutati a Gaspar, Escudeiro de Broaspini, em 17 de novembro de 1377. Em Verona, Broaspini estudava tranquilamente. Em Florença, Salutati, em meio aos clamores da guerra e aos conflitos partidários, entre o fim da luta contra Gregório XI e a explosão do tumulto com os Ciompi, investido de um importantíssimo cargo, comprazia-se claramente em contrapor a própria atividade febril à calma do amigo: o *perpetuum negocium* de Atenas armada ao sacro ócio das Musas.[2]

Em 15 de abril de 1375, o Conselho do Povo de Florença havia aprovado a sua nomeação como chanceler Dettatore da cidade, substituindo a *ser* Niccolò di *ser* Ventura Monachi, que caíra em desgraça. O homem que fora chamado a assumir aquele alto cargo não era nem um jovem nem um desconhecido. Nascera há 44 anos em Stignano, em VaI de Nievole, e tivera uma vida difícil. Na escola bolonhesa de Pietro da Muglio, aprendera a admirar os homens ilustres do século. Teria sempre uma admiração irrestrita pela poesia de Dante tendo defendido o "divino" Dante contra a inveja de Cecco de Ascoli. Tornou-se amigo e correspondente de Petrarca e de Boccaccio. Considerava Petrarca um modelo insuperável de homem de cultura, infalível em tudo, até mesmo na vida política, capaz de fazer-se ouvir por populares e por soberanos, pontífices e imperadores.

Como notário, *ser* Coluccio teve uma carreira atribulada. Em Roma, trabalhando com o chanceler Francesco Bruni durante o breve período italiano de Urbano V, consolidara mais a sua fama de "intelectual" do que a sua atuação prática. Em Lucca, depois de 1370, experimentara as insídias dos regimentos populares. Em 1374, Florença nomeava-o notário de tratados; em 1375, nomeado chanceler, conseguiu finalmente ter um trabalho – como ele próprio escreveria – *magni splendoris et nominis*, tarefa certamente difícil mas não impossível para um homem dotado de um entusiasmo sereno, e recompensado de forma a torná-lo um homem eminente em sua pátria. "Espero – acrescentava – que um dia se possa escrever sobre o meu túmulo que fui chanceler de Florença."[3]

Em Florença designava-se como "chanceler" , por antonomásia, o *dettatore*, ou seja, um notário matriculado na corporação dos Juízes e Notários e que tinha a função específica de cuidar da comunicação no âmbito da política exterior: "um funcionário que permanece o dia todo no Palácio, e que escreve todas as cartas e epístolas que são enviadas aos príncipes de todo o mundo e também a todos os governantes e às pessoas privadas, em nome da cidade".[4] Escrever cartas, que se destinam ao exterior, aparentemente, é obra de escrivães e de retóricos; na realidade, conforme a personalidade do chanceler, e o prestígio de que goza, este acaba por desempenhar a delicadíssima função de Secretário de Estado permanente para os negócios exteriores. A forma das relações exteriores com as potências estrangeiras, inclusive com a Igreja, podia adquirir um peso decisivo. Entravam em jogo não somente a ciência jurídica, o tato político e a habilidade diplomática, como também a penetração psicológica, a eficácia literária e a capacidade de propaganda. As cartas transformam-se, às vezes, em sagazes instruções aos embaixadores, às vezes em ordens precisas aos homens de armas; em outros momentos, assumem um caráter de manifesto, de "livros brancos ou amarelos ou verdes", inteligentemente elaborados, destinados a apresentar sob uma luz bem definida as posições das partes em causa. Quando Enea Silvio Piccolomini vier a louvar a democracia florentina por ter sempre escolhido grandes chanceleres, sublinhará justamente a sabedoria de se ter confiado um encargo tão delicado a especialistas e, ao mesmo tempo, a figuras de grande prestígio. Os chanceleres florentinos, que permaneciam estáveis em meio às rápidas mudanças das magistraturas supremas da República, eram reconhecidos especialistas em ciência jurídica e em retórica, ou seja, nas técnicas do discurso persuasivo e das relações humanas. Representavam um elemento de continuidade política, de uma sabedoria que se nutria mais de experiências e contatos pessoais, de amizades notáveis e consolidadas pelo fascínio de um grande nome, do que do domínio de uma doutrina específica. Coluccio Salutati conservou o seu cargo por mais de trinta anos, até sua morte; e todos os testemunhos concordam quanto à respeitabilidade de que havia gozado em todos os governos, inclusive nos momentos mais graves dos Ciompi. A palavra do chanceler descia solenemente da sua tribuna, como se fosse a de um oráculo.

Por outro lado, a sua função política junto à municipalidade de Florença teve provavelmente uma importância decisiva para a renovação do saber que recebera de Petrarca um impulso tão profundo. Nos seus primórdios, o Humanismo afirmou-se no campo das artes da palavra, da lógica e da retórica; e, unido a estas, também no campo da moral e da política. O fato de um admirador de Petrarca, embebido de cultura clássica, apaixonado e bem-sucedido pesquisador de textos antigos tornar-se chanceler de uma grande República teve como consequência imediata dar uma marca original às formas, e por meio destas a todos os modos da vida política de um grande país. Ao mesmo tempo, porém, isso serviu para unir um objetivo cultural poderosamente renovador a uma determinada vocação "cívica".

Os que se propõem a estudar a cultura florentina entre o fim do século XIV e o início do XV não podem deixar de se surpreender com o seu empenho político: as "cartas" são sempre coerentes com uma concepção do mundo, com uma visão dos deveres do homem enquanto cidadão. Ora, não é por acaso que justamente nesses decênios a cultura florentina exerça uma espécie de hegemonia na Itália, e não somente nela; é importante ver como havia no seu exercício uma postura carregada de valores políticos. Na guerra contra Gregório XI, assim como na luta de morte contra Gian Galeazzo, Salutati elabora a imagem de Florença como herdeira da antiga Roma republicana, baluarte da liberdade para todos os povos itálicos, mestra e incitadora da própria Roma moderna. Em algumas cartas oficiais escritas por ele, transparece às vezes o tom exaltado de Cola, com a diferença de que a missão de Roma é então atribuída a Florença.[5] Em nome da *liberdade*, ou seja, do único valor que torna a vida digna de ser vivida, Florença torna-se a pátria ideal de todos os homens. Um outro chanceler, Leonardo Bruni, discípulo de Salutati, imitando um elogio feito outrora a Atenas, dirá, com certo êxito, que todo italiano é filho de duas pátrias: a do seu lugar de origem e a de Florença, cidade plena de humanidade devido à sua vocação humana. Dirá ainda que todos os oprimidos, todos os banidos, todos os exilados, todos os que combatem por uma causa justa são idealmente florentinos.[6]

Foi decisivo para a história do renascimento do saber antigo que a imagem de Florença tenha sido assim elaborada por Salutati, no último ato grandioso da vida da República; que ele tenha difundido essa ideia, repetidamente, em centenas de cartas enviadas a todos os lugares da Europa; que esta imagem se tenha ligado à propaganda feita para a difusão dos novos estudos e que se tenha imposto a chanceleres e magistrados, mesmo de estados adversários; e que, além de Bruni, também Loschi ou Uberto Decembrio se tenham proclamado estudiosos e admiradores de Salutati.[7] O Humanismo impôs-se, marcado por este selo; o seu ensinamento não baixou das cátedras universitárias ou dos retóricos de cortes refinadas. Inaugurado por Petrarca, teve sua cátedra mais importante no Pallazo dei Signori de Florença; os seus mestres foram os chanceleres da República: Coluccio Salutati, Leonardo Bruni, Carla Marsuppini, Poggio Bracciolini, Benedetto Accolti, Bartolomeo Scala.

Petrarca havia morrido em 1374. De 1375 a 1406, Salutati tomou o seu lugar como guia da inteligência italiana mais avançada: mestre da sabedoria e do bom gosto, investigador e dignificador do saber latino, celebrador da filosofia e da poesia grega; ao mesmo tempo, constituíra-se em um dos artífices da política exterior de Florença, ainda uma grande potência. O momento era dramático. A Guerra dos Cem Anos chegara a um ponto crítico, com os ingleses quase rechaçados para o mar; Carlos IV estava para desaparecer, deixando Wenceslau em meio a dificuldades; a Igreja afligia-se, entre Avignon e o cisma; Bernabò Visconti via crescer o pouco confiável Gian Galeazzo; Joana I caminhava para o fim; ardia a luta entre Veneza e Gênova. Florença estava para declarar guerra a Gregório XI, apelando para Pisa, Lucca, os Visconti e a Hungria. Cairia sobre a cidade a interdição; e o fim da guerra veria as ruas ensanguentadas e os palácios incendiados pelos Ciompi revoltados. E depois, o duelo mortal com Milão e o avanço inexorável do conde de Virtù. "Sempre firme no Palácio", o chanceler ali estava para aconselhar, persuadir, escrever milhares de missivas cujas minutas, frequentemente encontradas nos doze registros do Arquivo florentino, constituem-se num documento comovente de estilo, de sabedoria política e de humanidade.[8] Constitui uma experiência ímpar percorrer essas cartas, em especial as mais dramáticas e mais importantes, repletas de correções e de acréscimos, observando-se nas frases mudadas, atormentadas, e até mesmo na própria escrita, o reflexo das suas emoções. A chamada imitação dos antigos, ou retórica humanística, sobre a qual tantos absurdos foram escritos, perde todo sabor literário quando, numa carta destinada a um capitão ou a um soberano, descobrimos um texto de Cícero ou de Lívio, um verso de Virgílio ou uma frase de Sêneca. À noite, em casa, Salutati escrevia as cartas particulares: um grande epistolário comparável ao de Petrarca. Mas não é possível estabelecer uma separação entre as suas cartas particulares e as missivas oficiais, e entre estas e os tratados. E ficamos pasmados ao constatar que os historiadores mantêm a mesma insistência em ignorar, na reconstrução deste momento fundamental do Humanismo, um dos mais importantes monumentos da nossa história, até hoje conhecido apenas por escassas e fragmentadas referências. O trabalho que executava de dia no palácio, e de noite no seu escritório particular entrelaça-se com o seu trabalho como grande chanceler: no registro das missivas dos Signori podem ser lidas minutas de cartas em que se fala dos códices antigos, enquanto em numerosas cartas particulares a príncipes e a chanceleres continua o discurso político.[9] Obras como a *Invettiva*, contra os Loschi, ou tratados como o *Tiranno* ligam-se de modo indissolúvel às missivas escritas na luta contra os Visconti. Aí reaparecem as mesmas frases e os mesmos argumentos. Os tratados se fundamentam nas experiências e estas articulam-se nas linhas de uma contínua reflexão. E, se nas cartas oficiais para a nomeação de Luigi Marsili a bispo é possível reconhecer o tom de uma amizade comovida, como não perceber aí a insistência nos estudos feitos em Paris pelo frade, na doutrina teológica consagrada por um título merecido e não obtido por meio de privilégios? Em relação a certos ataques à corrupção e à prepotência eclesiástica, não somente devem vir à mente as cartas do grande Agostiniano a Guido del Palagio, como também deve ser lembrado que, justamente em Florença, em 1363, acabava de ser traduzido o *Defensor Pacis* de Marsílio de Pádua.[10]

Salutati e o sentido secreto daquele grande movimento cultural que está na origem da nossa civilização não estão registrados em livros separados dos documentos de uma atividade prática absorvente; estão continuamente ligados, e nisto constitui a sua marca inconfundível. Ali, nesse ponto de união, a volta aos antigos nunca é mera retórica. Enquanto não forem lidos os textos destes primeiros artífices do Renascimento, comentados em notas de pé de página, com referências contínuas aos seus escritos profissionais, ou seja, à sua vida engajada, jamais poderemos saboreá-los completamente. E, infelizmente, até hoje essa leitura não foi sequer iniciada.

Quando, durante a guerra dos Oito Santos, o chanceler dirige-se aos romanos, estão bem longe de ser meras figuras retóricas a evocação da história antiga de lutas pela liberdade e pela unidade da Itália, a lembrança dos legendários laços existentes entre Roma e Florença, a lembrança da guerra contra os gauleses. Essas cartas, e são numerosíssimas, assemelham-se às mais soberbas páginas de Cola e de Petrarca; têm sempre o sabor de manifestos bem construídos de uma propaganda de grande eficácia, que se apoia numa visão clara e coerente da situação italiana. Além dos gauleses, há o papado de Avignon e a política da França. O mito de Roma e o de Florença, sua filha e herdeira, novo estado-guia da península, assumem um significado preciso e trazem ressonâncias que não devem ser menosprezadas, enquanto a evocação da história romana como exemplo constitui a base científica para uma teoria da ação política.

> Se quisermos algum dia fazer reviver em nossos peitos o antigo vigor do sangue itálico, este é o momento de experimentá-lo, pois estamos movidos por uma causa justa. Qual é o italiano, qual é o romano que, prezando a virtude e o amor da liberdade, poderá suportar ver tantas cidades nobres, tantos castelos sofrerem a bárbara devastação dos franceses, enviados pelos dignitários da Igreja para saquearem toda a Itália, enriquecerem-se com os nossos bens, beberem o nosso sangue? Mais cruéis do que os gauleses, mais atrozes do que os tessalônicos, mais traiçoeiros do que os líbios, mais bárbaros do que os címbrios, em nome da Igreja eles invadiram a Itália: homens sem fé, sem piedade, sem caridade, quando não se sentem suficientemente fortes, apostam nas nossas discórdias, e para oprimir-nos, as suscitam, endossam e alimentam.[11]

Para Salutati, aquele foi um momento trágico. Religioso, de uma fé austera e profunda, vivida com toda a sua alma, para servir à sua cidade viu-se atingido pela penalidade máxima da Igreja, que o baniu da comunidade dos fiéis. Mas, se a sua fidelidade à Igreja de Cristo não vacilava, nem por isso se atenuaram as terríveis acusações que formulava, dentre as quais não se deve esquecer a carta sobre os massacres de Cesena, denunciados a todos os reis e príncipes da terra. De um lado, as atrocidades das milícias bretãs de Roberto de Genebra, e, de outro, insistente, o programa político florentino: "O que não haveremos de fazer pela liberdade? Na nossa opinião, é a única coisa que legitima até a guerra". E, além disso, o sarcasmo voltado à devota ingenuidade dos romanos:

> Acaso esperais ainda o Messias que virá salvar Israel? Não percebeis o aparato com que o Pontífice, enquanto vos faz esperar pelo seu retorno, trata de envolver o povo na guerra? ... oh almas devotas e crédulas dos romanos, oh admirável e piedosa simplicidade de todos os italianos, em nome da santíssima Igreja a Itália sofreu um jugo pesado e abominável; oprimida e convulsionada pela guerra, somente recorreu à liberdade diante da extrema ruína. Nós mesmos, que fomos os primeiros a nos insurgir contra esta bárbara insolência, estávamos a ponto de perder a nossa liberdade por causa da nossa devoção e da nossa simplicidade, não fossem a malícia e a perfídia dos cativos, que nos despertaram do sono profundo pela fome, pela espada, pela fraude e pela traição... Venerados irmãos, nós que somos ossos dos vossos ossos e carne da vossa carne, vos conclamamos a evitar uma guerra atroz; unamos nossas forças pela salvação comum da Itália; juntos, levaremos a cabo sem dificuldade o resgate da terra latina. Se o Sumo Pontífice retornar, será constrangido a conceder a toda a Itália a paz que ora lhe nega; se não voltar, chegará igualmente a ele o pedido de que retorne a uma Itália livre e apaziguada.[12]

Nas cartas oficiais dos mesmos anos, entre 1375 e 1378, extensas e articuladas, o chanceler elabora os temas que serão centrais em sua teoria política: as características do estado tirânico, os fundamentos da vida civil. Escreve aos romanos: "Toda lei que não se volte francamente para o proveito de quem é governado, necessariamente transforma-se em tirania". E ao Imperador: "Não existe nada tão importante, tão grandioso, tão sólido que não se precipite em ruínas quando falta o fundamento da justiça". Numa advertência solene feita aos peruginos, em 19 de agosto de 1384, estão delineadas as características do bom governo: magistrados serenos, não inclinados à vingança e à ira, sóbrios e pacíficos e que exprimam a vontade dos cidadãos. "É um grande mal colocar-se à frente do Estado alguém que desagrade ao povo, alguém não seja do agrado da multidão. É um grande prejuízo admitir no governo quem é incapaz, quem não sabe ajudar a pátria com conselhos. É nocivo encorajar os sediciosos, os violentos, os que venham a ser temidos pelos cidadãos e a cuja utilidade comum deveriam prover".[13] No período dos Ciompi, Salutati atravessou incólume a tempestade, e manteve seu cargo no período anterior, posterior a 1382. Sua atitude foi muito discutida, o que se pode depreender de uma carta particular escrita em 1378 a Domenico de Bandino, na qual se fala de tumulto, sim, mas também dos *begnissimi homines, quos michi videtur divine potentie digitus elegisse*. Numa carta de 3 de fevereiro de 1380, ao Papa, encontramos um longo texto, que depois foi quase completamente suprimido, e que corresponde exatamente à carta enviada a Bandino. É um elogio às artes, *per quas sumus quod sumus*, sem as quais a grandeza de Florença cairia por terra. Os excessos cometidos pelos guelfos são contrapostos à substancial moderação do governo revolucionário, de poucos assassinatos e condenações, e à esperança que fora deixada até aos maiores responsáveis.[14] Coluccio sustenta convictamente a ideia de que nas cidades livres o soberano é o povo: em Florença, cidade de artesãos e de mercadores, e não de cavaleiros e soldados, cidade pacífica e trabalhadora, as artes governavam e a tirania deveria ser banida. Faz também continuamente o elogio dos mercadores: "Espécie de homens necessários humanidade, sem os quais não poderíamos viver" – escreve aos peruginos em 1381. E, já no fim de sua vida, em 23 de abril de 1405, faz, aos *scabini* e aos burgomestres de Bruges, o elogio do que chama "os pais do comércio" necessário ao mundo, e que deve ser defendido *"velut pupilla oculi"*.[15]

Mas este povo amante da paz está preparado para a luta. O ideal político de Salutati é definido em 1389, no conflito com Visconti. "Nós, de uma cidade de homens do povo, dedicados somente ao comércio, mas livres, e por isso mesmo muito odiados;

nós, que não somente somos fiéis à liberdade de nossa pátria mas também defensores da liberdade para além de nossas fronteiras, queremos a paz necessária para que a doce liberdade seja preservada." É o que diz também no manifesto aos italianos, escrito em 25 de maio de 1390, contra a víbora milanesa que já emergira das intrigas e da sombra.[16] No dia 19 de abril, Gian Galeazzo enviara a Florença o famoso ultimato: "A paz da Itália é o que procuramos sempre, com grande empenho". Ao que Coluccio, imediatamente, respondeu:

> Essa palavra, a paz, que é a primeira da carta, é uma imprudente mentira: como prova disso está a invasão da nossa terra ... São estas as obras da paz? ... Para defender a nossa liberdade, declaramos guerra ao tirano lombardo que quer ser ungido rei, e pegamos nas armas pela liberdade dos povos oprimidos por um jugo tão terrível. Confiamos na justiça eterna e inefável do Deus supremo, para que proteja a nossa cidade, olhe para a miséria dos lombardos e não queira antepor a ambição de um único mortal à imorredoura liberdade do povo e à salvação de tantas cidades.[17]

Mais de dez anos depois, em 20 de agosto de 1401, quando a intriga armada por Visconti estava prestes a desfazer-se, é ainda Coluccio que escreve a carta ao Imperador de Constantinopla, o qual havia enviado Demetrio Paleologo a Florença, em busca de apoio contra Bajazet: "Também nós somos ameaçados por um Bajazet italiano, amigo e êmulo do vosso perseguidor; ele quer submeter-nos, e a toda Itália, à sua tirania, servindo-se não somente da barbárie da guerra mas também das insidiosas artes da paz".

Talvez seja este o momento mais grandioso de Coluccio. As doutrinas políticas e os ideais morais refletem uma experiência cotidiana e servem para defini-la e orientá-la. Procura os clássicos; organiza uma biblioteca famosa; faz vir de Bizâncio o primeiro grande mestre de grego, Manuel Crisolora. A sua casa e a sua cidade constituem um templo de estudos; os jovens seguem o seu exemplo e consideram-no pai e mestre; os seus estudos vivem na sua obra de homem político e vão cingindo a sua atividade com uma coroa de sabedoria e com a fama de uma incomparável competência. Enquanto a Itália e a Europa envolvem-se em guerras, Florença não somente constrói as igrejas e os palácios que são descritos na prosa do chanceler com frases de uma delicada doçura, mas assiste também a uma efervescência de cultura e de arte que seria inexplicável sem um nexo muito sólido com o compromisso civil. As histórias antigas não constituem leitura de classes universitárias: ressoam solenemente nas cartas do governo ao conde de Virtù: "Releia, pedimos, as histórias dos romanos, dos quais descendemos; percorra os seus anais e pense nos séculos de autoridade consular que se seguiram à queda dos reis ... e recorde Breno, Pirro, Aníbal, Mitridate". E se o poder de César é legitimado pela investidura realizada por um povo soberano, o assassinato do tirano é coisa santa.[18] E eis Virgílio, numa carta a Benedetto Gambacorti: "... cabe a todos os mortais aquela terrível crise em que o que em nós não morre, abandona o que está sujeito à morte. Não há idade que se subtraia à morte e nem a morte perdoa quem quer que seja: como diz o Poeta, a cada um de nós cabe o seu dia ... O homem é como uma bolha ...".[19]

Escrevendo a John Hawkwood, o Sagaz, que tomara iniciativa de guerra, o chanceler transforma o apelo dos *signori* numa página solene sobre a virtude e o destino, sobre a loucura de se confiar na superioridade das armas. "Não há nada mais incerto, entre as coisas mortais, que os eventos guerreiros, e nada mais imprevisível; nada que fuja mais das cogitações dos homens. A vitória não depende nem do número de soldados e nem da força ... A guerra nunca é declarada e nunca se inicia, se a isso não nos vemos obrigados por uma necessidade inexorável."[20] E para Coluccio há somente uma necessidade inexorável: a defesa da liberdade do povo. Daí as suas constantes invectivas contra as milícias mercenárias, contra a peste e a ruína da Itália; e o seu grande desejo de paz, que aparece em meio ao fragor das armas e às instruções aos chefes militares. Se é difícil abandonar a leitura de suas cartas familiares, muito mais difícil ainda é deixar de ler os volumes das suas cartas oficiais. Nelas, Coluccio vive a sua cidade, vive Florença, e a cultura florentina incorpora-se à sua história; nelas, os clássicos tornam-se os educadores de um povo e alimentam uma nova prática política. Em Petrarca, o retorno das *humanae litterae* encontra uma expressão singular e nos leva a descobrir regiões inexploradas da alma. Mas em Salutati, esse retorno transforma-se num coral: vai-se estruturando numa visão da vida dotada de uma grande força de expansão. É a civilização florentina que se desenvolve harmoniosamente, na unidade de uma cidade exemplar. A sua voz que ressoa na Polônia, na Hungria, no Bósforo, nas plagas africanas, na Espanha, na França e na Inglaterra anuncia uma nova estação da vida humana.

Em 5 de maio de 1406, toda a população acompanhou até o túmulo o seu chanceler. Sobre a sua tumba, em Santa Maria del Fiore, poderia ser inscrita a epígrafe que Coluccio imaginara, há trinta anos; mas o monumento construído por ele em Florença fora muito diferente. Sem ter produzido obras comparáveis às dos grandes homens do século XIV que tanto admirara, ligara indissoluvelmente o nome de Florença e o do seu povo *pene immortalis* à difusão da cultura humanística. Deve-se em grande parte ao chanceler Salutati o agradecimento a Florença, que no século seguinte seria feito por uma grande universidade alemã, em nome de todo o mundo dos doutos.

Termina com ele, num certo sentido, a idade heroica do Humanismo florentino. Depois dele, entrará em declínio a sólida ligação entre a política e a cultura. Quando Salutati morreu, certamente muitos de seus amigos e discípulos estavam aptos a pronunciar uma digna oração fúnebre. Encontrar-lhe, porém, um sucessor, era coisa muito diferente. Benedetto Fortini, Piero di *ser* Nino da Montevarchi e Paolo Fortini foram certamente seus pares. Mas o seu único continuador, ainda que num nível diferente, foi Leonardo Bruni d'Arezzo, que ocupou o cargo entre 1410 e 1411, e depois, ininterruptamente, de 1427 até a sua morte, em 18 de março de 1444. Na sua gestão, a chancelaria foi reformada e reestruturada em duas divisões, mais tarde reunidas por Marsuppini, e novamente separadas na época de Bartolomeu Scala. Mas, na medida em que aumentava o pessoal e também o trabalho, este tornava-se cada vez mais ligado ao tecnismo burocrático do que à expansão política. As relações com os centros menores do Estado se definem cada vez mais, enquanto diminuem, ou mudam, as relações mantidas com as grandes potências.

Bruni foi mais do que um aluno de Salutati: "Se aprendi o grego, foi por causa de Coluccio; se me aprofundei em literatura latina, foi por sua causa; se li, estudei, conheci poetas, oradores, escritores de toda espécie, foi por seu intermédio". O venerando Coluccio foi um inspirador e um pai para ele: aprendeu com o mestre os ideais de liberdade delineados na constituição florentina, dirigida *ad magnum principem imperatorem*:

> O regime popular, que os gregos chamam de democracia... encontra sua metáfora no relacionamento fraterno. Os irmãos são pares e iguais entre si. O fundamento do nosso governo é a paridade e a igualdade dos cidadãos... Todas as nossas leis se voltam unicamente para isto: que os cidadãos sejam iguais, porque é somente na igualdade que se enraíza a verdadeira liberdade. É por isso que afastamos do governo do Estado as famílias mais poderosas, para que não se tornassem temíveis pelo domínio do poder público. Por isso estabelecemos que as sanções contra os nobres devam ser maiores e mais pesadas.[21]

Leonardo escrevia estas palavras, ao que parece, em 1413. Também para ele Florença é a cidade exemplar: nela que lhe foi revelado tudo o que tem valor na vida; ali, com Manuel Crisolora, aprendeu tão bem o grego que conseguiu escrever em língua helênica o tratado sobre a constituição florentina, transcrito de próprio punho pelo venerando Jorge Gemisto Pleton na magnífica cópia que nos resta ainda na Marciana, entre as cartas do cardeal Bessarion. Na *Laudatio*, Bruni ressalta o regime florentino, além de louvar as belezas da paisagem e da arte: "Não há lugar algum na terra em que se encoraje maior justiça, e nem aparece em lugar algum tanta liberdade e condições de tanta paridade e igualdade entre grandes e pequenos". A grande sabedoria da República, na sua opinião, consiste justamente no fato de se punir com maior pena os mais poderosos: "Como as condições dos homens não são iguais, assim também as penas não podem ser iguais; e [a República] julgou que à sua prudência e justiça competia ajudar mais a parte que tinha mais necessidade". O palácio é o centro moral da cidade, "como acontece numa esquadra, no mar, com a nave capitânia": no palácio, o chanceler vive os seus momentos mais importantes.²²

Vespasiano da Bisticci conta que, já com oitenta anos, numa violenta discussão que envolvia uma decisão excepcional, ou seja, se convinha conter com a força o Pontífice Eugênio IV, Bruni subiu à tribuna e persuadiu uma assembleia que já estava decidida a mandar prender o Papa a não fazê-lo. Exausto, à meia-noite, depois de ter falado durante muito tempo, o velho chanceler, a quem por direito competia falar por último, foi obrigado a retirar-se. A deliberação seguiu a sua sugestão, mas um cidadão, aproveitando de sua ausência, falou depois dele e contra ele. Na manhã do dia seguinte, antes que a decisão fosse ratificada, "*messer* Leonardo ... que tinha espírito livre ... subiu a escada e anunciou que queria falar à *Signoria*, na presença daquele cidadão". Aretino de nascimento – disse –, fizera de Florença a sua pátria, e "a havia aconselhado sem ódio ou paixão, como devem ser os conselhos dos bons cidadãos". Dera a sua opinião "para o bem e a honra da sua cidade, honra que estimava tanto quanto a própria vida, e não por paixão e irrefletidamente, porque em conselhos desse teor é preciso respeitar-se o bem universal e não as paixões particulares".

> Em todos os meus pareceres ... há muitos anos, venho aconselhando com a fé e o amor que deve ter todo bom cidadão. E não somente aconselhei ... mas honrei e exaltei a cidade, na medida em que as minhas débeis forças puderam descrever a sua história e confiá-la à memória literária, tornando-a eterna ... Mas eu me voltarei para o presente ... para aquele que me ludibriou ... Quais são os conselhos que deu à pátria? Que frutos lhe deu? Onde esteve como embaixador?²³

Seja ou não digno de fé o relato de Vespasiano, este retrata bem não somente a influência política do chanceler mas também o seu ideal de vida. Como havia solenemente declarado em sua *Vita di Dante*: "apraz-me retomar o erro de muitos ignorantes, os quais creem que somente poderão ser considerados estudiosos os que se escondem na solidão e no ócio; e eu nunca vi nenhum destes camuflados e alienados do convívio humano que soubesse três letras. O grande e elevado talento não necessita de tais tormentos; pelo contrário, é verdadeiro e correto concluir que aquele que não aparece cedo não aparecerá nunca; de modo que isolar-se e fugir à conversação é próprio daqueles que nunca são solicitados graças ao seu pouco talento". Também, para ele, Minerva deve ser armada; "o sumo filósofo cede ao sumo capitão", exclamou no discurso pronunciado em presença "da magnífica *Signoria* e de todo o povo", na manhã de São João Batista, em 1433.

Como filósofo, traduziu Aristóteles e Platão, buscando as suas doutrinas morais e políticas. Delineou em páginas eloquentes o novo ideal da cultura humana, e mostrou, com os textos dos doutos Padres na mão, como aquele ideal não se opunha à palavra de Cristo. Historiador insigne, celebrou na história de Florença a glória de um povo livre.

> Durante muito tempo considerei comigo mesmo se os fatos e as contendas mantidas, tanto interna como externamente, pelo povo florentino, bem como se as suas gloriosas obras, realizadas tanto na guerra como na paz, deviam ser escritas e conservadas por meio da memória literária ... Incitava-me a isso a grandeza dessas coisas em que este povo de tal maneira teve de empenhar-se – primeiro nas suas próprias dissensões civis, e depois contra os limítrofes e vizinhos, e finalmente na nossa época, dotado de um poder maior, seja contra o duque de Milão seja contra o rei Ladislau, príncipes de grande poder – que [o povo florentino] encheu com o fragor das armas toda a extensão longitudinal da Itália, dos Alpes à Apúlia.

Queria glorificar o povo florentino, mas não com elogios retóricos. A *laudatio* é uma coisa e a história é outra: "a história é verdade" (*historia sequi veritatem debet*). "Com um pouco de esforço, é fácil compor um libelo ou uma carta; mas assumir o trabalho de escrever uma história em que se inclui um ordenamento de coisas diversas e variadas, e particularmente expor as causas dos pontos de vista assumidos e formular juízos sobre as coisas que aconteceram é coisa tão perigosa de se prometer como de se observar." A verdade: é isso o que se deve à glória de Florença;

"deixai para trás as opiniões vulgares e fantasiosas". A respeito da história escrita por Bruni, disse Ugo Fascolo que "daria mais frutos do que trinta ou cinquenta dos chamados clássicos". E Da Vinci, "homem verídico", disse que "tinha acesso a todos os arquivos e os explorava". Para ele, o Humanismo fora como a luz depois de setecentos anos de trevas; soube, no entanto, reconhecer o valor da Idade Média, investigando-o no nascimento das cidades. Roma acabara com o advento dos césares. César fora, sim, um homem pouco comum, mas bastava olhar para a crueldade de Tibério, o furor de Calígula, a demência de Cláudio, a ira de Nero, para "confessarmos, sem dúvida, que a grandeza dos romanos começou a declinar quando o nome de César entrou na cidade de Roma, como a própria personificação da ruína. Assim, a liberdade cedeu lugar ao poder do Império, e com a destruição da liberdade, esvaiu-se a virtude".

O Império, porém, não sufocou com o seu poder somente a virtude dos homens: impediu o florescimento da cidade. "Assim como as grandes árvores impedem as pequenas plantas de crescer quando estas estão próximas, o enorme poder de Roma ofuscava o de todas as outras cidades." A ruína trouxe consigo a tragédia hedionda das invasões, mas liberou as energias sufocadas, as múltiplas possibilidades bloqueadas. Refazendo o longo caminho da ascensão florentina, Leonardo Bruni mostra a sua grandeza como historiador, e alcançando os séculos que lhe são mais próximos, aparece sempre mais rigoroso no uso de suas fontes. Nos últimos três livros, que tratam da disputa entre Florença e Gian Galeazzo, Bruni apela continuamente para os arquivos, e para as *Missive*, cujas minutas, de punho do próprio Coluccio, às vezes transcreve literalmente. A obra que insensatamente tem sido chamada de retórica é construída, até mesmo nas orações de tipo ligeiro, sobre documentos originais habilmente utilizados numa feliz montagem. A morte colheu-o no trabalho. Na dedicatória da tradução das obras de Leonardo Bruni – oferecida aos "Excelentíssimos Senhores Priores da Liberdade e ao *gonfaloniere* de justiça do povo florentino", Donato Acciaiuoli vai escrever: "Se tivesse vivido um pouco mais", para maior proveito da cidade, "ele próprio teria traduzido" a sua obra para o italiano, "para que [os cidadãos], conhecendo as coisas passadas, pudessem melhor julgar as presentes e as futuras, e mais sabiamente aconselhar a República, segundo as necessidades da cidade".[24]

Empenhado na vida política, fiel aos ideais republicanos, Leonardo Bruni pertence, contudo, a um tempo diverso do de Coluccio. Se, por um lado, o anônimo glosador do códice sessoriano 1443 do *De tyranno* de Salutati podia opor à simpatia de Coluccio por César a rígida fé republicana de Bruni, por outro, é verdade que Bruni não somente assistiu ao triunfo de Cosimo, como estendeu, com sua própria mão, aos magistrados de Siena, a triste carta contra os exilados, que incitava à ofensa e à perseguição.[25] Enquanto a cidade se afligia pelos tumultos, Bruni procurava refúgio na leitura de Platão e, do melancólico retiro de uma reflexão distante, contemplava os ímpetos facciosos que vinham bater nos muros dos palácios florentinos. Ele também falaria de igual para igual com os governantes e com o rei; mas seria então mais um insigne homem de cultura do que um político. Salutati, embora visse em César o soberano reconhecido pela vontade popular, não viveu a amargura de servir, além dos Priores da Liberdade e do *gonfaloniere* da Justiça, a um "tirano", ainda que este fosse nobre e de envergadura. Bruni conheceu o triunfo de Cosimo e a derrota dos seus amigos; sob os seus olhos as magistraturas republicanas esvaziaram-se de significado. Pouco após a sua morte, em 8 de maio de 1444, o Notário das *Riformagioni, ser* Filippo Pieruzzi, seria expulso de seu cargo e enviado a ensinar latim aos noviços de Badia a Settimo. Pieruzzi pedira ao parlamento, em nome dos *signori*, em 9 de setembro de 1433, a nomeação de uma Balia que "pusesse ordem no estado", e sempre se opusera aos tributos injustos.

As cartas de Bruni certamente são mais elegantes do que as de Salutati, mas não carregam a sua ardente paixão. As negociações para que o Concílio de Basileia fosse transferido para Florença são um pouco o comentário cordial dos seus escritos sobre a cidade.[26] As epístolas aos *signori* e aos reinos longínquos evocam, ainda que num momento de decadência, a incansável atividade dos mercadores florentinos do norte da Europa a Pera, à África setentrional, à Etiópia, à Ásia, aos países do Danúbio. Por outro lado, a elegância e a delicadeza do sábio salvam ainda o homem político: mas a fissura de que já se falou acentua-se. No momento em que homens bons e sábios, como Palla di Nofri Strozzi, eram banidos e morriam no exílio, a cidade ideal dissociava-se da cidade real. A alternativa que não se apresentara a *ser* Coluccio, nem mesmo na época da excomunhão, delineia-se então claramente; e no horizonte define-se o drama que tomaria mais tarde o nome de Maquiavel, a necessidade de se perder a alma para se salvar a cidade. Mudaram-se as funções do chanceler, que doravante está prestes a perder todo peso político, para tornar-se uma solene figura decorativa, como Poggio Bracciolini, ou um vaidoso cumpridor de ordens, como Bartolomeu Scala. A segunda metade do século assiste à transformação de toda a vida florentina.

Bruni permanece à margem da crise. Giannozzo Manetti profere a oração fúnebre sobre o caixão do chanceler; as mãos do morto sustentam um livro, como no monumento feito por Rossellino, em Santa Croce. As pessoas e os símbolos pertencem ainda ao horizonte de Coluccio, e à mesma ordem moral pertence *ser* Filippo Pieruzzi, banido alguns meses mais tarde. Em qualquer dos seus códices pode-se ler o seu nome, ao lado do de Salutati, como, por exemplo, numa cópia do tratado de *Perspectiva* de John Peckam, que podemos imaginar nas mãos de Paolo Toscanelli e de Filippo Brunelleschi, como o foi, mais tarde, encontrado nas mãos de Da Vinci, que dele tirou reflexões e pensamentos. A admirável reunião dos códices científicos antigos e medievais, feita pelo severo Notário das *Riformagioni*, amigo dos grandes humanistas e ele próprio humanista, é um fato cultural de grande relevo, ainda que no geral apresente alguns descuidos. Esses códices encontram-se ainda, em grande parte, entre os manuscritos de San Marco, que passaram para a Biblioteca Laurenziana e para a Biblioteca Nacional, e constituem uma coleção de altíssimo nível: Euclides, Arquimedes, Ptolomeu, os grandes cientistas árabes, a produção científica medieval. O fato de este material tornar-se acessível aos círculos doutos em Florença, e de ter sido reunido por um Notário ligado a Manetti, a Bruni, a Marsuppini, é um dado que não deve ser menosprezado por quem pretenda compreender a elevada erudição dos teóricos dos *studia humanitatis* e as suas ligações com os artistas e os estudiosos das ciências matemáticas e naturais.[27]

Diz-se que em alguns códices o registro relativo à posse de *ser* Filippo di *ser* Ugolino vem em seguida ao di *ser* Coluccio. Em muitos deles, segue-se ao de *ser* Filippo de Cosimo. Registram-se assim, no pergaminho de custódia dos livros, os acontecimentos da cidade. Pieruzzi fora banido, anotará Nicolau Maquiavel, porque pretendia-se que a partir de então em todos os lugares "se governasse segundo a vontade dos poderosos". Assim sendo, em 1444 foi designado como sucessor de Bruni, na primeira chancelaria, Carlo Marsuppini, amigo de Cosimo, adversário de Filelfo, o elegante humanista que era professor no Studio. Falou-se até que fora Marsuppini o responsável pelo seu assassinato, em 18 de maio de 1433. Com ele, de fato, a função do chanceler se reduz à de traduzir, para um elegante latim, deliberações e instruções. E era de esperar que fosse logo acrescentado, aos poucos documentos existentes sobre a atividade literária de Marsuppini o caráter singular e pitoresco dos seus atos de concessão de patentes: como aquela concedida ao oculista Christodilos de Tessalonica, tão hábil com os seus colírios, que conseguira retirar dos olhos dos florentinos até as mais tênues *nubeculae*, o que o tornava digno de recomendação a todos os príncipes e soberanos, que, sob os seus cuidados, poderiam também enxergar melhor. Para não falar de outra, concedida a Giorgio di Giovanni Teutonico, que, tendo tocado trompa tão bem no Palácio durante trinta anos, poderia ser comparado simultaneamente a Marsia, às Musas e a Apolo. Elogiando o brilhante trompista, Marsuppini não hesita em fazer referências a Pitágoras e a Platão, expondo o valor da música, mostrando como a própria alma é harmonia, e como a harmonia rege o universo.[28]

Marsuppini era um notável erudito, sempre no limite da ironia, talvez até do cinismo. Nas cartas ao sultão, ou ao rei de Tunis, ou a outros governantes muçulmanos, costumava usar frases de grande cortesia. Mas a sua carta ao sultão, datada de 11 de maio de 1445, é única: nela, não somente são exaltadas as virtudes peregrinas, a bondade e a sabedoria de Sua Excelência, como acrescenta que os corações dos florentinos estão inflamados de um único desejo: o de venerar, amar e servir ao sultão: *diligendum et amandum, colendum et observandum*.²⁹

Marsuppini, certamente, era um grande intelectual, e provavelmente um eficiente professor; indubitavelmente era muito querido pelos Medici. A julgar pelas descrições, o seu funeral, em 27 de abril de 1453, foi de grande suntuosidade; a oração fúnebre de Matteo Palmieri foi solene, e o monumento que lhe foi erigido por Desiderio da Settignano destaca-se pela beleza. Entre os seus contemporâneos circularam dúvidas a respeito do destino da sua alma, que historiadores recentes dizem ser infundadas.³⁰ Um perfume mais forte de piedade não envolve, tampouco, as obras do seu sucessor, Poggio Bracciolini, nomeado chanceler aos 73 anos. Os partidários dos Medici o aceitaram, pela fidelidade que demonstrava à sua causa; e todos os florentinos dele se lembraram pela sua celebridade e pela sua posição eminente na cúria, na qual permanecera por mais de 50 anos. Naquela época, Poggio era uma instituição, mais do que um homem; fora amigo de todos os grandes homens do século; durante o Concílio de Constança, não somente liberara os clássicos de suas prisões mas criara o seu mito, numa epístola memorável. Escrevera impressões de viagem de uma leveza incomparável, e páginas de um raro vigor polêmico. A sua prosa já se tornara um modelo respeitado até mesmo por um dos maiores escritores de nossa história literária: Enea Silvio Piccolomini. Mas em 1453, era um velho isolado, um tanto cético, que amava viver tranquilamente numa vila, fora da cidade. A sua "história florentina", verdadeiramente retórica, merece, esta sim, uma rápida apreciação de Maquiavel. Uma antiga anedota conta que certa tarde, enquanto se realizava uma importante e interminável reunião dos Dez, Poggio ouviu um relógio bater as horas. Após uma grosseira exclamação de escárnio, disse: "Ouve, nona!³¹

Quero ir jantar". O mundo havia mudado. Naquela assembleia dos Dez estava também Cosimo, e era ele então o protagonista da história florentina. O velho chanceler podia, assim, ir jantar.

Em 30 de outubro de 1459, Poggio foi sepultado, sem nenhuma pompa. Era já um simples cidadão, pois há um ano abandonara o seu cargo. Benedetto di Michele Accolti, professor de direito civil e canônico em Florença desde 1435, substituíra-o em 17 de abril de 1458. Escritor elegante, o seu *De praestantia virorum sui aevi* destaca-se na história do Humanismo: afirma vigorosamente que a Antiguidade é, de fato, um modelo incomparável; mas que os modernos, educados segundo aquele ideal, alcançaram também alturas equivalentes e as ultrapassaram, enriquecidos pela antiga sabedoria. Digno, cheio de decoro, rigoroso, jurista e bom funcionário, Accolti morre em setembro de 1464. O seu sucessor, que chegou até quase o final do século, Bartolomeu di Giovanni Scala, filho de um moleiro de Val d'Elsa, bom servidor dos Medici, deposto em 1494 e mais tarde reeleito, juntamente com o seu substituto Pietro Beccanugi, não tem nenhuma personalidade política e no plano cultural é também uma figura de pouco relevo, que deve sua fama a coisas maiores do que ele próprio. Nessa época, Lorenzo já era o grande artífice da política florentina. Na famosa epístola dos *signori* a Sisto IV, em 21 de julho de 1478, pode-se ler que o povo afrontaria qualquer risco pela salvação de Lorenzo, em quem, como todos sabem, foram colocadas a salvação e a liberdade do Estado (*in quo publicam salutem et libertatem contineri nemo nostrum dubitare potest*).[32] O centro da política florentina deslocou-se do Palazzo dei Signori para a casa dos Medici. O chanceler torna-se um funcionário: não é mais nem um grande expoente político nem um grande literato. A chancelaria abarrota-se de favoritos que perseguem um salário: os postos mudam segundo as exigências da clientela da corte. A corte cerca Lorenzo: nela vivem agora até os intelectuais famosos, transformados em cortesões. Provavelmente, a obra mais digna de Scala foi a sua filha Alessandra, conhecedora de grego e de latim, amada por Poliziano e por Marullo, fonte de desavenças, cortejada por ambos.

Alessandra se casa com Marullo, poeta e soldado, mas se torna viúva precocemente. Ainda jovem, decide terminar sua vida num convento. "Por que me mandas pálidas violetas?" – perguntara-lhe uma vez Policiano, em dísticos gregos. "Não é por acaso suficientemente pálido aquele que teve todo o seu sangue sugado pelo amor?" Mas as pálidas violetas convinham mais agora a Florença. A república de Salutati, clara e de uma racionalidade geométrica, sem ambiguidades, gerara uma cultura humana rigorosa, severa. Os grandes *mercatores*, os artesãos, mesmo em meio às maiores dificuldades, tinham vitalidade e lutavam: o saber e o agir convergiam harmoniosamente. A Florença de Lorenzo tingia-se com as cores do poente: sob uma aparente ordem, agitavam-se e chocavam-se profundos contrastes. Não existia mais o cristianismo simples de Coluccio, mas sim o platonismo equívoco de Marsílio e os mistérios órficos. O planeta da nova Atenas era Saturno, o signo da melancolia, da sabedoria sublime, porém atormentada e enigmática: Da Vinci e Michelangelo e, na chancelaria, Maquiavel.

Notas

1 Indica-se aqui, de uma vez por todas, a obra de Demetrio Marzi, *La Cancelleria della Repubblica Fiorentina*, Rocca San Casciano, 1910, cujos resultados são pressupostos. Será indicada simplesmente com o nome do autor Marzi, e o número das páginas referidas. Os documentos de arquivo usados são sobretudo os Registros das Cartas da I Chancelaria do Arquivo de Estado de Florença; serão indicados assim: AEF, *Sig.(signori)*, *Miss.(Missivas) Chanc. (Chancelaria)*, Reg. (com o número do registro, seguido do número da folha).

2 Coluccio Salutati, *Epistolario*, editado por Francesco Novati, I, Roma, 1891, p.227. O Professor Marzagaia da Verona (De modernis gestis lib. IV, In: C. Cipolla, *Antiche cronache veronesi*, I, Venezia, 1890, p.301, In: "Monum. storici R. Dep. Veneta di St. patria", v.III, n.2), diz de Broaspini: "*antequam sacerrimo musarum ocio daretur...*". Sobre Salutati chanceler, ver Marzi, p.196 ss.; os documentos da eleição foram publicados por Novati num apêndice ao epistolário, v.IV (Roma 1911), p.437 ss. Sobre a sua formação cultural, ver F. Novati, *La giovinezza di Coluccio Salutati (1331-1353)*, Torino, 1888. Sobre a sua "política", A. Segre, *Alcuni elementi storici del secolo XIV nell'epistolario di Coluccio Salutati*, Torino, 1904 (baseado nas cartas "particulares" publicadas por Novati). Cf. ainda, para as

cartas, S. Merkle, Acht unbekannte Briefe von Coluccio Salutati, *Rivista abruzzese*, v.XII (1894), p.558 ss. (do Vat. Capp.147) e a polêmica resposta de Novati, *Di otto inedite lettere di Colucccio Salutati*, idem, 1895. Sobre a cultura de Salutati, ver B. L. Ullman, Coluccio Salutati ed i classici latini. In: *Il mondo anticos nel Rinascimento*, "Atti del V Convegno Internazionale di Studi sul Rinascimento", Firenze, 1958, p.41-8; R. Weiss, Per gli studi greci di Coluccio Salutati, idem, p.49-54 (e, do mesmo autor, Gli studi greci di Coluccio Salutati, *Miscellanea Cessi*, v.I, Roma, 1958, p.349-56); ainda, sobretudo, B. L. Ullman, *The Humanism of Coluccio Salutati*, Padova, 1963.

3 Salutati, *Epistolario*, v.I, p.203 (carta a Benvenuto da Imola, em 22 de maio de 1375: *"nunc autem credo tibi, fama divulgante, innotuisse michi ad labores, quibus eram ascriptus, et honorem et onus Florentini cancellariatus accessisse, cui, utinam, me saltem non nimis indignum reddam! Illum enim supra vires meas, quarum parvitatem debilitatemque cognosco, longissime sentio; sed hoc, quantumcumque arduum et inaccessibile, fervore lete mentis amplectar et ei quam potero me conabor reddere digniorem"*. ("agora, porém, creio em ti que, com o divulgar da fama, me tornei conhecido pelos trabalhos, para os quais fora convocado, e que me aproximei da honra e do peso da chancelaria Florentina, da qual, oxalá, não me tornarei, pelo menos não demasiadamente, indigno! Sinto-a muitíssimo acima de minhas forças, cuja fraqueza e debilidade reconheço; mas este mister, por mais árduo e inacessível que seja, abraçarei com o fervor de uma mente alegre e me esforçarei por dele me tornar o mais digno que puder".)

4 (Goro Dati) Ordine degli Uffici ... In: A. F. Gori, *La Toscana Illustrata*, etc, v.I, Livorno, 1755, p.181-8; F. P. Luiso, *Riforma della Cancelleria Fiorentina nel 1437*, Archivio Storico italiano, s.V, t.XXI, 1898 ("o chanceler não é mais o conhecedor que dita cartas; ele tem em mãos todo o expediente das relações exteriores e, ainda, envolvido na burocracia do município, preside e anota os escrutínios e frequentemente as próprias eleições de todos os departamentos", aludindo à presença de Salutati no Ufficio delle Tratte).

5 Cf., por exemplo, a carta aos romanos de 4 de janeiro de 1376 (ASF, *Sig. Miss. I Cancell.* Reg. 15, 40 *r* e *v*): *"Deo benignissimus cuncta disponens et sub immutabilis iiusticie ordine nobis incognito res mortalium administrans miseratus humilem Italiam..."* ("Deus benigníssimo, que ordena todas as coisas e que, sob a ordem a nós desconhecida da imutável justiça, administra os interesses dos mortais, teve pena da humilde Itália ...") (publicada por Pastor, *Storia dei Papi*, v.I, Roma, 1925, p.715-6, e pelo Autor, In: *Il Rinascimento Italiano*, Milano, 1941, p.37-41, com tradução). Mas, cf. ainda com Reg. 15, 86 *r* e *v* (*"Quid facits, optimi viri, nedum Italie sed totius orbis caput? ..."*); ("O que fazeis, ó excelentes varões, cabeça não digo só da Itália mas do *orbe* todo? ...") Reg. 16, 67 *r* e *v* *"Alias per nostras litteras meminimus vos ad libertatem fidelibus saltem exhortationibus incitasse, ut non solum vestre deberetis assetores esse libertatis, sed totius etiam Italie liberatores, pro qua optimi atque bellicosissimi progenitores vestri contra infinitas nationes exteras dimicarunt ... Nos autem qui Romanos nos fuisse, prout nostris annotatur hystoriis gloriamus, antique matris memores ..."* ("Através de outra carta nossa lembramo-nos de incitar-vos, com

fiéis exortações, à liberdade, para que devêsseis ser não só os defensores de vossa liberdade, mas também os libertadores de toda a Itália, pela qual os vossos excelentes e belecosíssimos pais combateram contra numerosas nações estrangeiras ... Nós porém, que nos orgulhamos de ter sido romanos, lembrados da antiga mãe, conforme está anotado em nossa história ...") Reg. 17, 100 v.

6 Leonardo Bruni, *Laudatio Florentinae urbis*: *"nec ullus est iam in universa Italia, qui non duplicem patriam se habere arbitretur: privatim, propriam unusquisque suam, publice autem, florentinam urbem"* (Louvação da cidade de Florença: "já não há ninguém em toda a Itália, que não julgue uma dupla pátria: em particular, cada um possui a sua própria, e em público, a cidade de Florença" .). O tema é tirado de Elio Aristide; um confronto parcial foi feito por Luiso (*Le vere lode de la inclita et gloriosa città di Firenze composte in latino da* Leonardo Bruni *e tradotte in volgare da* Frate Lazaro da Padova, Firenze, 1889, p.XXVII-XXXII). A *Laudatio* foi já estudada por Kirner, *Della "Laudatio urbis florentinae"*, Livorno, 1889 (para alguns códices, cf. Luiso, p.63); uma discussão exaustiva foi recentemente feita por Baron, *Humanistic and Political Literature in Florence and Venice at the Beginning of the Quatrocento*, Cambridge, Mass., 1955, p.69-113, que estabelece como data de sua composição o verão de 1403.

7 Sobre a relação entre Antonio Loschi e Salutati, cf. as epístolas métricas de Loschi, conservadas no manuscrito 3977 da Universidade de Bolonha, a c. 27 v, os versos carregados de afetuoso lamento: *"sextum hyperboreus/iam versat aquarius annum/ ex quo urbem florentem opibus clarisque superbam/ ingeniis et dulce solum patriamque reliqui/(sic voluit fortuna) tuam, non ora querellas,/ non lachrymas tenuere oculi, tu sempre in illis/ semper et in memori tua pectore vivit imago"* ("o hiperbóreo aquário/ já faz tomar o sexto ano, desde que deixei a cidade florescente de riquezas e opulenta de ilustres talentos e o teu doce solo e a tua pátria/ (assim quis a fortuna), a boca não conteve as queixas/ os olhos não contiveram as lágrimas, neles tu sempre estás e tua imagem vive sempre em meu peito saudoso"). A propósito de Uberto Decembrio, cf. F. Novati, *Aneddoti viscontei*, Arch. stor. lomb., 35, 1908, p.129-216 (e as cartas da Ambros. B 123 sup.).

8 O primeiro registro que contém as suas cartas é o décimo quinto (cf., também, Marzi, p.117). A. Gherardi teve notícias delas e dedicou-lhes alguns textos, *La guerra dei fiorentini con Papa Gregorio XI detta la guerra degli Otto Santi*, memórias compiladas sobre os documentos do Arquivo Florentino, Florença, 1868 (Ext. de Arch. stor. it., s.III, v.5 ss.).

9 Está no Reg. 22, 96 v, a carta ao marquês de Moravia (ed. Novati, v.II, p.427-31) na qual se acompanha o envio do *De viris illustribus, quem Petrarca noster condidit abbreviatum*, e se solicita em troca uma *Chronica regum Bohemie* (cf. Wesselofsky, *Il Paradiso degli Alberti*, Bologna, 1887, v.I, i, p.298 ss.). Assim, uma carta ao bispo de Florença, na qual se faz o elogio do Cego dos Órgãos (*ab isto ceco lumen accedit*), começa com uma classificação das ciências e das artes, de modo a situar a música, definindo-lhe o significado (Reg. 16, 21 r e v: *"et denique hanc tantum mirati sunt veteres, ut orpheum atque amphyona, eithare sonitu, saxa, rupes, arbores montesque movisse et flumina statuisse fingantur"* ("e finalmente os antigos admiram tanto

isso que imaginam que Orfeu e Anfião, ao som da cítara, moveram as pedras, os rochedos, as árvores e os montes e pararam os rios"). E entre os documentos que dizem respeito ao Studio, tirados de Gherardi, deve ser lembrada a carta aos bolonheses (Reg. 20, 109 r): "*Frates karissimi. Cupientes pauperibus studiosis, qui per circuitum addiscere desiderant, subvenire, decrevimus in hac nostra civitate concessum nobis generale studium in cunctis facultatibus ordinare, ut cum hic, quai in parvulo maris sinu, navigare didicerint, demum audeant ad vestrum studii pelagus, quasi mare profundissimum, transfretare. Nec dubitamus, ex hoc studioli nostri preludio longe plures, exploratis ingenii sui viribus, famosam urbem vestram uberiores doctrine gratia petituros, quam presentialiter habeatis. Non enim audent, etiam discendi cupidi, inexperta mentis indole, continuo studii non certos eventus, cum certo tamen pecuniarum profluvio, et scolas extra patriam petere, quas solent postquam se profecturos speraverint libenter adire. Pro cuius rei executione, dominum Iacobum de Saliceto ad cathedram infortiati, et magistrum Petrum de Tossignano pro medicine doctrina vestros doctores egregios duximus eligendos. Placeat igitur, ut de caritate vestra speramus, eisdem huius negocii gratiam serviendi nobis et veniendi Florentiam liberam concedere facultatem. Urbis enim vestre decus augetur, cum ab aliis ut doceantur vestri cives auctoritate publica deliguntur. Ut Bonomiam liceat, non comparare solum, sed grecis anteferre Lacedemoni vel Athenis, a quibus phylosophi ad externos instruendos populos petebantur. Super quo vestre caritatis responsum gratiosissimum expectamus. Data florentie die 11 octobr. VIII ind. 1385. Nam nedum avarum sed inhonestum foret, fratribus vestris denegare doctores, aut [hanc] studii quantulacumque futura sit gloriam invidere. Accedit ad hec insuper quod uterque predictorum veniere promisit, ex quo turpissimum foret eisdem rumpendi fidei, vel necessitatem vel excusationem aliquam exhibere, precipue cum per dei gratiam in qualibet facultate famosioribus doctoribus abundetis ...*" ("Irmãos Caríssimos. Desejando ajudar os estudantes pobres que, aqui pela redondeza, pretendem formar-se, decidimos regulamentar em todas as escolas nesta nossa cidade o ensino básico posto sob nossa jurisdição. Nosso objetivo é que, após terem aprendido a navegar, por assim dizer, num pequeno braço de mar, ousem, por fim, transferir-se ao vosso oceano de estudos como à imensa profundeza do mar. Nem duvidamos de que, desse prelúdio de nosso estudozinho, muitos, uma vez testadas as forças de seu próprio engenho, demandarão a vossa famosa cidade em busca de um aprendizado mais frutífero. Oxalá a mantenhais pessoalmente [por muito tempo]. Não ousam, com efeito, mesmo os desejosos de aprender, por sua inexperiência prosseguir imediatamente estudos de resultado incerto, ainda que esteja assegurada suficiência financeira e partir em demanda de escolas fora do torrão natal, aquelas que é seu costume esperarem voluntariamente alcançar depois de se terem adiantado. Para a execução dessa reforma, houvemos por bem escolher o Sr. Jacopo da Saliceto para a cadeira de ... e o professor Pedro de Tossignano para o ensino de medicina, egrégios doutores vossos. Praza-nos, pois, conforme esperamos de vossa caridade, conceder-lhes a licença de servir-nos nessa empresa e a autorização de virem até Florença. E, com efeito, o renome de vossa cidade que cresce, uma vez que cidadãos vossos são escolhidos por terceiros para ensinar com público reconhecimento. Permiti-me não apenas comparar Bolonha,

mas antepô-la aos gregos da Lacedemônia ou de Atenas, aos quais eram solicitados sábios para instruir nações estrangeiras.
Nesses termos, esperamos de vossa caridade uma resposta favorável.
Florença, 11 de outubro de 1385. Pois seria não apenas mesquinho, mas desonesto recusar a vossos irmãos professores ou invejar a glória desse estudo, por pequena que venha a ser. Atendendo ao pedido acima, prometeu que ambos os citados professores viriam. Daí ser muito vergonhoso para eles quebrar a promessa sob qualquer compromisso ou desculpa, sobretudo que, pela graça de Deus, não vos faltem em qualquer de vossas faculdades os mais famosos professores ...") (cf. F. Novati, *Sul riordinamento dello studio fiorentino nel 1385. Documenti e notizie*, Rassegna bibl. della lett. italiana, IV, 1896, p.318-23). Outra carta que diz respeito ao Studio, ao que parece não referida por Guerardi, figura no Reg. 20, 219 *v*.

10 As cartas oficiais escritas sobre Marsili foram em parte publicadas por Wesselofsky e catalogadas com perfeição por C. Casari, *Notizie intorno a Luigi Marsili*, Lovere, 1900. A propósito dos estudos teológicos feitos em Paris, *sudore*, e não por privilégio, cf. as cartas de 3 de outubro de 1385 (Reg. 20, 119 *v* – 120 *v*), e de 3 de janeiro de 1390 (Reg. 22, 19, *r*): *"non bullarum suffragio, sed ex forma studii, multis sudoribus atque vigiliis"*. A versão do *Defensor pacis* é conservada em Laur.44, 26 (cf. a introdução de Scholz, Hannover, 1932, p.XXIV). O início foi assim lido por Scholz: "Isto se chama o livro do defensor da paz e da tranquilidade, traduzido do *franciesco* [flo] *rentino*, no ano de MCCCLXIII". Contudo, ao se examinar atentamente o códice, persistem dúvidas sobre a suposta lacuna e, também, sobre aquele *franciesco* (*in fio*) *rentino*.

11 ASF, Sig. Miss. I Canc. Reg. 16, 67 *v*: *"quod si unquam faciendum fuit, hac nostra etate siquis recte respiciat, si voluerimus antiquum italiei sanguinis vigorem in animos revocare, [summis occurrit studiis, ac nisi] iustissimus cogentibus causis credimus attentandum. Quis enim italus, ne dicamus romanus, quibus [quorum] virtus et libertatis studium hereditaria sunt, patiatur tot nobiles civitates, tot insignia oppida, subesse [gallis vastantibus] barbaris qui ... ut nostris ditarent substantiis, nostris saturarentur sanguine, per presulatum ecclesie mittebantur? Credite, clarissimi viri, hos immaniores fore senonibus, atrociores thessalis, infideliores libicis, ac cymbris ipsis barbariores; his quidem tirannis, qui sub ecclesie titulo per italiam inundarunt, nulla fides, nulla pietas, nulla caritas, nullus amor cum italis viris esse. Et qui non confidunt se viribus, conantur seditionibus nostris, quas fovent, quas augent et quas excitant, dominare. Qui prudentia nos se vincere posse non vident, proditionibus urgent et satagunt quod intendunt. Divitias quas nobis vident per fas nefasque diripiunt et omnes splendores italie ambiunt et ambitione possident et possessis per iniuriam abutuntur. Quid igitur facietis, o incliti viri, quibus propter presentis status maiestatem et antiqui nominis gloriam cure debet esse libertas italie? Patimini hanc tirannidem inolescere? et barbaras ac gentes exteras nostro latio presidere? ...*" ("Assim, se antes [a guerra] foi nosso dever, é nesta nossa época que, se alguém olhar bem e nós quisermos chamar de volta aos corações o antigo vigor do sangue italiano, acabaremos por acreditar que devemos intentá-la premidos pelas mais justas das causas. Qual é, de fato, o italiano, com mais forte razão, o romano, para quem coragem e amor à liberdade são coisas

hereditárias, que suportará que tantas cidades famosas, tantas insignes fortalezas estejam submetidas a bárbaros que, para enriquecerem com nossos bens, para se fartarem com nosso sangue, eram enviados por um dançarino de igreja? Creiam, caríssimos patrícios, que estes serão mais ferozes do que os sênones, mais atrozes do que os tessálios, mais traiçoeiros do que os líbios e mais bárbaros do que os címbrios. Creiam que esses tiranos, que sob o estandarte da igreja se espalharam pela Itália, não têm nenhuma fé, nenhuma devocão, nenhuma caridade, nenhum amor aos cidadãos italianos. E, embora não confiem em suas próprias forças, tentam, valendo-se das nossas dissensões internas, às quais dão força ao estimulá- -las e excitá-las, dominar-nos. Os que percebem que com estratégia não conseguem vencer-nos, maquinam traições e alcançam o seu intento. Sabem que temos riquezas, por isso não poupam sacrifício para surrupiá-las. Cobiçam todos os esplendores da Itália e por causa dessa ambição deles se apossam, e, uma vez deles apossados, usam de meios ilícitos para exorbitar. Que farão, pois, os senhores, ilustres concidadãos, a quem, por causa da majestade do cargo atual e da glória do antigo nome, pertence zelar pela liberdade da Itália? Tolerarão os senhores que essa tirania tome pé?") (As palavras entre colchetes estão riscadas).

12 Sobre o massacre de Cesena, cf. Reg. 17, 90 ss. (e Arch. sotr. ita. s.I, v.XV, n.46; nova série VIII, n.2; Muratori, *Rerum It. Script.* XVI, 764; *La potestà temporale dei Papi giudicata da Francesco Petrarca, da Coluccio Salutati, ecc*, Firenze, 1860). Sobre o tema da liberdade como único motivo da guerra justa, cf. a carta aos romanos, Reg. 17, 100 v: "*sed quid non est pro libertate tentandum? hec sola, iudicio nostro, iusta causa videtur mortalibus decertandi ...*" ("mas pela liberdade, o que não deve ser tentado? É essa, a nosso ver, a única justa causa para os mortais guerrearem ..."); contra a Igreja (Reg. 16, 35, v): "quanta calliditate nobiscum eclesiasticorum versetur astutia, que ut concordiam tuscorum dissipet ...; c1ericalis malitia ...; seminant enim zizaniam et venena ..." ("com quanta sagacidade age conosco a astúcia dos eclesiásticos, diante da qual é pouco o espírito conciliador dos etruscos, o exemplo é a malícia dos clérigos. São eles, com efeito, que semeiam a cizânia e veneno ..."). Sobre a ingenuidade dos romanos, cf. Reg. 15, 86 r e v: "*Quid facietis optimi viri, nedum italie sed totius orbis caput? Expectatis ne semper messiam qui salvam faciat ismael? Videtisne quanto paratu vos in spem sui adventus adduxerit, ut populum romanum sibi conciliet et in bella precipitet? Et tamen post peregrinationem et classis ostentationem sic inhesit marsilie quod sine dubio expectaturus videatur hiemis violentiam, quam in excusationem navigationis pretendat, mox inter palustrem suum avinionem quasi sedem propriam additurus. O devoti, o creduli romanorum animi, o simplex totius italie miranda devotio, et enim sub ecclesie venerabilissimo nomine tam grave tamque abominabile passa iugum italia, hinc oppressa domi, inde bello quassata, non nisi in ultimo pereundi tempore sue saluti providit sueque consuluit libertati. Et nos ipsi, quorum auspiciis et inceptis huic primum barbarice insolentie resistentia facta fuit, pene in simplicitate et devotione nostra nostram perdidimus libertatem, quos alto in sommo demersos ecclesiasticorum malicia atque perfidia fame ferro fraudibus et proditionibus excitavit Proh dolor! si veniat, non pacificus, sed furore bellico comitatus accedet, vobis nihil nisi bellorum vastitatem presentia sua ut certissime novimus pariturus*

... Unum nos angit, et nostris mentibus molestum ultra quam exprimi valeat representatur, quod non videmus quomodo possit hoc bellum geri sine damno et periculo romanorum ... Quocirca, frates venerandi, cum simus os ex ossibus vestris et caro de carne vestra, ut bellum infestissimum evitetis, et saluti vestre totiusque consulatis italie, iungamus et associemus vires, et equali proposito nobilis latii inceptam libertatem quod erit facillimum compleamus, ut sive venerit summus pontifex cogatur pacem quam denegat toti italie cum tranquilitate concedere, sive non venerit pari voto ad liberam et pacificatam italiam revocetur" ("Que farão os senhores, que são os melhores dos cidadãos, os cabeças não só da Itália, mas de todo o mundo? Acaso esperam que, como sempre, um messias salve Ismael? Estão vendo com quão grande aparato ele leva os senhores a esperarem a sua chegada? Como atrai a si o povo romano e o precipita nas guerras? E todavia, depois da peregrinação e da ostentação da sua frota, fica atracado a Marselha, esperando, sem dúvida, que a demora pareça causada pela violência do inverno, boa desculpa para interromper a viagem, mas logo alcançará através do pântano a sua Avinhão, que é como se fosse sua própria casa. Ó devotados, ó crédulos corações dos romanos, ó simples e admirável devotamento de toda a Itália e, sob o venerável nome da Igreja, ó Itália, que sofreste tão grave e tão abominável dominação, ó Itália, oprimida, de um lado, por lutas internas e, de outro, sacudida pela guerra, tu que só no último momento, em risco de te perderes, cuidaste da tua salvação e pensaste em tua liberdade. E nós mesmos, sob os auspícios e a iniciativa de quem surgiu a primeira resistência à bárbara insolência desse tirano, quase perdemos, na nossa simplicidade e devotamento, a nossa liberdade. Nós, que fomos despertados do profundo sono em que estávamos mergulhados pela maldade dos eclesiásticos com seu cortejo de fome, ferro, fraudes e traições ... Quanta dor! Se ele chegar ao poder, não será como pacificador, mas é acompanhado do furor da guerra que se aproximará. Sua presença, sabemo-lo muitíssimo bem, não trará aos senhores nada mais do que a devastação das guerras. Só uma coisa nos angustia e pesa em nossa mente mais incômoda do que palavras o podem exprimir: não vemos como essa guerra possa ser levada avante, sem prejuízo e a perdição dos romanos. Por isso, veneráveis irmãos, dada que somos ossos dos seus ossos e carne da sua carne, evitem essa guerra mortífera, pensem em sua salvação e na de toda a Itália, juntemos e unifiquemos as nossas forças e, nesse esforço unificado, consolidemos a liberdade começada do nobre Lácio, o que nos será facílimo. Assim, se vier um sumo pontífice, que ele seja obrigado a conceder, junto com a nossa tranquilidade em toda a Itália, a paz que nega. E se não vier, que pelo desejo de todos nós seja chamado de volta a uma Itália livre e pacificada.") (12 de outubro de 1376).

13 Reg. 16, 85 r: "*omne quidem regimen administratio est que nisi ad utilitatem eorum qui administrantur sincere flectatur, in tirannidem certa diffinitione declinat ...*" ("todo regime nada mais é que administração. Se esta não conformar-se honestamente às necessidades dos que são administrados, a única definição que lhe convém é a de tirania ..."). Reg. 16, 71 r: "*cum nichil tom magnum, tam arduum aut tam solidum sit, quod sine fundamento iusticie precipitio non sit deditum et ruine ...*" ("como não há nada de tão grande, de tão árduo, ou tão sólido que, sem o fundamento da justiça, não caia no precipício e na ruína ..."). Reg. 20, 17 r: "*diligenter tamen cavendum est quod rerum moderamina non irrequietis non ad ultionem accensis civibus, sed temperatis*

atque pacificis committantur. Quid enim perniciosius fieri posset in quacunque republica quam illos preponere de quibus oporteat subditos dubitare? Malum est illos in regendo preficere qui populo displicent, quique mutitudini non sunt grati. Incommodum autem illos ad aliorum gubernationem assumere qui regere nesciant, quique nequeant patriam consiliis adiuvare. Mortiferum vero reperitur extollere qui seditionibus studeant, quique sitiant ultionem, quosque metuant illi qui debent utiliter gubernari ..." ("é preciso tomar, contudo, o mais diligente cuidado, porque a administração dos negócios deve ser confiada não aos cidadãos irrequietos ou inclinados à vingança e sim aos moderados e pacíficos. De fato, que coisa mais perniciosa pode acontecer em qualquer país do que confiá-lo a pessoa de quem os governados possam duvidar? É ruim colocar na direção gente que desagrada ao povo e que não seja querida pela massa. É incômodo, com efeito, que assumam o governo dos outros os que não saibam ou não possam ajudar a pátria com seus conselhos. Mas o que se considera mortífero é pôr em cargos elevados quem gosta de sedições, quem tem sede de vingança e aqueles de quem os que devem ser utilmente governados têm medo ...").

14 Reg. 18, 108 ss.: "*Quantum autem ad motus nostre civitatis attinet novit deus ... nos errores nostrorum civium cum punitionis moderatione et cum manifesto nostro periculo tolerasse. Illi quidem omittamus quanta superbia fuerint usi quando huic civitati nobili presidebant sub partis guelfe titulo guelfissimos homines ab honoribus ... deponendo, coniuraverunt in nostre urbis excidium ordinantes civitatem incendere, et ferro in concives suos, viros equidem optimos, inauditam seviciam crudeliter exercere. Ordinabant etiam artium nostre civitatis, per quas ... sumus quod sumus, quibusve sublatis florentinorum nomen ... procul dubio tolleretur, honestissima delere collegia et totam civitatem artificum innocenti sanguine deformare. Deus autem optimus benignus et pius tante iniquitatis consilia dissipavit. Hac funestissima conspiratione reperta, paucis capite tunc punitis et aliquibus ex numero principalium exbannitis, fuit per nos sollemniter ordinatum, quod de illo tractatu non posset ulterius per magistratus nostros cognosci, ut impunitais beneficium ferocitatem culpabilium mitigaret ...*" ("Pois Deus sabe tudo quanto diga respeito às conturbações de nossa cidade ... e que temos abrandado as falhas de nossos cidadãos com penitências moderadas e com evidente risco para nós. Não mencionemos de quanta soberba eles usaram quando, a pretexto de serem partidários dos guelfos, governavam esta nobre cidade após terem destituído os guelfos mais devotados por seus méritos ..., ordenando incendiar a cidade, tramaram sua destruição e, com a espada contra os seus concidadãos, homens na verdade excelentes, ordenaram praticar crueldades desconhecidas. Ordenavam ainda destruir as mais honestas corporações de ofícios de nossa cidade, pelas quais somos o que somos, e uma vez afastadas para longe ..., ordenavam colocar em dúvida o nome dos florentinos e manchar toda a cidade com o sangue de artesãos inocentes. O excelente, bondoso e piedoso Deus, porém, destruiu tais projetos de tamanha iniquidade. Depois de descoberta esta funestíssima conspiração, após terem sido castigados uns poucos com a pena de morte e banidos alguns dos principais responsáveis, foi por nós oficialmente ordenado, para que nada mais do que fora ventilado pudesse ser conhecido por nossos magistrados, que o benefício da impunidade reduzisse a violência dos culpados ...").

15 Reg. 19, 203 r: "*hoc genus hominum necessarium profecto societati mortalium, et sine quibus vivere non possumus* ..." ("este gênero de homens é necessário ao progresso da sociedade humana, e não podemos viver sem eles ..."); Reg. 26, 94 r: "*decet vos hoc opus mundo necessarium, quodque vobis emolumento sempre fuit, velut pupillam oculi custodire* ..." ("esta obra é necessária ao mundo e vos convém, e este sempre foi o vosso trabalho, assim como ao olho proteger a pupila ...").

16 Reg. 22, 67 v ss.: "*Italicis. Tandem conceptum virus vipera complevit evomere, tandem fratres et amici karissimi serpens ille ligusticus ex insidiis et latebris exiens suum non potuit propositum occultare. Nunc patet quod hactenus suis blanditiis instruebat. Nunc manifeste conspicitur quid intendat. Apertum est illud ingens secretum quo comes ille virtutum, si fallere, si violare promissa, si tirannidem in cunctos appetere virtus est; apertum est, inquimus, illud ingens sub ypocrisi miranda secretum ... Quid poterat aut debebat a communis nostri potentia formidare? Nos popularis civitas, soli dedita mercature sed, quod ipse tanquam rem inimicissimam detestatur, libera, et non solum domi libertatis cultrix, sed etiam extra nostros terminos conservatrix, ut nobis et necessarium et consuetum sit pacem querer in qua solum possumus libertatis dulcedinem conservare*" ("Aos itálicos. Enfim, a víbora saturou-se de veneno e é obrigada a vomitá-lo, enfim, meus irmãos e mais queridos amigos, aquela serpente de Ligúria, abandonando suas tocas e tocaias, não pôde mais ocultar seus planos. Está claro o que planejava até agora com suas lisonjas. Agora se percebe claramente o que pretende. Foi revelado aquele imenso segredo, pelo qual ele é o Conde das virtudes, se é que é virtude enganar, quebrar promessas, usar de tirania contra todos; foi revelado, dizemos, aquele imenso segredo no momento em que se admirou a hipocrisia ... O que o governo poderia ou deveria temer de nossa comunidade? Somos uma cidade popular, dedicada somente ao comércio mas, razão pela qual ele a abomina como o pior inimigo, livre, e cultuadora não apenas da liberdade doméstica, mas também defensora da liberdade para além do nosso território, de forma que nos é necessário e costumeiro buscar a paz, pois só nela é que podemos manter a doçura da liberdade".).

17 No Reg. 22, 58 v, está transcrita a declaração de Gian Galeazzo feita em 19 de abril ("*Pacem Italicam omni studio hactenus indefessa intentione quesivimus, nec laboribus pepercimus nec impensis ... Sperabamus enim quod lassata ... guerris italia semel temporibus nostris in pace quiesceret* ..."). Segue-se a resposta (59 v – 60 v): "*Hac die recepimus hostiles litteras de manu cuiusdam cursoris, sub nomine Galeaz Vicecomitis, qui se dicit virtutum comitem ac mediolani etc. imperialem vicarium generalem, totas quidem plenas mendaciis atque dolis, tam superbe quam infideliter concludentes. Et ut ad ipsarum litterarum auspiciam veniamus, pacem italicam omni studio, talia scribens, indefessa intentione se asserit quesivisse, nec pepercisse laboribus vel impensis. Quod quidem verbum, quod eiusdem epistule primum est, quam impudenter quamque mendaciter sit insertum, declarat invasio per ipsum facta contra dominum veronensem ... declarat et illa fidelis societas inita cum domino paduano ... Ex quo postquam de iure disceptare non licet, postquam enormiter atque publice sumus invasi, et demum ut eiusdem littere verbis utamur superbissime diffidati, et nos versavice tiranno lombardie qui se regem cupit inungere beluum indicimus, et pro libertatis nostre defensione ac*

libertate populorum quos tam grave iugum opprimit arma movemus, sperantes in ineffabili summi numinis eternaque iusticia que nostram tuebitur civitatem, miseriam lombardorum aspiciet, et unius mortalis hominis ambitionem libertati pene immortalis populi et saluti tot urbium et castrorum quot violenter subiugat non preponet [2 de maio de 1390]". A carta ao Imperador de Constantinopla no Reg. 25, 51 v ("imminet nobis italicus Baisettus, illius vestri persecutoris amicus, fautor et cultor, qui nos et totam italiam subicere sue tyrannidi tam bellorum turbine, quam pessimis pacis artibus cogitat et molitur ...") ("Com todo esforço, temos nos empenhado pela paz itálica, até agora com uma aplicação infatigável, e não nos temos poupado nem trabalhos nem gastos ... Tínhamos de fato a esperança de que, uma vez cansada das guerras, ... a Itália de nossa época repousasse de uma vez na paz."). Segue a resposta (59 v.60): "Recebemos das mãos de um certo mensageiro uma carta hostil, assinada por Galeazzo Visconti, que se intitula o Conde das Virtudes de Milão etc., e vigário-geral do império, toda ela decerto cheia de mentiras e de enganos, contendo tão arrogantes como imprecisas. E cheguemos logo ao assunto dessa carta, porque escreve coisas tais como a busca da paz itálica com todo seu esforço e com uma infatigável aplicação, o que ele arroga para si, bem como não ter poupado nem trabalhos nem gastos. Pois uma alegação, a primeira de sua carta, lá inserida tão desavergonhada como mentirosamente, dá a conhecer a invasão, feita por ele próprio, contra o senhor de Verona ... e anuncia aquele pacto de confiança iniciado com o senhor de Pádua ... Depois desse ponto, não se pode contestar com justiça, depois de que fomos desmedida e publicamente invadidos e que, finalmente desacreditados, usamos com tanta arrogância, palavras daquela mesma carta, e que nós, por nossa vez, ordenamos infligir a guerra ao tirano da Lombardia, que deseja tornar-se rei, e que, pela defesa da nossa liberdade e da dos povos a quem oprime um pesado jugo, movemos exércitos, na esperança de que a Eterna Justiça do Grande e Inefável Poder Divino protegesse a nossa cidade e de que Ele voltasse Sua atenção para a desgraça dos Lombardos e não preferisse que a ambição de um único homem subjugasse violentamente a liberdade de um povo quase imortal e a saúde tanto das cidades quanto dos exércitos [2 de maio de 1390]". A carta ao Imperador da Constantinopla no Reg. 25, 51v ("Ameaça-nos o itálico Bajazet, amigo daquele vosso perseguidor, sectário e cultuador dos deuses, que cogita e se empenha em reduzir-nos e à Itália inteira à tirania, tanto com o vagalhão das guerras como com os piores artifícios da paz ...").

18 Reg. 22, 10 r: "relegite si placet hystorias et precipue romanorum, a quibus nostra generatio propagatur; discurrite per ipsorum annalia, ab exactis regibus, per annos circiter quingentos sexaginta, quousque consulibus cesares successerunt ..." ("lede de novo os fatos da história, se voz apraz, em especial os dos romanos, de quem nossa geração se origina; percorrei o registro dos feitos de seus reis do passado, percorrei os cerca de quinhentos e sessenta anos, até o ponto em que os césares sucederam aos cônsules ...").

19 Reg. 20, 207 v: "Semper mortalibus imminet terribilis illa resolutio, qua mortale deserit immortale, nec est etas ulla que condicioni mortis non cognoscatur obnoxia. Nam illa nescit alicui parcere. Stat enim sua cuique dies, ut Maro testatur. Verum cum omnis

etas, et vite status, possit adventum mortis et debeat formidare, propinquior tamen est illa senibus, quibus tantum vite decessit, quantum lapsa tempora retro tenent. Nam, ut inquit Varro, si homo bulla est, eo magis senex ..." ("Sempre ameaça os mortais aquela terrível cessação com que se separa o que morre do que não morre, e não há qualquer idade conhecida que não esteja sujeita à condição da morte. De fato, ela não sabe poupar ninguém. Fixa sua data para cada um, como o atesta Marão. Na verdade, toda a época bem como condição de vida pode e deve temer a chegada da morte, embora ela esteja mais próxima dos velhos, a quem resta um tempo de vida tão curto quanto tiverem sido seus anos vividos. Porque, como diz Varrão, se o homem é um nada, mais ainda um velho ...").

20 Reg. 19, 87 r (carta de 23 de dezembro de 1380): "*inter ea que mortalium manibus agitantur nichil incertius eventu bellorum, nichil est quod in maioris ignorantie nobe versetur, nichil quod magis ultra vel citra cogitationes hominum soleat evenire. Nec mirum. Non enim est victoria in multitudine exercitus, non in fortitudine bellatorum ... Scipionem Africanum dixisse legimus nunquam esse cum hostibus confligendum, nisi aut aliqua certe victorie daretur occasio, aut inevitabilis necessitas incidisset. Et plane utrumque verissime dictum est, sed large verius nunquam bellum indicendum esse, nunquam incipiendum, nisi necessitas inexoranda compellat ...*" ("de tudo que é empreendido pelas mãos dos mortais, nada é mais incerto que o resultado das guerras, nada que não acabe em maior nuvem de ignorância, nada que não termine além ou aquém das preocupações humanas. E não é de admirar. De fato, não está a vitória na multidão dos exércitos, nem na bravura dos guerreiros ... Lemos que Cipião, o Africano, disse que nunca se deve entrar em conflito com os inimigos, a não ser que se apresente a ocasião de uma vitória certa, ou que tenha aparecido uma necessidade inevitável. As duas afirmações são claras e muito verdadeiras, mas muito mais verdadeiro é que nunca se deve declarar a guerra, é que ela nunca deve ser deflagrada, a menos que o obrigue uma necessidade inexorável ..."). Sobre a incerteza da fortuna, deve-se ver por inteiro a carta de consolo a Antonio della Scala, de 22 de julho de 1381 (Reg. 19, 152 r). Sobre as milícias mercenárias, deve-se ter presente a carta de 28 de setembro de 1385 (Reg. 20, 107 r): "*videtis una nobiscum, videt et tota sicut certi sumus Italia, quales mores hominum qui se armorum exercitio tradiderunt. Videtis quot et quante sceleratorum hominum officine, quot coniuratorum ad latrocinia paranda conventus ... Ipsis enim agros colimus, serimus vineas, semina fidelissime telluri committimus, villas edificamus, et quod abominabilius est, quicquid privati aut publico congregatu possumus illis in redemptionem vexationum ... erogamus. Quos si quid nobis inesset antiqui roboris et vigoris, si maiores nostros nobis in exemplum ante mentis oculos poneremus ...*" ("testemunhas juntamente conosco, e estamos certos de que a Itália inteira vê da mesma forma, como são os costumes dos homens que se entregam à prática das armas. Examinais quantas e quão grandes são as oficinas dos criminosos, quantas são as reuniões de conspiradores a planejar os roubos ... Para esses cultivamos campos, trançamos videiras, entregamos sementes à terra mais confiável, construímos casas e, o que é mais abominável, tudo de particular ou que tenha sido reunido pelo Estado entregamo-lhes em pagamento ... por esses trabalhos. Quanto a isto, se ainda houvesse em

nós algo da antiga força e do vigor, se puséssemos diante dos olhos do espírito nossos antepassados como exemplo ...").

21 O texto da epístola *ad magnum principem imperatorem* foi publicado por Baron, op.cit., p.181-4.

22 O manuscrito da *Constituzione fiorentina* de Bruni, corrigido por Pleton, é o *Marciano gr.406 (791),* sobre o qual cf. R. e F. Masai, L'oeuvre de Georges Gémiste Pléthon. Rapport sur des trouvailles récents: autographes et traités inédits, *Bulletin de l'Académie Royale de Belgique,* Classe des Lettres, 5e série, tomo 40, 1954, p.536-55. Os textos da *Laudatio* são tirados da versão citada, p.14 ss., p.57 ss.

23 Vespasiano da Bisticci, *Vite,* Firenze, 1938, p.456 ss.

24 Da história de Bruni usou-se a versão de Donato Acciaiuoli, na reimpressão florentina (Le Monnier), de 1861; mas nos beneficiamos com os oportunos confrontos de Santini entre o texto de Bruni e os documentos dos arquivos (Leonardo Bruni Aretino e i suoi "Historiarum Florentini populi libri XII", Pisa, 1910, ext. dos *Annali della Scuola normale superiore di Pisa,* v.22).

25 Para as citadas apostilas ao de *tyranno,* cf. F. Ercole, *Da Bartolo all'Althusio,* Firenze. 1932, p.226 ss. A carta aos Seneses, à qual se alude no texto, foi publicada pelo Archivio di Stato de Siena (Concistore, Lettere, 1436, edição de 1936), em apêndice ao ensaio de L. de Feo Corso, *Il Filelfo* in Siena *Bulletino senese di storia patria,* n.47, 1940, p.306. Essa carta encontra-se no *Panciatichiano 148* (da Biblioteca Nacional de Florença), que contém 648 cartas oficiais de Bruni, até 26 de fevereiro de 1444 (é o Registro que falta ao Arquivo do Estado). Quanto a Bruni, que traduz Platão enquanto a cidade está em tumulto, a imagem é do próprio Bruni, na dedicatória da versão das epístolas platônicas.

26 Valeria a pena uma análise, entre outras, da longa carta ao Concílio de Basileia, em 15 de julho de 1437 (*Panciat.148,* 68 r -70 r): "*Audivimus litteras quasdam diffamatorias civitatis nostre publicatas fuisse apud sacrum basiliensem concilium sub nomine ac titulo domini ducis mediolani ...*".

27 Para uma primeira orientação sobre os códices científicos pertencentes no passado a Pieruzzi, e depois conservados na Biblioteca Laurenziana e na Biblioteca Nacional de Florença, cf. A. A. Björnbo, *Die mathematischen S. Marcohandschriften in Florenz,* Bibliotheca mathematica, v.IV, 1903, p.238-45; v.VI, 1905, p.230-8; v.XII, 1911-12, p.97-132, 194-224.

28 ASF, Sig. Miss. I Cancell. Reg. 36, 109 v: "*quamquam omnes artes que ad liberum hominem pertinent merito laudari debeant, tamen imprimis medicina omnium commendatione digna est. hec etenim morbos curat, hec vulnera ad cicatricem deducit, hec bonam quidem valitudinem auget et conservat, malam vero medicamentis amovet. Itaque eius inventores apud antiquos immortalitati fuerunt consecrati. Videbant etenim virtutes dotesque animi quodammodo mancas debilesque esse, si corpora morbo aut egrotatione languescerent ..."*; idem, 165 v: "*quanto in honore apud antiquos qui sapientia longe ceteris prestabant musica ars semper fuerit, nemini dubium esse arbitramus. Et enim si a philosophis incipere volumus, inveniemus pytagoram eiusque auditores tantum huic studio tribuisse, ut etiam singulis orbibus celestibus singulas syrenas esse opinarentur.*

Nec enim dubitari potest celum omniaque elementa quadam armonia quibusdamque numeris inter se coherere. Quantum vero humanis ingeniis id studium sit accommodatum, pueri documento esse possunt, qui natura ipsa duce statim ab ipsa infantia cantiunculis tintinnabulisque delectantur. Qua ratione nonnulli commoti humanas animas armoniam esse crediderunt. Itaque Plato ille sapientissimus ac pene divinus non immerito suis legibus quod genus musice in republica exercendum esset accuratissime statuit, cum mutata musica mores civitatis immutari arbitraretur. Mittimus quod Aristoteles eam artem ad beate degendum necessariam esse probat. Mittimus quod nemo apud grecos satis excultus doctrina putabatur, qui eam artem neglexisset. Igitur et Epaminondas multique alii principes, qui domi et militie claruerunt, preclare grecis fidibus cecinisse dicuntur" ("embora todas as artes pertinentes a um homem livre devam ser com justiça louvadas, a medicina acima de todas é digna de recomendação. Ela, de fato, cura as doenças, reduz feridas a uma cicatriz, é verdadeiramente boa se aumenta e conserva o vigor físico; e de fato má, se o afasta com seus medicamentos. Desse modo, entre os antigos, seus criadores foram agraciados com a imortalidade. Com efeito, de algum modo, percebiam que as virtudes e as propriedades do espírito estavam fracas ou ausentes, se os corpos estivessem fracos pela ação da doença ou da dor ..."; aí, 165 v.: "julgamos que ninguém duvida de quão grande tenha sido a honra de que a arte musical sempre desfrutou entre os antigos que, com imensa sabedoria, a conservaram para os pósteros. E com efeito, se quisermos começar pelos filósofos, descobriremos que Pitágoras encaminhou seus discípulos para esse tipo de estudo, dado que acreditavam que, para cada esfera celeste, havia uma melodia única. E de fato não se pode duvidar de que, através de certos números e de uma certa harmonia, o céu e todos os elementos estão ligados entre si. O quanto esse estudo é adequado ao engenho humano, o provam as crianças que, sob o governo da natureza, são imediatamente atraídas, desde a mais tenra infância, pelas pequenas canções e pelos sons tilintantes. Por essa razão, as almas humanas não confiaram a harmonia a alguém muito excitado. Por isso, o muitíssimo sábio e quase divino Platão determinou em suas leis, não sem motivo, qual gênero musical deveria ser praticado em sua república, pois era de opinião que, mudando-se a música, mudar-se-iam os costumes de uma cidade. E acrescentamos que Aristóteles prova o quão necessária é essa arte para que se viva feliz. E acrescentamos que, entre os gregos, ninguém que tivesse desdenhado essa arte era considerado suficientemente bem-educado. Por isso se conta que Epaminondas e muitos outros soberanos, que se notabilizaram na paz e na guerra, cantaram admiravelmente, conforme os testemunhos dos gregos").

29 Reg. 36, 102 v: "[Magno Sultano] *Nihil est gratius immortali atque eterno deo qui astra movet universumque mundum regit, quam ita iuste ita sancte ita integre regna provincias civitatesque gubernari, ut universum genus humanorum vivens sub legibus et augeri et conservari queat. Que cum fama et rumore omnium in vestro regno observari divulgatum sit, iam pridem inflammamur, non solum ad vestram maiestatem diligendum et amandum, verum etiam ad colendum et observandum. Itaque cum nostra civitas inter alias bonas artes studiosissima sit mercature ...*" ("[Ao Grande Sultão] Nada é mais agradável ao imortal e eterno Deus, que move os astros e rege o mundo inteiro, do que se governarem reinos, províncias e cidades com justiça, com santidade e com integridade, de modo que todo o gênero humano que vive sob leis busque

ser salvo e glorificado. Que se divulgue em vosso reino com a fama e o falar de todos – desde já nos entusiasmamos! – que se deve amar e proteger não só a Vossa Majestade, mas também a verdade deve ser cultivada e protegida. E da mesma forma que a nossa, seja a vossa cidade, entre outras boas ocupações, a mais versada no comércio ...".). O Registro 38 tem uma anotação, na folha 65 v: "*ultima epistola a Carolo Aretino edita*".

30 P. G. Ricci, Una consolatoria inedita del Marsuppini, *La Rinascita*, v.III, 1940, p.363-433.

31 A *nona*, uma das partes em que os romanos dividiam o dia, corresponde às três horas da tarde. (N. T.)

32 Reg. 49, 52 ss. Um dos registros das epístolas de Scala está no *Palatino 1103*, da Biblioteca Nacional de Florença (e para as Missive dei Dieci di Balia, cf. o *Palat. 1091*).

CAPÍTULO 2
A CIDADE IDEAL

1 No manuscrito *B* do Instituto de França, o leitor encontra, a uma certa altura (16 r -15 v), um elegante desenho de edifícios e ruas flanqueadas por pórticos. Embaixo pode ser lida, delineada em traços rápidos no estilo lapidar de Da Vinci, a imagem da cidade ideal: construída perto do mar ou ao longo de um rio, para que seja salubre e limpa. Será edificada em dois andares que se comunicam por meio de escadarias. Quem quiser percorrer todo o piso superior, poderá fazê-lo sem precisar descer, e vice-versa. O tráfego de veículos e de mulas de carga será feito no plano inferior, no qual estarão situadas as lojas e serão realizados os negócios. "E sabei que quem quiser percorrer a terra toda pelas ruas altas, poderá usá-las a seu bel-prazer, o mesmo acontecendo a quem quiser andar pelas inferiores. Nas ruas superiores não devem trafegar os veículos nem coisas similares; é melhor que elas sejam reservadas somente aos gentis-homens. Os veículos e outras cargas deverão circular pelas ruas inferiores, para uso e comodidade do povo. Cada casa deverá estar de costas para a outra, deixando a via inferior entre elas."[1]

As minúcias a que Da Vinci se entrega definem com precisão a utilidade dos dois planos da cidade e sublinham a distinção de classes: no alto "os gentis-homens", embaixo, segundo a expressão usada no *Codice Atlantico* (65 vb), a "*poveraglia*" (plebe). Geralmente, costuma-se sublinhar as preocupações estéticas deste famoso projeto; estas, porém, não estão separadas de uma concepção política da cidade; pelo contrário, formam com ela um só corpo. No *Codice Atlantico*, Da Vinci dá conselhos a Ludovico, o Mouro, para que torne Milão "bela". Mesmo nesse texto, porém, trata-se de uma beleza ligada a uma funcionalidade mais adequada; predominam, como em todos esses projetos de cidade, as preocupações higiênicas, os reservatórios hídricos, a distribuição equitativa das pessoas pelas casas e pelos bairros, de modo a se evitar qualquer superpopulação, perigosa para a saúde pública e simultaneamente ameaçadora à ordem: "e deveis dissolver tanta concentração de povo, na qual, como acontece com as cabras, estão todos espremidos uns contra os outros [e], enchendo todos os lugares de fedor, tornam-se sementeira de mortes pestilentas".

A intenção é substituir a cidade medieval, desenvolvida desordenadamente em torno de si mesma, com seus edifícios amontoados ao longo de vias estreitas e tortuosas, pela nova cidade, planejada segundo um traçado racional. Simultaneamente, há um desejo de se transformar ordenamentos contraditórios e complexos em ordens organicamente articuladas. Esse é o ponto em que uma sociedade amadurecida volta-se para si mesma, reflete sobre as próprias estruturas e procura, nas lições do passado, uma sugestão para o futuro, combinando a experiência e a razão com os ensinamentos da história.

Não é difícil encontrar-se nos textos clássicos, lidos no original ou transcritos de variadas formas, as inspirações livremente reelaboradas pelos políticos e arquitetos, que iam desenhando o que seria a cidade ideal da Renascença. Refletindo sobre o projeto de Da Vinci, sobre a luminosidade do plano superior da sua cidade e sobre a funcionalidade do plano inferior, no qual estão concentrados os serviços e tudo o que satisfaz as necessidades humanas, até mesmo as mais vis; tendo em mente isto, convém consultar, além de Vitrúvio, a correspondência platônica entre o estado e o homem, entre as partes do corpo humano e as "almas", e entre as classes sociais: a hierarquização de patrões e trabalhadores. O que não significa, note-se, querer reconduzir Da Vinci ao âmbito do platonismo, a não ser pelo fato de que a influência d'*A República*, tantas vezes traduzida no século XV, em Florença e Milão, devia encontrar-se um pouco em cada lugar, chegando até mesmo ao ateliê de um artista genial. O platonismo de Da Vinci deve ser abordado, certamente de uma outra maneira e num outro nível.

Chamamos aqui a atenção para a estreita conexão que havia entre os projetos da cidade ideal, a estrutura política e a estrutura arquitetônica, e para a ligação entre o corpo e a alma na nova *polis*, em cujo fundo não é difícil entrever, às vezes, o perfil da antiga *polis*. Além disso, o estado ideal de que se fala é sempre a cidade-estado, ou seja, a *res publica*, que nas formas arquitetônicas objetiva uma estrutura político-econômica adequada à imagem do homem, e que veio se definindo na cultura do Humanismo. O projeto fixa em linhas racionais o que uma experiência histórica particular parece revelar como correspondendo à verdadeira natureza do homem.

A propósito dos urbanistas do Renascimento, de Alberti a Da Vinci, falou-se muito de um predomínio das preocupações estéticas, de um divórcio entre beleza e funcionalidade, ou seja, de uma supremacia do ornamento, de uma espécie de prepotência retórica exercida sobre exigências concretas, econômicas, políticas e sociais. Na realidade, trata-se mais propriamente de uma maneira de se compreender e traduzir a funcionalidade. A beleza à qual Da Vinci se refere expressamente no seu projeto para Milão, e que é uma nítida preocupação no seu desenho de uma cidade ideal, coincide com a funcionalidade, plenamente atingida, de uma forma racional. Justamente porque a cidade deve ser construída na medida do homem, e porque o homem, no exercício de sua mais elevada atividade, o "gentil-homem", vive na luz e na harmonia, os edifícios, as ruas, os lugares deverão adequar-se a essa natureza. O projeto de Da Vinci, em vez de representar um delineamento fantástico, liga-se às aspirações reais das cidades-estado italianas, e pretende reconduzir uma delas – Milão – a um tipo que responde às "razões" que, de modo difuso, vivem no seio de toda a Natureza, e a dirigem, guiam, sujeitando-a à sua "necessidade". Alguém que, além do urbanismo e da arquitetura em geral, examinasse a concepção filosófica da natureza presente num Alberti ou num Da Vinci, encontraria muitas analogias entre os dois artistas, justamente na ideia comum de (λόγι), de "razões seminais", de leis matemáticas imanentes, que o homem descobre no fundo do ser para inserir entre as coisas naturais as próprias obras, sem dúvida novas e originais, mas que devem encontrar um recurso nas "necessidades" naturais, e obedecer à rede racional do todo, exprimindo-a e potencializando-a. Em outras palavras, a razão humana não é chamada a lutar contra forças naturais hostis; deve antes coordená-las por meio de uma legislação que exprima e integre a legislação universal, pela qual, e não contra a qual, se explica a própria atividade humana liberal. Homem e natureza, razão humana e lei natural, integram-se reciprocamente; e a cidade ideal é, a um só tempo, a cidade natural e a cidade racional: a cidade construída segundo a razão e na medida do homem, mas também a cidade que corresponde perfeitamente à natureza do homem.

2 A determinação dessa atitude começara muito tempo antes, quando na evolução das cidades-estado italianas manifestara-se a necessidade de uma organização política e, ao mesmo tempo, de uma reconstrução arquitetônica mais adequada a uma nova situação, agitada pelo choque de forças antagônicas, mas também pelas exigências comuns dos grupos dirigentes que haviam levado uma cultura refinada a atingir a perfeição. Deve-se levar em conta que os problemas de natureza política – a constituição do estado, o ordenamento da magistratura, o sistema de tributos – ligam-se intimamente a questões de urbanismo, e vice-versa. Além disso, não se pode esquecer a excepcional febre de construções que vemos explodir em determinado período na maioria das cidades italianas. Resolver o problema de certos aglomerados populares, redistribuindo-os de uma forma mais racional, relaciona-se a três preo-

cupações fundamentais: higiene pública, segurança interna, defesa contra ataques externos (e, portanto, aprovisionamento, em caso de guerra e de cerco). Mas, além das plantas das cidades muradas, além das discussões sobre a oportunidade de edificá-las ao longo dos cursos de água ou sobre o mar, na planície ou nas montanhas, vemos transparecer claramente também as recorrentes epidemias, a agitação popular, as lutas pelo poder, os cercos, os saques, a fome. Por essa via, os tratados de urbanismo transformam-se em tratados de política, acentuando as exigências de uma racionalização da cidade, seja no plano legislativo, seja no plano arquitetônico: feita para as comunidades humanas, a cidade deve ser construída à sua medida. Por outro lado, esta racionalização significa também harmonização: busca de um equilíbrio que responda a uma concepção da vida mais livre e mais bela, embora não pareça sensato dizer que o principal motivo desses projetos e desses esforços seja de natureza estética, sobretudo se conferirmos ao termo "estética" o significado que assume nas nossas discussões de hoje.

O que permanece digno de nota é a convergência, comum a escritores de vários tipos e níveis, entre as considerações urbanísticas e as político-sociais. Não é difícil encontrar nos textos florentinos, de fins do século XIV e início do XV, comparações entre as instituições da *res publica* e os seus edifícios, e isto ocorre precisamente quando se reconhece em Florença a existência de um tipo ideal de cidade. O Palazzo dei Signori ou o Duomo tornam-se, mais do que símbolos, expressões evidentes de relações de poder. Por outro lado, não é menos importante que esses textos da época, que poderíamos chamar de humanística, indiquem como forma ideal da organização política a cidade, a cidade-estado, em oposição declarada aos grandes organismos unitários do mundo antigo e da época medieval: Império Romano, Império Germânico, Reino Italiano, incluindo-se nessa polêmica até mesmo as pretensões da Igreja de Roma. É claro que na defesa da "cidade" como ideal de organização política pesa a história das lutas pela conquista da autonomia e pela independência, contra as intromissões nefastas, tanto imperiais como do papado. Entretanto, é igualmente claro que foi fácil, na época do Humanismo, encontrar na ensaística grega uma feliz convergência. Justamente na *Política* de Aristóteles, o chanceler florentino Leonardo Bruni, que a traduziu no início do século XV, lia a passagem, muito conhecida (1326b), em que se declara necessário – para se ter magistrados eficientes e boas leis – "que os cidadãos conheçam mutuamente suas qualidades, posto que, quando estas condições não são verificadas, necessariamente será feita uma má escolha dos magistrados e sentenças irracionais serão pronunciadas". *Ex nimium multis* – traduzia Bruni – *non est civitas*; ou, pelo menos, uma *civitas* ajustada *ad bene vivendum in civili societate*.[2] E, na sua opinião, a *res publica* de Platão não era diferente. Uma correta unidade somente poderia ser conseguida pelas corporações da cidade, e não na asfixia dos organismos de grande porte. Mesmo quando se utilizava a experiência romana, considerava-se, ao menos no século XV, mais a época republicana do que a imperial, e isso não somente tendo-se em mente as magistraturas internas, mas tendo-se a convicção de que, durante a era republicana, as cidades tinham mantido a sua autonomia, desenvolvendo-se sem grandes obstáculos.

Leonardo Bruni, chanceler e historiador de Florença, estudioso da constituição florentina, e que figura entre os primeiros tradutores de Platão e Aristóteles, nas suas *Historiae florentini populi* sustenta, contra toda exaltação da Roma imperial, que o predomínio romano e o estado centralizador foram nocivos ao florescimento da cidade e ao vicejar do comércio e da cultura. A polêmica contra o estado de grande porte, contra o império, não se detém diante do nome de Roma; esta se torna o polvo que asfixia qualquer outro centro: "*ibi frequentia hominum et venundandi facultas, eorum portus; eorum insulae; eorum portoria; ibi gratia; ibi publicanorum favor; alibi neque gratia, neque potentia par. Itaque sicubi quisquam per propinqua loca nascebatur ingenio validus, is, quia domi has sibi difficultates obstare videbat, Romam continuo demigrabat: quod antecedentia simul et sequuta tempora manifestissime ostendunt. Etenim priusquam Romani rerum potirentur, multas per Italiam civitates gentesque magnifice floruisse, easdem omnes stante romano imperio exinanitas constat. Rursus vero posteris temporibus, ut dominatio romana cessavit, confestim reliquae civitates efferre capita et florere coeperunt, adeo quod incrementum abstulerat, diminutio reddidit*"³ ("aí a intensa movimentação de homens e o comércio fácil; o seu porto; as suas ilhas; os seus impostos alfandegários; aí o reconhecimento; aí o favorecimento dos fiscais. Em qualquer outro lugar, nem reconhecimento, nem poder semelhante. Assim, pois, se, pelas regiões próximas, nascesse alguém um pouco mais bem-dotado de engenho, transferia-se logo para Roma, ao constatar que, em sua terra natal, teria dificuldades pela frente, fato que é muito claramente demonstrado não só pelas épocas passadas, como pelos tempos que viriam a transcorrer. Com efeito, é sabido que, antes de o romano tornar-se o povo soberano, já haviam florescido esplendorosamente pela Itália muitos estados e povos e que todos eles foram sufocados sob o peso do Império Romano. Contudo, cessando depois o poder de Roma, logo começaram a reerguer-se os demais estados, pois a debilitação da soberania de Roma restituiu o que o seu vigor havia tirado".).

Provavelmente, nenhum autor do século XV exaltou com a mesma eloquência de Bruni o estado de pequeno porte, *der Kleinstaat*, como ideal da burguesia urbana. Werner Kaegi, nas suas interessantes páginas sobre o estado diminuto, refere-se, com frequência, às cidades italianas do Renascimento, mas não parece lembrar-se do chanceler florentino, mesmo que lhe ocorra adotar quase as mesmas palavras deste, ao pintar a alegria secreta das suas populações, em comparação à paralisia da máquina administrativa romana: "e sentiu-se – exclama – como que um alívio, quando se livrou da glória esmagadora do nome romano, e se pôde voltar a uma atmosfera mais primitiva de vida, porém mais sadia, a da própria cidade e da própria província".⁴

Bruni, que talvez tenha sido, no século XV, o teórico mais sagaz e o historiador mais elegante da cidade-estado, não hesitou, num certo momento, a ir contra o mito de Roma, transformando a história em propaganda e a reflexão teórica em projeto: Florença e o seu ordenamento tornam-se o tipo ideal da cidade justa, bem organizada, harmoniosa, bela, na qual reinam *taxis* e *kosmos*. A *Laudatio florentinae urbis*, que foi composta oportunamente no princípio do século, tomando como modelo o Παναθηναικός de Elio Aristide, mas com imagens que remetem às *Leis* de Platão, embora seja um notável fruto da imitação dos modelos clássicos, é também um texto político singular. O tema central é o de que a liberdade somente é possível pela salvaguarda das autonomias urbanas, isto é, no estado de pequeno porte. É sabido que Leonardo Bruni escreveu esse livro logo depois do conflito com Gian Galeazzo Visconti, que aspirava a um grande domínio unitário da Itália, sob a hegemonia milanesa. Florença insurgiu-se contra essa unificação, que teria favorecido o "tirano", defendendo a liberdade republicana e sustentando o pluralismo. Por outro lado, retomando um antigo tema, Bruni recordava que, para ser livre, a cidade deve ser justa: "cuida-se, com toda diligência, para que nela reine a mais santa justiça, sem a qual cidade alguma pode existir". O perfil do estado livre e justo – os dois aspectos se complementam – é o do estado racional, em que as leis, as funções, os magistrados, os poderes públicos, os grupos são diferentes e coordenados. "Nela [Florença], nada é desordenado, inconveniente, sem razão de ser, sem fundamento; todas as coisas têm o seu lugar, e não apenas o lugar certo, mas conveniente e devido. Variadas são as funções, os tribunais, as leis". O poder supremo é confiado a nove cidadãos, substituídos a cada dois meses; os múltiplos órgãos de execução e controle, a divisão dos poderes defendem a república contra a tirania; por outro lado, o estado, tanto nas penalidades como nas tributações, ou seja, na justiça penal e na fiscal, procura exercer uma justiça distributiva, corrigindo as leis da natureza e intervindo de maneira diversa em relação aos poderosos e aos fracos, aos pobres e aos ricos, assumindo a tutela dos desprovidos e miseráveis. "Eis porque com um certo número de leis – conclui Leonardo – conseguiu-se uma certa equidade, de modo que os ricos sejam defendidos pelas suas posses, e os humildes, pela república".[5]

Bruni referia-se, de modo idealizado, aos acontecimentos internos da república florentina, aos quais os populares puderam assistir quando, da conquista do poder, desde os Ordenamentos de justiça ao Tumulto dos Ciompi, enquanto se consolidavam as novas forças da burguesia urbana. Aos seus olhos, o tratamento penal diferenciado que os Ordenamentos reservavam aos "populares" e aos "cavaleiros" - sendo as penas agravadas para os que, dentre estes, ofendessem os populares, ou atentassem contra a segurança da *res publica* - apresentava-se como uma espécie de reparação, que a justiça da cidade proporcionava, em relação às injustiças e desigualdades primitivas. "*Quisquis es, quia dives es et plurimum lucraris, non es amicus pauperum tametsi simulas amicissimum*" ("Quem quer que você seja, embora finja ser muito amigo dos pobres, não é amigo deles só porque é rico e tem grandes lucros.") - são as palavras de um notário, *ser* Piero Cennini, que preparam uma taxação progressiva em 1480, na qual, mesmo que de forma meramente retórica, apelava-se aos velhos critérios de uma justiça distributiva. E a propósito dos impostos progressivos de 1494, que atingiam duramente os grandes proprietários, Guicciardini observava, com amargura: "essa fórmula proposta, embora muito injusta e nociva ao público, posto que é útil à cidade manter as suas riquezas, mesmo que cada um pense no seu próprio interesse, foi muito favorável. Os pobres, tendo de arcar com uma taxa, preferiam esta a qualquer outra, já que ela os prejudicava relativamente menos".[6] Estamos, enfim, na Florença de Savonarola, agitada por proféticas revelações de uma radical renovação político-religiosa. E, mesmo então, o plano, sobre o qual as coisas acontecem, é ainda o de uma cidade justa, que previne as desigualdades sociais realizando, por meio de leis racionais, uma equidade comunitária.

À estrutura político-social corresponde também, segundo Bruni, a estrutura arquitetônica; situada às margens de um rio, segundo um modelo constante do urbanismo renascentista, tendo ao centro - como o mastro de um navio - o Palazzo dei Signori e o templo, a cidade distribui-se racionalmente, com suas casas concebidas de modo a poder contar com dependências de inverno e de verão ("as dependências de verão separadas das de inverno"), todas "belas e limpas", em ruas que se perdem em direção às colinas e aos arrabaldes, onde a cidade verdadeira vai-se esfumando gradativamente, como se obedecesse a um desenho de círculos concêntricos e cada vez mais amplos. A sua planta é nítida e precisa: *"quemadmodum in clipeo circulis sese ad invicem includentibus, ultimus in umbelicum desinit qui medius est totius clipei locus; eodem hic itidem modo videmus regiones quasi circulos quosdam ad invicem inclusas ac circumfusas, quarum urbs prima quidem est quasi umbelicus quidam totius ambitus media; haec autem moenibus cingitur atque suburbiis; suburbia rursus villae circumdant, villas autem oppida"* ("como no escudo, o último dos círculos mutuamente includentes, acaba no ponto intermediário de todo o escudo. Do mesmo modo, vemos aqui as regiões como círculos, fechando-se umas às outras, das quais a primeira cidade é verdadeiramente como um centro no meio de todo o caminho. Está, porém, envolvida pelas muralhas e pelos subúrbios; as quintas circundam novamente os subúrbios; e as fortificações circundam as quintas."). A imagem é de Elio Aristide mas pode-se entrever por detrás a imagem, substancialmente idêntica, delineada no Livro VI das *Leis* de Platão, que também apresenta círculos concêntricos ao redor da *ágora* e dos edifícios públicos.[7]

A obra de Leonardo Bruni é importante justamente porque a sua cidade ideal, tão repleta de ecos platônicos, não é uma fantasia distante de qualquer realidade, mas tende a identificar-se com uma cidade existente, cujos aspectos não cessa de exaltar, e de corrigir segundo uma racionalidade maior: trata-se de Florença, que, vista na moldura de sua história, parece destinada a realizar o estado racional, entendido como o estado natural do homem. Leonardo Bruni não é, certamente, Jean-Jacques Rousseau; mas nos seus textos histórico-políticos, Florença é um pouco o que foi Genebra nas páginas de Rousseau. Rousseau delineia o *seu* estado pensando em Genebra, e vê a cidade através do seu ideal político (*"heureux, toutes les fois que je médite sur les gouvernements, de trouver toujours, dans mes recherches de nouvelles raisons d'aimer celui de mon pays"*). Leonardo Bruni lê os seus autores gregos pensando em Florença, e contempla-a através das páginas políticas de Platão e Aristóteles. Diz-se, com frequência, que tanto as *Laudatio* como as *Historiae* são textos históricos que usam um vocabulário ambíguo; na realidade, são textos políticos em que uma determinada cidade-estado é apresentada como o ideal da coexistência humana, a realização de uma convivência, implantada sobre bases racionais. A cidade perfeita, a cidade modelo, tanto nos seus edifícios como nas suas instituições, não está situada fora do mundo, no céu ou no país da utopia: está presente, mesmo que incompletamente, numa cidade exemplar. E os que compararem a literatura do século XV com a do século seguinte não poderão deixar de perceber que, em lugar das utopias, encontram-se *laudationes* de cidades (Florença, Veneza, Milão), histórias, descrições de regulamentos específicos, oferecidos para serem imitados, e meditações sobre constituições a serem reproduzidas. E não somente não se almejam cidades imaginárias, ou celestiais, como também não se coloca como fundamento da *civitas* a solução de um problema religioso, por meio de uma reforma, como a realizada no culto solar de Pleton, para citar apenas um dos pensadores que conheceram a obra do chanceler florentino.

3 Se, por um momento, confrontarmos a posição de Leonardo Bruni com a de um autor a quem ele admirava muito – tanto que escreveu a sua vida e o propôs como modelo do cidadão –, Dante Alighieri, poderemos observar claramente a distância dos dois pensadores e a mudança radical de perspectiva ocorrida em aproximadamente um século. A Florença ideal de Dante é a cidade de Cacciaguida, ou seja, a visão longínqua de um passado patriarcal: fechada dentro dos velhos muros, regulada por uma austera disciplina, revela um moralismo rígido, a rejeição do presente, a imagem de um mito arcaico em contraste com os contemporâneos, com os seus negócios, suas riquezas, suas atividades e suas ocupações. Em simétrica correspondência com este burgo murado está a *Monarchia*, com seu império universal, que retoma o império de Augusto e exalta o mito de Roma, enquanto o difícil relacionamento

com a Igreja parece situar os problemas antes do renascimento das nações, no beco sem saída dos conflitos não resolvidos entre o espiritual e o temporal, num sonho que mascara situações históricas, num clima ainda uma vez particularmente longínquo. Empenhado em responder a uma única questão, a das relações entre a Igreja e o Império, Dante parece fechado a toda instância que não seja a de um poder imperial único, com características muito vagas, e colocado no impossível encontro entre o poder de Augusto e o dos imperadores da casa Sveva. O livro de Dante, dominado pelo conflito entre o universalismo imperial e o universalismo católico romano, ignora, ou melhor, contraria o surgimento das cidades-estado, o poder das novas forças burguesas, o avanço dos "*popolani*", e atribui todo mal à desordem criada pelas pretensões temporais da Igreja, ou seja, o poder espiritual. Por isto a *Monarchia* esgota as suas preocupações dentro dos limites da polêmica antieclesiástica, isto é, nas sua *pars destruens*. E não existe uma *pars instruens*. "Perfeita como o desenho de um arquiteto – escreveu Gilson em *Les métamorphoses de la cité de Dieu* – a solução proposta por Dante permanece no entanto indefinida ... quando se passa ao problema dos meios de realizá-la"; entretanto, acrescenta Gilson, "não o culpemos; ele nos responderia, na verdade, sem nenhuma dúvida, que, como filósofo empenhado na resolução de um problema filosófico, não era responsável pelas condições práticas necessárias para resolvê-lo. É ao Imperador que cabe a tarefa de organizar o império".

Infelizmente em Dante – como diz o próprio Gilson – até o filósofo erra: "ainda que se reporte à Roma de Augusto, a monarquia de Dante é uma imagem temporal da sociedade espiritual que é a Igreja". Ainda mais que Dante acredita, erroneamente, "que a razão natural seja capaz, sozinha, unicamente com suas forças, de estabelecer o acordo dos homens, baseada na verdade de uma única filosofia"; Gilson insiste no perigoso declive pelo qual estava destinada a enveredar a razão: o pluralismo característico do pensamento moderno, ou seja, "o pior caos filosófico que o mundo jamais conheceu". Por outro lado, Dante, ainda segundo Gilson, se enganaria mesmo ao esboçar o relacionamento entre o temporal e o espiritual: "a ordem temporal e política é mais feliz e mais sábia justamente quando aceita a jurisdição espiritual e religiosa da Igreja. Por mais direta que seja, ou por mais que se estenda ao campo político, a autoridade pontifícia, que tem sede no temporal, não é em si nem temporal nem política, na acepção temporal do termo".

Com tudo isto, ou até mesmo por isto, ou seja, por haver descrito uma monarquia universal leiga, "na qual não se trata mais nem da Igreja nem da Cristandade, nem da Cidade de Deus, a monarquia romana de Dante" seria "a primeira fórmula moderna de uma sociedade temporal única em todo o gênero humano".[8]

Deixando-se de lado a questão da modernidade deste ideal, é certo que Dante se move num plano oposto aos conceitos, e às realidades políticas que floresciam entre os séculos XIV e XV. A sua *Monarchia*, que é a transfiguração do seu sonho imperial e da sua polêmica antipapal, justamente pelo universalismo e pela unidade, está situada nos antípodas daquelas cidades-estado que se afirmam e se estruturam além de todas as suas preocupações. E nem deve nos induzir em erro qualquer alusão à polêmica antipapal; a *polis* que nasce não somente é a ruptura da monarquia universal do tipo concebido por Dante, mas também já é então estranha ao tipo de disputas religiosas as quais ele mencionava. A cidade-estado burguesa, que vive na, e pela pluralidade, que coloca a razão na coordenação dos motivos, que vê no equilíbrio das autonomias o segredo da liberdade e da paz, coloca dentro do círculo urbano a Catedral ao lado do Palazzo dei Signori, do Studio e dos Bancos, procurando definir as suas relações de convivência no terreno mundano, que é o único que lhe importa. Os problemas da laicização, sem sombra de heresia nem de impiedade, são problemas de coordenação e colaboração nas coisas temporais. Por isso a cidade-estado italiana do século XV não se propõe programas religiosos radicais nem coloca no seu centro a religião, ainda que, conforme o caso, procure apoiar alguns conceitos religiosos, no confronto com outros; assim, os seus teóricos não imaginam nem cultos solares, à maneira de Pleton, nem cidades solares, como a de Campanella. Na intenção de encontrar melhores formas de se constituírem, propõem-se problemas políticos, sociais, econômicos, muito precisos, ao contrário do que acontecia com os mitos do passado e com os sonhos do "novo século". Quando se rejeita para Florença até mesmo a descendência de Roma, procurando na Etrúria as origens da cidade, o mesmo acontecendo com as várias cidades italianas, e quando se revela na unificação de Roma um fato transitório e infeliz, pretende-se destruir os últimos resíduos de um mito. Para Bruni – que exalta o comércio, a riqueza, a atividade, a expansão das cidades e a sua livre existência para fora dos antigos muros e dos impérios arruinados – bem como para todos os que se movem no mesmo plano, a monarquia de Dante não podia deixar de ser considerada alheia e completamente distante. Os "modernos" reconhecem as condições de seu próprio surgimento na autonomia dos pequenos estados, na coordenação das várias leis, da mesma forma que defendem, no plano teórico, a multiplicidade das doutrinas e dos pontos de vista. A abolição dos velhos regimes políticos soma-se à derrocada das antigas visões do mundo; e o momento da ruptura não pode deixar de sublinhar o valor da multiplicidade. Até mentalmente, encontramo-nos diante de republicanos; e se no horizonte destes sobrevivem resquícios de autoridade monárquica, trata-se sempre de soberanos constitucionais, que reinam mas não governam.

4 Na verdade, no século XV, o processo de dissolução das antigas estruturas chegara já ao seu limite; encontramo-nos diante de tomadas de consciência cada vez mais nítidas, e de novas soluções para situações diferentes. Em muitas cidades italianas, os novos grupos de cidadãos que chegaram ao poder tentam consolidá--lo de forma adequada, enquanto reorganizam a cidade segundo planos que correspondem ao comércio, à indústria, à atividade bancária, às novas formas de administração. Não é por acaso que as velhas cidades comunais veem o seu centro deslocar-se para o local dos grandes edifícios bancários, que abrigam os verdadeiros chefes políticos. Em Florença, passa-se das ameias do Pallazzo dei

Signori à esplêndida Casa Medici, em que uma nova impostação arquitetônica traduz novas relações funcionais.

Nesta situação, esvazia-se de sentido qualquer discurso que represente o retorno ao passado, como os suspiros diante de um mito, ou a referência ao futuro como a prefiguração fantástica de uma perfeição atemporal. A racionalidade – é dela que se trata – quer valer-se das teorias clássicas na qualidade de subsídios úteis e de sugestões realizáveis, numa condição que viu a consumação de arranjos insuficientes. Em outras palavras, no século XV, o propalado mito do antigo não é um mito; nem a República platônica, uma utopia. Assim como na física Arquimedes era mais atual e moderno do que Buridan, também Vitrúvio ou Platão pareciam mais vivos e mais úteis do que os teóricos medievais. Imitar as cidades antigas, nas construções e nas leis, significa obedecer à razão e à natureza. Na sua *Arte da guerra*, Maquiavel fala claramente de como é uma obra vital o que parece ser um apego às "coisas mortas". Numa cidade moderna – exclama Fabricio Colonna – "em que houvesse ainda algo de bom", a vida e a ordem da república romana seriam sempre válidas. A cidade ideal, tanto a de pedra como a das instituições, é a cidade racional, como foi projetada e realizada pelos gregos, segundo um modelo que as cidades-estado italianas procuram reproduzir. Quando, em meados do século XV, um erudito bizantino oferece a um senador vêneto a versão das *Leis* de Platão, observa que Veneza já realiza os planos dos filósofos antigos. Os elogios de Florença e de Veneza ressaltam a renovação da perfeição real das antigas *poleis*: cidades outrora existentes e que poderiam tornar a existir. Em lugar de modelos colocados num passado fabuloso ou num futuro fora da história, em lugar de mitos, utopias e apocalipses, encontramos, ainda no século XV, uma grande confiança na virtude do homem; o poder do destino é ainda pequeno, podendo, contudo, ser vencido com a sagacidade e o cálculo prudentes. Talvez se possa dizer que é na fé que o homem deposita na razão para a construção da cidade, como já haviam feito os antigos, que reside não a questão da descoberta dos métodos de edificação, mas sim a de compreender o motivo da decadência. Por que um edifício construído segundo as regras da arte desaba? Como é possível, já perguntava Coluccio Salutati, que o Palazzo dei Signori de Florença, tão racionalmente perfeito, possa ser destruído?

É preciso, entretanto, enfatizar que este clima, no qual *A República* de Platão é um dos livros antigos mais difundidos, não sugere evasões fantasiosas, mas sim planos de realização: não são esboços de cidades imaginárias, mas construções de cidades reais. Um dos motivos do interesse por Platão deve certamente ser procurado na ideia de um estado hierarquizado, estruturado em classes definidas; e o paralelo com Veneza era até demasiado fácil. Não obstante, o que mais chamava a atenção era a racionalidade do estado justo, a possibilidade de se chegar à concórdia por meio de uma ordem capaz de superar os contrastes. Devemos lembrar de que no centro das novas cidades permanece sempre, como um símbolo, a *Justitia*. "Esta estava presente em todos os lugares – recorda Werner Kaegi – em cem imagens, encimando as fontes e os pórticos, no afresco da Sala do Conselho e no portal da catedral, no *Praefatio* do direito do cidadão ou no *Proemium* dos atos públicos; ela realmente resumia o espírito vital e o sentido da cidade".[9] Em Florença, recordava Gianozzo Manetti, o *gonfaloniere*, ao assumir seu cargo, devia celebrar publicamente a justiça, expondo a sua essência e esclarecendo a sua interpretação.

Mas há ainda um elemento importante na retomada d'*A República* platônica: a ideia de uma justiça capaz de inserir a ordem humana na ordem natural, de remeter a lei humana à lei da natureza. Durante a Idade Média, até o século XIV, lia-se o *Timeu*, o livro da *naturalis justitia*, da lei que regula a natureza e rege o mundo. Quando, no alvorecer do século XV, Manuel Crisolora abre aos latinos *A República* platônica, é *a civilis justitia* que revela a extensão possível de um ordenamento geométrico para as comunidades humanas. No momento em que está para se afirmar a nova ciência da natureza – basta pensar em Da Vinci – sonha-se com uma construção científica da cidade, segundo a matemática, ou seja, de acordo com a razão.

"O sábio dominará as estrelas": o famoso lema da astrologia volta a aparecer com frequência nos textos do século XV, voltado à exaltação do homem. E isso quer dizer que, calculando, o homem pode até escapar do fatalismo estelar. Mas quer dizer também que somente os "científicos", como os chama o arquiteto Francesco di Giorgio Martini, podem assenhorear-se das coisas e organizar a sua comunidade. O distanciamento platônico entre o sábio e o soberano deverá ser abolido. O lema, caro aos *signori* da Renascença – "um rei não literato é um asno coroado" – é uma homenagem prestada ao saber ativo, à necessidade da ciência para qualquer obra. Num certo sentido, a ligação entre a cidade física, ou seja, a arquitetura da cidade, e a cidade moral e civil, traduz de forma evidente o vínculo e a continuidade existentes entre a natureza do mundo e a *civitas* segundo a natureza, entre leis naturais e leis civis, enquanto alguns temas de Cícero, de um lado, e de Vitrúvio, de outro, carregam-se de uma nova força.

Poderia ser muito produtivo fazer-se um estudo comparativo de uma parte da literatura política e das obras dos técnicos da arquitetura e dos humanistas do século XV. Uberto Decembrio, tradutor d'A *República*, juntamente com Crisolora, refaz, nos seus diálogos políticos, o percurso dos acontecimentos do estado dos Visconti, analisando-os por intermédio da obra-prima platônica. Por outro lado, Filarete, um florentino estabelecido na Lombardia, arquiteto do hospital de Milão, transfigura na sua fantástica Sforzinda o projeto da cidade perfeita.[10]

A própria cidade de Alberti, mais do que medieval ou pré-romântica – como tem sido definida – é carregada de preocupações de uma justiça platônica, com as suas nítidas divisões de classe, solidificadas em muros que fecham "um circuito dentro do outro", uma cidade dentro de outra, e sempre segundo o esquema dos círculos concêntricos. Em Leonardo da Vinci aparecem os planos: no de cima, à luz do sol e da verdade, os gentis-homens, os patrões; embaixo, os trabalhadores, a *poveraglia*. Em Alberti, por trás de uma muralha bem reforçada e muito alta, "com torres e ameias e um fosso que lhe dá ares de fortaleza", "para que possa sobrepujar todos os tetos dos edifícios privados", estão os mercadores e todos os que proviam às necessidades do ventre: "os vendedores de petiscos, açougueiros, cozinheiros e outros do gênero".[11]

Alberti, de fato, faz uma distinção entre os novos principados e os reinos, e as repúblicas livres. Os novos principados devem sediar-se nas montanhas, permanecendo na defensiva, mantendo a desconfiança e o temor; enquanto os povos livres podem habitar as cômodas cidades da planície. Mas além desta característica, a cidade albertiana é construída para marcar as diferenças de classe, para abrigar, nas muralhas e nos edifícios, uma estrutura política precisa. O arquiteto torna-se assim o sinônimo de regulador e coordenador de todas as atividades urbanas. Retomando livremente a expressão aristotélica, Alberti apresenta a arquitetura como a arte das artes, unificadora e rainha de todas as outras. O urbanismo não está somente ligado à política, mais que isso, forma com ela um único corpo e quase a exprime de maneira exemplar. "Chamarei arquiteto àquele que souber, com exata razão e maravilhosa medida, conceber com a mente e com o sentimento; àquele que, com seu trabalho, levar a termo todas aquelas coisas que, mediante movimentos de pesos, conjunções e acumulações de volumes, possam, com dignidade, acomodar-se perfeitamente ao uso dos homens. E para poder fazer isto é preciso que este tenha conhecimento de coisas ótimas e excelentes, e que perfeitamente as domine".

Quem atentar, mais do que já se faz, aos ensaios dos urbanistas, dos técnicos militares e dos artistas em geral encontrará nos "científicos" a ideia de um conhecimento prático voltado para as construções destinadas à utilidade e à convivência civil, universal, e capaz de reunir em si todo o corpo das ciências e das artes. Uma vez que na cidade se reúnem e se realizam todas as obras do homem na sociedade, quem a edifica e estrutura encarna a totalidade das funções humanas. Assim, Ghiberti pede ao artífice uma consciência da totalidade; da mesma forma, Da Vinci quer para o seu pintor uma ciência universal. Leon Battista Alberti chega mesmo a dizer que o homem é por natureza construtor; que é homem justamente na medida em que é arquiteto.

Posto que o pensamento e o discurso sobre a edificação apaixona e está colocado no fundo da alma humana, pode-se ver, por muitas coisas e ainda por estas, que não encontrarás ninguém que, havendo ocasião, não tenha dentro de si uma certa inclinação a edificar qualquer coisa; e que, se tiver pensado em algo referente ao assunto, não expresse voluntariamente e não manifeste o seu pensamento para uso dos homens, quase que compelido pela natureza.[12]

Para Alberti, indubitavelmente, o termo edificar tem um significado muito amplo: refere-se tanto àquele que constrói igrejas e fortalezas, que regula os rios e constrói diques ou portos, que purifica e faz conter as águas, quanto àquele que fabrica navios e máquinas de guerra. Para ele não existe separação entre circulação de mercadorias e de ideias, entre "os víveres, as especiarias, as alegrias, as notícias e conhecimento das coisas e de tudo o que é útil à saúde e ao mister de viver". E é a cidade, na sua consistência física, nos seus edifícios, que torna real e concreta a *polis* e permite a sua plena realização. Assim, o arquiteto é o homem universal, ou, de preferência, o governante torna-se arquiteto, e o político um teórico da arquitetura, no momento em que a ciência se torna prática e se une à sabedoria política. Por esse motivo, não se pode compreender as concepções políticas do século XV, sem se levar em conta os construtores das cidades: do "amuralhar" de Cosimo, que parece um frenesi, às edificações de Nicolau V, aquela vontade de mudar a fisionomia das cidades, já que as suas atividades haviam mudado e o centro da cidade fora deslocado, e mudados também haviam sido as relações sociais e o modo de vida. E os urbanistas, e seus comitentes, além de responderem às demandas, iam impondo os seus planos, "segundo as razões da arquitetura" – como dizia Francesco di Giorgio; razões, tais como: que se devem construir "habitações bem proporcionadas e agradáveis ... com aparência agradável e delicada", ao redor da praça e do mercado, que é "como o umbigo do homem". E toda a cidade deve ser construída na medida do homem; com efeito, "sendo o corpo do homem mais bem organizado do que qualquer outro, mais perfeito ... convém que todo edifício a ele possa assemelhar-se".[13] Não é de admirar, portanto, que, nesta atmosfera, a imagem mais impressionante da cidade ideal tenha sido delineada justamente por um arquiteto. É o caso de Filarete, ou seja, Antonio Averlino, que nasceu em Florença justamente no ano de 1400, e que entre 1460 e 1464 completou os 25 livros do seu *Tratado de Arquitetura*, dedicado a Sforza e doado mais tarde a Piero di Medici numa esplêndida cópia ilustrada, atualmente conservada na Biblioteca Nacional de Florença.[14]

Também para Filarete, o homem é levado pela própria natureza a edificar; construir é como gerar: "edificar nada mais é do que um prazer voluptuoso, como o do homem apaixonado". É na cidade que o homem *artifex* exprime plenamente a sua atividade primordial; a construção reproduz a imagem do construtor, e, como ele, é sempre individualizada.

> Assim te entrego um edifício que foi feito sob forma e similitude humana ... Nunca viste edifício algum, ou seja, uma casa, uma habitação, que fosse totalmente igual a outra, nem semelhante em forma e em beleza: como acontece com o próprio homem, pois há o grande, o pequeno, o de estatura média, o que é belo e o que não é tão belo, o feio e o muito feio. Acredito, portanto, que Deus tenha querido mostrar às gerações humanas e aos animais selvagens esta variedade e diferença, para revelar assim sua sabedoria e seu poder, e também, como já disse, para maior beleza, o mesmo concedendo ao talento humano, posto que o homem não sabe a razão pela qual ainda não se tenha construído um edifício que seja inteiramente igual a outro.

E, contudo, a razão planeja os vários edifícios, e Sforzinda, a *ville radieuse* da Renascença, é "bela, boa e perfeita, conforme a ordem natural". As construções correspondem organicamente às necessidades dos cidadãos, ao seu governo, à justiça, à educação, à formação dos artesãos, às exigências da defesa, ao tratamento das enfermidades, aos exercícios ginásticos. Cada edifício de Sforzinda traduz em pedra um capítulo do ordenamento econômico e político da cidade. O resultado é uma selva de construções racionais, mas que também correspondem a uma fantasia inflamada, que Filarete exprime em desenhos únicos, nos quais o grandioso aparece ao lado de detalhes mínimos e quase afetados; o colégio com os seus aposentos, a prisão com as suas provações; e isto, enquanto se definem as instituições, abole-se a pena de morte, e por meio de leis solenes se assegura uma espécie de equilíbrio social.

Um historiador moderno observou que Averlino foi o primeiro a elaborar o projeto orgânico de toda uma cidade, mas acrescentou que, se dos edifícios isolados passamos à noção do todo, do campo do possível entramos no campo da utopia. Assim, considerando a estrutura política de Sforzinda, encontraremos "um organismo de talho comunal, com as suas afáveis magistraturas cívicas, as rígidas corporações de ofício, uma simplicidade patriarcal, costumes severos e um profundo senso dos interesses coletivos", e acima de tudo isso, contraditório e inútil, um príncipe da Renascença.[15] O que é verdade. Mas foi esta, com frequência, a situação real das cidades: estruturas republicanas em crise, príncipes que fundavam novos estados e o surgimento de nações que ultrapassavam as cidades-estado, enquanto estas, que deveriam ser a obra-prima de uma organização racional, consomem-se internamente e sufocam-se externamente. Os projetos racionais da *polis* esfacelam-se nos processos históricos, que os superam. As desilusões e as derrotas geram profecias, previsões apocalípticas, evocações de paraísos originários e sonhos de soluções fora de qualquer realidade. Sforzinda dá lugar a cidades solares e repúblicas imaginárias.

5 A cidade ideal de numerosos escritos do século XV é uma cidade racional; é uma cidade real concebida e desenvolvida segundo a sua natureza; é um plano ou um projeto exequível; é Florença, é Veneza, é Milão, uma vez aperfeiçoadas as suas leis e extintas as suas "fábricas". E é a cidade natural que observa as leis imanentes às coisas. Sem extremismos, faz-se justiça coordenada e organizadamente. Trata-se de um problema que pode ser resolvido com deliberações sábias e desejo de concórdia, com tributos equânimes. Admira-se a racionalidade de Platão, a sua arquitetura, a distribuição em classes, mais do que a comunidade de bens e de mulheres. Assim, a cidade ideal é, tanto nas estruturas físicas como

nas instituições, um traçado em vias de realização, baseado na fé que o homem tem em si mesmo, confirmada pelas antigas histórias de cidades ideais, transformadas em realidade: Atenas e Esparta, assim como Florença e Veneza. Os verdadeiros problemas são aqueles relativos à política e ao urbanismo, à sabedoria e à justiça. É significativo o fato de que nesses escritos, diálogos, histórias e elogios, pouco ou nenhum espaço tenha sido dedicado aos grandes temas religiosos. A cidade ideal do século XV é terrena, e não se confunde nem se confronta com a cidade celestial. Bem determinada, coloca a própria condição de vida nas prerrogativas de autonomia, na harmonia de muitos, na multiplicidade coordenada. Seguindo as metamorfoses da cidade de Deus, Gilson encontrou apenas um texto digno de exame no século XV, o *De pace fidei* de Nicolau de Cusa, e concluiu que o filósofo não se propõe um problema religioso, mas sim o problema da paz na terra, reconhecendo a existência do fato de uma multiplicidade de crenças, com o fito de legitimá-las. Não mais "a unidade de uma única e sempre igual sabedoria", mas "a coexistência de diferentes religiões no seio de uma paz comum". Na terra a "sabedoria" deve acolher as multiplicidades e coordená-las.[16] Mais uma vez pluralidade e harmonia, e em primeiro plano um problema de coexistência humana, terrena.

Em tudo isto predominava a fé humanística no homem, na sua razão, na sua capacidade de edificar: o *Homo faber*, artífice de si próprio e de seu destino. Entretanto, todos os que examinam os textos do século XV impressionam-se exatamente com as variações do tema do destino, com a ampliação do seu domínio, com uma crescente descrença nas forças do homem, com a consciência de que até aquelas cidades perfeitas da Antiguidade foram no fim destruídas pelo destino. E é a τύχη que destrói até mesmo a república de Platão; ao sábio resta apenas refletir sobre as causas da decadência de Roma. Assim, no final do século, explodem as profecias de desventura e de palingenesia, de catástrofes e de redenções. A Florença de Savonarola, a mística herdeira de Jerusalém, a nova cidade santa, está muito longe da Florença de Leonardo

Bruni. E se é verdade que Savonarola, no concreto de sua obra política, continuava a crer na perfeição das leis vênetas, é também verdade que, acima do poder temporal, via a ameaça da justiça divina, implacável na punição do pecado. O triunfo da justiça na cidade não é obra somente de sábios governantes; é legado também ao ritmo do pecado e da redenção, e à intervenção divina. O advento da cidade ideal liga-se à profecia do "novo século", da renovação humana, da paz universal, da unificação do rebanho humano sob um único pastor. A rigorosa racionalidade, os discursos sobre magistraturas e impostos, as relações entre largura de ruas e altura de edifícios, as instâncias reguladoras e os tribunais são substituídos por uma visão de novas Jerusalém, cidades solares, monarquias universais. O equilibrado discurso humano é substituído pelo arrebatamento religioso e pelos ecos das profecias do abade Joaquim de Fiore.

Enquanto as reflexões de Maquiavel, ligadas à experiência e à leitura das histórias antigas, acompanha os pensamentos de Da Vinci, o século XVI abriga, com os exercícios platônicos de Francesco Patrizi e as extravagâncias de Anton Francesco Doni, as "repúblicas imaginárias" que querem salvar anacronicamente, entre invasões e guerras imperiais, a ilusão da pequena cidade--estado.[17] A realidade efetiva é, entre derrotas e esperanças, uma ânsia religiosa por um novo século que liberte a humanidade de toda servidão, conduzindo-a para além daqueles ordenamentos e hierarquias de classes, que a república platônica e o estado aristotélico reforçavam, e que a justiça dos Comuns e a das cidades renascentistas consideravam fundamentadas na natureza e na razão. Toda a catástrofe de uma civilização exprimia-se no desânimo de Savonarola e na amargura de Maquiavel. O século XV revelava a sua ambiguidade: além do anúncio de uma renovação, a tristeza de um ocaso; e enquanto as esplêndidas cidades decaíam, num clima religioso de espera, desejava-se uma total renovação, uma condição diferente para o homem, e a sua liberação da escravidão à natureza e às suas leis. E a este desejo respondiam então, embora de uma maneira um tanto diversa, a Cidade solar do frei Tommaso

Campanella e a *Nuova Atlantide*, do chanceler Francis Bacon: de um lado a reforma religiosa, de outro a ciência moderna, já então desvinculada de qualquer nostalgia do passado.

Notas

1 Léonard de Vinci, *Manuscrit B de l'Institut de France*. Grenoble, 1960. p.47-9.

2 Aristóteles, *Opera*, III, Venetiis apud Iunctas, 1574, 293 L.

3 Leonardo Bruni, *Historiae*, Editadas por E. Santini ("Rerum It. Scriptores", XIX, 3). Città di Castello, 1914. p.7.

4 W. Kaegi, *Meditazioni storiche*. Editadas por D. Cantimori. Bari, 1960. p.7.

5 Leonardo Bruni, *Le vere lode de la inclita et gloriosa città di Firenze*. Traduzida em vulgar por Frei Lázaro de Pádua. Firenze, 1899, passim.

6 G. Canestrini, *La scienza e l'arte di stato desunta dagli atti ufficiali della Republica fiorentina e dei Medici*, I.*L'imposta nella ricchezza mobile è immobile*. Firenze, 1862. p.265.

7 *Leis*,778 c.

8 E. Gilson, *Les métamorphoses de la cité de Dieu*. Louvain-Paris, 1952. p.150 ss.

9 W. Kaegi, op. cit., 1960, p.20

10 U. Decembrio, *De re publica* (Milano, Biblioteca Ambrosiana, B 123 sup., f.80 ss); A. Averlino Filarete, *Tractat über die Baukunst* (edição parcial organizada por W. von Oettingen), Viena, 1896.

11 L. B. Alberti, *Della architettura libri dieci*. Trad. Cosimo Bartoli. Milano, 1833. p.135-6.

12 L. B. Alberti, *Della architettura*, p.XXI.

13 Francesco Di Giorgio Martini, *Tratatto d'architettura civile e militare*, Cesare Saluzzo (Ed.). Torino 1841. p.156-7, 191, 193.

14 Ms. Naz. II, I, 40.

15 L. Firpo, La città ideale del Filarete. In: *Studi in memoria de Gioele Solari*. Torino, p.56.

16 E. Gilson, op. cit., 1952, p.180-1.

17 L. Firpo, *Lo stato ideale della Controriforma*. Bari, 1957. p.241 ss. Cf. C. Curcio (Org.) *Utopisti e riformatori italiani del Cinquecento*. Bologna, 1941; C. Curcio (Org.) *Utopisti italiani del Cinquecento*. Roma, 1944.

CAPÍTULO 3

A CULTURA FLORENTINA NA ÉPOCA DE LEONARDO DA VINCI

Em abril de 1906, numa famosa conferência realizada no Círculo Leonardo da Vinci de Florença, tendo como tema "Leonardo da Vinci filósofo", Benedetto Croce, querendo, como mais tarde confessou, "desempenhar um pouco o papel de advogado do diabo", sustentou com muita energia e eficácia que não cabia bem ao grande artista a denominação de filósofo, que, quando muito, poderia ser qualificado como "sutil, rigoroso e infatigável investigador dos fatos da natureza" e como "construtor seguro de leis científicas e de engenhos técnicos".[1] Hoje, talvez, nem todos os argumentos então apresentados continuam aceitáveis; e nem, provavelmente, é lícito atribuir a Da Vinci um desconhecimento de princípios filosóficos que lhe permitissem avaliar o alcance das leis da natureza e das "máquinas" que construía.[2]

No seu discurso, agora tão distante, Croce insistia no caráter completamente "empírico" da atitude de Da Vinci, nas suas preocupações de cunho meramente científico. Mas o próprio Croce, se superasse a polêmica que lhe era imposta pelas tediosas exaltações oratórias de praxe, teria dado – creio – o devido relevo a algumas fórmulas propriamente filosóficas contidas nos fragmentos de

Da Vinci. Mesmo porque, aqueles que lhes derem importância, confrontando-as com outros conceitos gerais do escritor, e recolocando-as depois no ambiente cultural do tempo, delas poderá obter uma nova e rica colheita de argumentos para enquadrar Leonardo como filósofo, e como cientista. Diante do mito de Da Vinci, que aliás se estabeleceu bem tardiamente e de modo muito pouco útil para a compreensão histórica de um homem e de uma época, convém tentar definir com a maior exatidão possível sobretudo o lugar que ele realmente ocupou no seu século, não esquecendo nunca a advertência um pouco irônica, mas talvez também um pouco melancólica, que pode ser lida no *Codice Atlantico* (f.119 v):

> vendo não ser possível achar matéria de grande utilidade ou deleite, pois os homens que me antecederam apossaram-se de todos os temas úteis e necessários, farei como aquele que, por pobreza, chega à feira por último e, na falta de melhor opção, pega tudo o que já foi visto e não aceito pelos outros, devido a seu pouco valor. Colocarei sobre o meu frágil carregamento esta mercadoria desprezada e rejeitada, sobra de muitos compradores, e a distribuirei nas vilas pobres, e não nas grandes cidades, recebendo o pagamento que merecer a coisa que lhes for dada por mim.[3]

A impressão suscitada pelas páginas dos famosos códices de Da Vinci já foi enfatizada em frases solenes: as belas e estranhas figuras de plantas, animais, novas máquinas; os cálculos que se alternam aos pensamentos, às charadas, aos empreendimentos, à longa lista de vocábulos, talvez até de palavras fictícias, de frases desconcertantes, de pensamentos repetidos sem cessar até que atingir a forma lapidar e mais eficaz; traços esses certamente admiráveis, mas antes de um artista, de um poeta de primeira grandeza se se quiser, e não de um cientista ou filósofo. E que pode até corrigir seu texto incessantemente, mas para encontrar sempre uma clareza e uma sinceridade maiores, e não para conseguir coisa da qual não se ocupava – uma imagem mais bela ou um som mais apropriado. Porque as páginas de Da Vinci, mesmo impressionando os olhos e a fantasia, não deixam de causar menos admiração pelo valor de seu raciocínio lógico e rigoroso. Para o historiador e para o crítico que desempenhem bem suas funções, e não queiram somente encontrar ocasião para exibir uma brilhante oratória, muitos textos de Da Vinci, inclusive os mais célebres, em última análise parecerão mais anotações feitas entre leituras apressadas do que conclusões sutilmente elaboradas; e, no que diz respeito à validade do seu conteúdo científico, serão muitas vezes tidos como contraditórios e confusos.[4] Basta retomar alguns dos temas capitais da sua reflexão, como o da força ou do ímpeto, para perceber imediatamente naquelas estranhas páginas de anotações a mistura de motivos diversos e, às vezes, até de teorias contrastantes, que se chocam sem procurar a síntese.[5] Aqueles que têm um temperamento de artista e sensibilidade estética experimentarão, sem dúvida, como é obrigatório, comoção e estupefação. E o historiador de ideias não deixará de experimentar, por vezes, desorientação e inquietação, pois certamente reconhecerá uma inexaurível sede de conhecimento, aliada a uma extraordinária riqueza de expressão, uma agudeza rara e uma insuperável capacidade, não somente de observação visual, mas ainda de traduzir, em termos visíveis, os vários estados de alma. Contudo, constatará também uma certa incapacidade de síntese ordenada e racional, bem como de procedimentos experimentais bem colocados. É fácil louvar a razão, mas é difícil raciocinar bem; é fácil invocar a experiência, mas é difícil organizar experiências sistemáticas. Eu não diria que Da Vinci, ao proclamar "antes de transformar este caso em regra geral, prova-o duas ou três vezes", estava fixando cânones sólidos para a ciência experimental, e nem que tenha assinalado um razoável progresso metódico em relação a físicos que, como Buridan, discutindo sagazmente a mecânica, costumava acrescentar: "*ego hoc non sum expertus, ideo nescio si est verum*" ("eu não tenho experiência nisso; assim, não sei se é verdade").[6]

Costuma-se dizer que Leonardo da Vinci foi um inovador e um precursor: perante o princípio da autoridade dominante nas escolas, e perante a onda de erudição lítero-retórica do Humanismo, esta também baseada na imitação dos antigos, Da Vinci, "*omo sanza lettere*", teria sido o primeiro, ou quase, a opor o recurso à experiência concreta integrada à matemática, afirmando-se como precursor da nova ciência. Lutando contra o seu tempo, ou seja, contra o aristotelismo escolástico no campo da filosofia e das ciências naturais, e contra o humanismo retórico no campo das disciplinas morais e históricas, Da Vinci teria sido realmente o primeiro dos homens novos, uma espécie de herói milagroso do pensamento, destinado a subverter uma situação.

Refutar esta ideia não representa mais uma tarefa difícil ou trabalhosa. Basta retomar uma obra injustamente esquecida do fim do século passado, ou seja, a *Storia del metodo sperimentale in Italia*, de Raffaello Caverni, para ali encontrar a observação de que as escolas do final da Idade Média já ensinavam muitos dos princípios fecundos dos quais Da Vinci deveria tirar as suas conclusões de mecânica racional. E, depois de frisar que um historiador sério se envergonharia de dizer que foi Da Vinci o criador da ciência experimental, Caverni concluía declarando que não era difícil descobrir nas tradições científicas anteriores ao século XVI as fontes naturais das quais jorrava a variedade enciclopédica das doutrinas professadas pelo grande artista da Renascença.[7]

Cerca de um decênio mais tarde, e de forma totalmente independente, um historiador e cientista francês de primeira linha, Pierre Duhem, nos seus célebres estudos mais tarde retomados por Marcolongo, revelou muitos dos débitos de Da Vinci para com seus precursores, sobretudo no campo da física. Trata-se, naturalmente, de investigações que nem sempre são satisfatórias, seja pelas lacunas, seja por certa obstinação em querer supervalorizar a importância da influência de Nicolau de Cusa na cultura italiana do século XV. Por outro lado, se finalmente Da Vinci é recolocado no seu ambiente histórico, as incertezas de avaliação e o conhecimento inexato dos vários aspectos deste ambiente pesam desfavoralmente sobre a tentativa de se estabelecer, numa perspectiva justa, o real significado do cientista e do pensador. Não obstante tudo isso, sobrevive a equívoca imagem de um Da Vinci "homem sem letras", crítico ao mesmo tempo da Escolástica em nome do Renascimento, do humanismo filosófico em nome da ciência, do *evasivo idealismo* platônico florentino em nome da experiência.⁸ Ora, uma colocação histórica mais exata de Leonardo da Vinci, no seu tempo, deve ser refeita, indubitavelmente, a partir da pesquisa precisa do ambiente em que se formou.

Os primeiros trinta anos de sua vida – que pesam sobremaneira na formação espiritual de um homem – foram passados em Florença, onde permaneceu até 1482, justamente o ano em que, devemos recordar, foi publicada a *Theologia platonica* de Ficino: um fato relevante, mesmo que provavelmente ele não tenha conhecido tal obra, tendo chegado ao novo platonismo por outros meios.⁹ Irá mais tarde a Milão, a Pávia, a Veneza, ambientes culturais muito diferentes; mas sempre voltará várias vezes a Florença. Daí ser impossível, creio, compreender o espírito de Leonardo sem conhecer profundamente o complexo mundo florentino, do qual não é possível alguém se livrar somente com frases feitas: humanismo, neoplatonismo, "ambiente saturado de estetas refinados e idealistas sonhadores". Sem contar que Florença, naqueles anos, era o centro da cultura da Europa; partia-se da Alemanha para ali aprender as ciências e as artes, e as "novidades" florentinas eram esperadas e lidas em Paris, pelos doutores da Sorbonne, como um novo Evangelho.¹⁰

O humanismo filológico de Florença centralizou-se, na segunda metade do século XV, na figura de um homem que não foi nem um pedante, nem um simples imitador dos antigos, nem um insignificante gramático: Angelo Poliziano, dois anos mais jovem do que Da Vinci. Seu nome merece destaque, a fim de que se possa ressaltar com precisão o que verdadeiramente foi a filologia humanística. Continuador da grande tradição de Valla, especialista em filosofia, jurista e historiador, além de ser um delicado poeta sacro e profano, em grego, em latim, em língua vernácula, nele se revelou toda a força de uma grande revolução espiritual em andamento. Para Poliziano, a filologia é o sentido da palavra, procurada em seu pleno valor significante e encontrada nas suas próprias dimensões históricas; filologia é crítica que reconduz ao mundo da atividade humana toda forma de teoria, que recoloca no tempo todo documento, toda doutrina, todo dogma, toda autoridade. Pois somente, e justamente, a filologia humanística – e nunca se repetirá isto em demasia – tornou possível e justificou com veemência a crítica mais inescrupulosa de todas as autoridades, instaurando o hábito mental de recolocar e reconduzir os textos consagrados pela mais antiga veneração aos tempos e ambientes em que surgiram, inclusive todas as sagradas escrituras de todas as religiões. Ver com os próprios olhos, ou seja, somente com os olhos da razão, isentos de qualquer pressuposto: eis o elogio que Erasmo faz a Valla, e que podemos repetir quanto a Poliziano. E o olhar mais agudo que Valla dirigira para o Novo Testamento e para o domínio de Constantino, Poliziano voltará para o *Corpus* justiniano: as tábuas de todas as leis são submetidas, nesta escola, à crítica mais aberta; e justamente nesta escola aprende-se a olhar com absoluta liberdade racional o grande livro do universo. Os sempre lembrados textos de Da Vinci sobre os "repetidores" e "trombeteiros", e todos os que se baseiam nas *auctoritates*, além de chegarem com alguns decênios de atraso, parecem-nos fracos diante da renovação da lógica proclamada por Valla na sua *Dialectica*, obra aliás bem conhecida e difundida na Itália! Ali, Valla não ataca genericamente Aristóteles; procura antes recolocar historicamente o seu método, apresentando-o não como lei necessária do pensamento humano mas como um produto histórico, justificado e superado historicamente pelo progresso do saber. Assim como as *Elegantiae*, que foram não só empregadas nas escolas como também uma das obras mais importantes do seu século, estão repletas de um refinado senso de humanidade da linguagem, de um gosto profundo pela palavra e pela sua vida, da importância e do significado da conversação.

Revendo nos códices de Da Vinci as longas listas de vocábulos, extraídas talvez dos Perotti e dos Tortelli, reencontrando aquele gosto, eu diria mesmo aquela ardente ternura pelo termo verbal que traduz mais profundamente e que quase pinta com todas as suas nuanças o movimento da alma, não nos ocorre a ideia de um inimigo do Humanismo, mas sim a de um filho amoroso, ou a de um amante demasiado apaixonado, e desiludido, finalmente, por ter encontrado na amada tão somente uma mulher.[11] Posto que, num de seus aspectos mais válidos, o Humanismo foi justamente esta exigência de que cada termo encarnasse todo o espírito e o revelasse até os seus refolhos, para que entre o espírito e a palavra, entre a alma e o corpo, não houvesse mais desvio algum, e que, no fim, todo o corpo verdadeiramente iluminado pela alma não parecesse ser o esconderijo ou a prisão em que esta se encerra, mas sim luminosa descoberta e total revelação. Como nas páginas de Valla, também nas de Poliziano e nas suas anotações para as aulas que dava no Studio, e até nas glosas que podemos reler à margem dos seus livros, encontramos sempre esta apaixonada reverência ao caráter sacro da palavra – admirável sacramento da palavra, como dizia Valla; porque a palavra, a irrepetível palavra do poeta, do historiador, ou de um desconhecido que a gravou num velho documento ou sobre uma pedra, fala-nos de um tempo, de uma vida, de uma alma, e celebra, para além do tempo e do espaço, uma comunhão verdadeiramente santa.

Longe de reagir a este tema do Humanismo, Leonardo da Vinci parece às vezes exarcebá-lo, levando-o ao limite, nos seus desconcertantes manuscritos, nos quais, com enlevada paixão, procura voluptuosamente todas as possibilidades reveladoras de uma palavra. Da Vinci se movimenta na mesma direção quando, na insuficiência da linguagem verbal, passa à linguagem pictórica, à consciência intimamente atingida de uma profunda convergência entre a pintura e a poesia: "a Pintura é uma Poesia muda e a Poesia, uma Pintura cega; e uma e outra imitam a natureza, na medida do que é possível às suas forças".

Pode-se objetar, porém, que, no Humanismo, a questão da imitação dizia respeito aos autores e não à natureza, enquanto Da Vinci opunha sempre as referências à natureza às referências aos autores. Certamente muito poderia ser dito sobre uma questão e outra, mas, quanto ao que foi a imitação para os humanistas, temos um testemunho claro, vindo não de uma pessoa estranha, mas sim de Poliziano, numa célebre polêmica com Cortesi, cuja repercussão encontramos não somente na cultura italiana, mas difundida pela

Europa do século XVI. Poliziano diz claramente o que significa imitar Cícero ou Sêneca, para quem seja homem e não macaco: assumir a consciência de si na relação com um outro, voltar para si mesmo e criar segundo a maneira pela qual eles criavam; reencontrar a própria natureza, reencontrar a natureza. Com a antiga e sempre nova imagem socrática, Marcilio Ficino dirá que esses mestres nos estimulam para que nós mesmos sejamos capazes de criar. Assim, a própria imitação é uma criação e um retorno às fontes da *artificiosa natureza*.[12] Quando Da Vinci se formava em Florença, Poliziano ainda não ensinava no Studio. Desde 1456, quem ocupava a cadeira era Cristoforo Landino, o amigo de Marcilio, admirador de Alberti, um platônico entusiasta, ainda que, às vezes, um tanto ingênuo e desprevenido. Partidário fiel, e até mesmo um tanto servil, dos Medici, tinha muito de professor; um não muito convicto admirador seu exclamou certa vez que melhor seria para ele manter uma escola em Prato do que em Florença.[13] Entretanto, Da Vinci deveu muito justamente a uma obra de Landino: a tradução que ele fez – nem sempre de modo feliz – de Plínio, da sua *Storia Naturale*, que tanto serviu a Da Vinci. Isso para não falar do comentário à *Commedia* de Dante, que tanto difundiu as ideias da *accademia* ficiniana. Mas o nome de Landino remete a um outro, muito importante, ou seja, o do bizantino Argyropoulos, que iniciou seus ensinamentos no mesmo ano acadêmico. Da Vinci o conheceu, falou com ele e, embora seja tão seco quanto a referências, registra em suas notas as recordações que tem dele. Podemos ter uma ideia do que fossem na realidade estes colóquios de Argyropoulos por uma carta de um estudante, que os descreve a um amigo que permanecera na sua cidade natal. É uma tarde de domingo: alunos e amigos vão à casa do professor e o encontram lendo um diálogo de Platão. Inicia-se uma conversação e ele se põe a discorrer sobre a obra que estava estudando e, depois, mais genericamente, sobre o pensamento platônico e a filosofia grega. Logo depois, saem todos juntos, e vão passeando e conversando pelas ruas do centro, até chegarem à Annunziata. Ali, diante da igreja, continuam pacata e amigavelmente a tratar dos problemas filosóficos com algum religioso, com os conhecidos que haviam encontrado pelas ruas e com os curiosos.¹⁴

Não foi casualmente que preferi citar um documento como este, tão discreto e não destinado ao público, como a própria redação apressada e espontânea indica; seria fácil, no entanto, multiplicar os exemplos e recordar as descrições de Crinito, ou aquelas de meio século antes, feitas por Niccolò della Luna; ou lembrar os Claustros de San Marco, onde costumavam se encontrar homens de tendências e de sentimentos bem variados. É preciso não esquecer o que era a circulação de ideias, viva e rápida na Florença do século XV, numa apertada sala de aula mas onde todos participavam de um certo clima cultural. Ali, podia-se ir da modesta mas sincera cultura gramatical de um Landino à alta reflexão filosófica de um Argyropoulos, sutil estudioso e excelente comentarista de Aristóteles em grego, inclusive da sua *Física*, e do esplendor dos gregos até Filopono – a propósito, lembro Filopono porque este, com a sua tese de uma κινητικὴ δύναμιζ e de uma ἐνέργεια κινητικη elaborara uma teoria que não ficava muito longe das de Buridan e de Albertuccio sobre o *ímpeto*, indubitavelmente estudadas por Da Vinci.¹⁵

Mas, se é significativa a menção de Argyropoulos, não menos importante é a lembrança, registrada na mesma nota do *Codice Atlantico*, de Paolo Toscanelli, o grande Paolo Fiorentino, um cientista de primeira ordem, sagaz pesquisador dos problemas físicos, astrônomo e matemático de fama europeia, amigo de Nicolau de Cusa e seu iniciador na matemática e na astronomia, e que exerceu uma influência – como escreve um grande historiador alemão – que, por intermédio de Peurbach e de Regiomontano, chegaria até Copérnico.¹⁶ Landino deixou-nos um belo retrato de Paolo: um tanto esquivo, solitário, quase um sonhador, um pouco distanciado da cidade se bem que estimado por todos os que o cercavam, estudioso de experiências naturais e grande calculador. Contava com a mesma união fecunda entre a observação e a matemática que em Leon Battista Alberti casava-se com um raro poder de escritor e uma peculiar profundidade de filósofo.¹⁷ Todos estes são nomes que muito a propósito são encontrados nas notas de Da Vinci; eram homens que, entre a Chiesa dei Servi di Maria e a Piazza dei Signori, podiam ser encontrados até mesmo numa tarde festiva discorrendo com algum bom frade, e talvez com um artista jovem e promissor, ao redor de um poço de pedra ou no claustro de algum convento. Falavam a respeito da experiência e da razão, de luzes e de sombras, do conhecimento e do amor; mas também a respeito de curiosos pormenores da anatomia que estudavam na Faculdade, à qual os estatutos – *quia nullus potest esse bonus et perfectus Medicus nisi bene cognoscat Anatomian corporis humani* ("porque médico algum pode ser bom e completo se não conhecer bem a anatomia do corpo humano") – concediam, além dos cadáveres demasiado magros e de ambos os sexos que lhes eram entregues pela prefeitura, também os dos executados, contanto que os estudantes corressem para pegá-los, *quia corpus humanum mortum cito et faciliter conrumpitur et putrescit* ("porque o corpo humano morto se deteriora e putrifica rápida e facilmente").[18]

A Florença da segunda metade do século XV nos apresenta uma imagem afável, enlevada entre acordes de alaúdes e nuvens de incenso em ritos neoplatônicos, visto que o venerando Jorge Gemisto dera ao astuto Cosimo a ideia de desviar o interesse cívico da burguesia culta para a contemplação da Unidade fundamental. Na realidade, as coisas eram um tanto diferentes: no Studio, Argyropoulos ensinava com muito sucesso um aristotelismo atualizado e sutil, que em Pádua – onde o douto bizantino estudara – viera se enriquecendo com toda a problemática das mais aguerridas escolas lógicas e físicas. A lógica "inglesa", ou seja, os últimos desenvolvimentos das discussões lógico-metodológicas dos nominalistas, que às vezes apresentam uma semelhança impressionante, aliás reconhecida, com a nova metodologia, havia suscitado em Florença desde o princípio do século um interesse duradouro; e falar deste nominalismo lógico é falar da exigência de um novo método das ciências empíricas que valorizasse os resultados dos processos matemáticos.[19] Não sem razão eram estudadas, com essas questões de lógica, as ousadas e graves conclusões dos físicos de Paris.

Entre o fim do século XIV e o princípio do século XV, discussões desse gênero tornaram-se muito acesas, às margens do Arno, onde aliás pareciam muito familiares, pois em meados do século XIV, frei Bernardo d' Arezzo, *bacalario* florentino, exacerbando o fenomenismo de Occam, fora encontrar-se, e chocar-se, com o terrível lógico do empirismo que foi Nicolau d'Autrecourt, que à época esbravejava na Sorbonne durante um curso *contra Magistrum Bernardum de Aretia*.[20] Falar de Nicolau d'Autrecourt é falar de um modelo *de* empirista – no que ele é tido como exemplar pelos estudiosos modernos. E falar de Occam é falar do autor de uma história do movimento que, desenvolvida, teria podido eliminar as posições de Aristóteles, colocando-se, pela elegância e pela agudeza, acima dos mais sutis físicos e lógicos do século XV. Não se deve esquecer, também, que Occam virou pelo avesso muito mais coisas do que a teoria aristotélica do movimento. Em fins do século XIV, os doutos florentinos o exaltaram até em versos, quando Biagio Pelacani – que Da Vinci citaria e estudaria – triunfava entre a admiração universal que ecoa nas páginas do *Paradiso degli Alberti*. Pelos registros de livros tomados emprestados nas bibliotecas vê-se que, se não as nobres senhoras, pelo menos os bons frades disputavam entre si os escritos de Buridan.[21] Biagio escrevia sobre a perspectiva, sobre a velocidade dos movimentos, os meteoros, a esfera, sobre todos os temas correntes. No estertor do século XV – inegavelmente – muitos interesses já haviam mudado em Florença; era impensável ensinar oficialmente a lógica terminística, tal como podia ser encontrada em Pávia. Tanto as discussões lógico-físicas, como as pesquisas experimentais já estavam na ordem do dia, e seus vestígios podem ser encontrados em todos os lugares. Estranhamente, mas não em demasia, o interesse dos humanistas pelo termo verbal parece às vezes querer ir ao encontro da melhor herança dos novos lógicos; e é preciso não esquecer – visto ser de grande importância – que o ensino da lógica nas escolas era confiado, com frequência, aos humanistas, já que estava ligado à gramática e à retórica, às disciplinas *sermocinales*. Assim, é Poliziano quem ensina lógica e dialética – ou, como diríamos hoje, é simultaneamente um gramático, um linguista e um filólogo. Por outro lado, havia médicos e físicos, experimentalistas e anatomistas; e em Florença, depois de 1470, estes continuam a polemizar, por uma questão de prestígio e de remuneração, com juristas e gramáticos. Não são poucos, na verdade, os casos de homens que passam de uma disciplina a outra, ou que têm mais de uma profissão: Ficino é médico, filósofo e literato; Poliziano é também jurista; Antonio Benivieni oscila entre os estudos humanísticos e a grande pesquisa de anatomia patológica. Mesmo quando a Universidade chega a Pisa, é no ambiente florentino que os mestres discutem. Bernardo Torni, médico, que dissecava cadáveres com Benivieni, discute sutilmente o grande Marliano, que será lido e analisado por Da Vinci em Milão.[22]

A famosa Florença dos "sonhadores idealistas", atmosfera na qual Leonardo da Vinci se formará, e que é a alta cultura italiana e europeia vista de um dos seus centros mais importantes e atualizados – e talvez somente naqueles anos o mais importante –, é algo de muito variado e complexo. O tomismo, com o seu grande interesse pela experiência concreta, encontrará, depois do grande Giovanni Domenico, e também do santo bispo Antonino, um defensor incomum em Savonarola, que em seu manual de filosofia para uso das escolas dará um grande espaço aos extratos das obras de Alberto Magno. Não sei quantos, dentre os que costumam entoar hinos de admiração diante das "fábulas" de Da Vinci, tenham tido nas mãos o texto híspido, nem um pouco original e justamente ignorado, que é o compêndio do frade de San Marco. Aqueles que o fizeram certamente ficaram impressionados com a semelhança existente entre as notas de Da Vinci e os textos do grande Alberto que ainda circulam nas escolas preparatórias; ou seja, com os lapidários e os bestiários medievais.[23] E Alberto e Tomás, lapidários e Plínio, aparecem, numa nota do *Codice Atlantico*, unidos às epístolas de Filelfo, às *Facezie* de Poggio, ao *De honesta voluptate* de Platina, livro este que, ao contrário do que o título indica, trata não de alegrias contemplativas mas de receitas de cozinha: é, em resumo, um manual de culinária. São livros de leitura comum, talvez pertencentes a algum frade de San Marco, em cuja biblioteca, aliás, podem ser encontrados todos eles, inclusive o de Poggio e o de Platina.[24]

Não há dúvida de que o tomismo da linha de Domenico, santo Antonino e Savonarola pode até mesmo representar a extrema direita da cultura florentina do século XV, mesmo sendo uma direita da qual se aproximaria, em um certo momento, um cientista como Benivieni, médico insigne e que tão bem descreveu os casos clínicos, de grande importância no campo da anatomia patológica. Mas são inúmeras as nuanças do aristotelismo filosófico-científico daqueles anos em Florença, desde o livre e atrevido Argyropoulos até o escolasticizante, mas aberto aos novos problemas, médico Niccolò Tignosi, ou Torni, muito hábil nos debates físicos mais atualizados. Isso para não falar do aristotelismo moral e político do círculo de Acciaiuoli, que continuava a tradição de Manetti; e talvez também do avicenismo puro de algum médico de Santa Maria Nuova.[25] Além disso, há também teóricos da astronomia e da astrologia e geógrafos. Também são de grande importância para se entender Da Vinci os artesãos que misturam fórmulas e invocações alquímico-mágicas a receitas para tingimento de tecidos e fabricação de metais, fazendo convergir antiquíssimas tradições herméticas, com interesses técnicos muito prosaicos e terrestres. Há, ainda, os grandes cientistas-filósofos-artistas como Alberti, e os puros *scienziati* como Toscanelli.

Havia, por fim, Marcilio Ficino com a sua "igrejinha" neoplatônica, da qual se falará mais detalhadamente. De Ficino, aliás, é preciso dizer, antes de mais nada, que ele nunca abandonou os estudos de medicina, que escreveu sobre higiene, que se ocupou de magia e, de maneira genérica, daquilo que chamavam "artes dos experimentos". Iniciou sua atividade tratando de problemas físicos, de perspectiva, logo encarando um tema que para ele se tornaria fundamental: a luz e a visão.[26]

Creio que não estaria longe da verdade quem afirmasse estar todo o pensamento de Ficino estendido entre estes dois temas: a luz e o amor. O amor é a própria palpitação da vida universal. "O amor" – escreve – "está em todas as coisas, e por todas se espalha; ... de todas as coisas naturais o amor é agente e conservador ... de todas as artes é mestre e senhor ...". Mas se o amor é, para Ficino, a força íntima e a alma do real, a luz é a veste do universo. A realidade é sentida como amor com o amor, é entendida como forma através do ver; esta convergência entre o ver e o amar, geradora de frutos vitais, atravessa toda a meditação ficiniana. No *Codice Trivulziano* encontra-se um fragmento bem conhecido de Da Vinci: "move-se o amante para a coisa amada como o sujeito em relação à forma, o sentido ao sensível, e consigo próprio se une e se faz uma única coisa ... (E) a obra é a primeira coisa que nasce dessa união". Como não relacionar toda a semelhança e até a linguagem com o *Convito* de Marcilio? Mas a semelhança acentua-se ainda mais quando, sempre no *Trivulziano*, se leem estes dois outros trechos: "os sentidos são terrenos, a razão está fora deles quando contempla ..."; "o nosso corpo está subordinado ao céu, e o céu ao espírito"; ambos apresentam temas conhecidos na cultura florentina da época. A seguinte frase lapidar, ainda mais forte e mais bela, não é de Da Vinci, mas anterior a ele: *nihil magnum in terra praeter hominem, nihil magnum in homine praeter mentem et animum; huc si ascendis, coelum trascendis* ("nada há na terra tão grande quanto o homem; no homem, nada tão grande quanto a mente e o espírito; chegando-se até esse ponto, ultrapassa-se o céu").[27]

Essa afirmação nos remete a todo um universo de investigações precisas e discussões sobre astrologia e astronomia, magia e necromancia, matemática e experimentação, causas verdadeiras e indícios, que Da Vinci retoma e resume, às vezes com imagens admiráveis – "necromancia... bandeira esvoaçante agitada pelo vento". Mas ninguém nos tirará da mente que os antecedentes especulativos e o terreno filosófico de Da Vinci não devam ser procurados, ao menos em parte, também nas posições culturais florentinas dos anos em que o artista se formava, num ambiente em que fervilhavam interesses de todas as espécies, em meio aos quais Ficino lentamente fazia amadurecer a sua obra-prima, que é um pouco a *Summa* de toda uma orientação: aquela *Theologia platonica*, publicada em 1482, mas iniciada em 1469.

A luz e os problemas de óptica e, junto a isso, as metáforas sobre a luz; o olho como centro do universo, não o olho sensível mas o da mente; o homem como microcosmo, e o homem como artífice e poeta, ou seja, como criador. Tudo isto, na Florença de 1470 a 1480, é Ficino. "Tão logo se abra o olho, imediatamente se vê todas as estrelas do nosso hemisfério ... A mente salta, num átimo, do oriente ao ocidente, e todas as outras coisas naturais são muito dessemelhantes em virtude da velocidade da mente ... A alma jamais poderá decompor-se na corrupção do corpo; ela está para o corpo como o vento está para o órgão, fazendo-o ressoar, de modo que quando um dos tubos se deteriora o resultado não terá mais um bom efeito". A mesma coisa repetirá Da Vinci nos fragmentos do *Codice Trivulziano* e do *Codice Atlantico*, nos quais a força, aquela *forza* universal que tudo move e a tudo dá vida, é insistentemente definida como *espiritual*:

> A força é um poder espiritual, incorpóreo e impalpável ... Espiritual, digo, porque nela há vida invisível, incorpórea e impalpável, pois o corpo, em que ela nasce, não cresce em forma nem em peso ... A força é uma essência espiritual ... A força não é senão uma virtude espiritual, um poder invisível que é criado e infundido, por uma violência acidental, pelos corpos sensíveis nos insensíveis, dando a estes aparência de vida; vida essa de funcionamento maravilhoso; que induz e faz mudar de lugar e de forma todas as coisas criadas, que corre com fúria para satisfazer-se e vai diversificando-se conforme as ocasiões.

No manuscrito *B* do Instituto de França, pode-se ler ainda: "Força digo ser uma potência espiritual, incorpórea, invisível ...; disse espiritual porque nela há vida ativa incorpórea; e digo invisível porque o corpo não cresce em forma e peso lá onde ela nasce". E novamente, no *Codice Atlantico*: "A força está totalmente em si mesma e está inteiramente em cada uma de suas partes".

Leonardo Olschki fala, a propósito disto, de "turvações causadas ao olho do desprevenido observador pela fumaça de incenso com que *die florentiner Schwärmer sich ihre Atmosphäre bildeten*".

Não sei até que ponto se deva levar em consideração esta desvalorização apaixonada; mas parece-me que Olschki tem razão no seu julgamento histórico básico.[28] Esse conceito de força espiritual tem muito pouco a ver com a mecânica racional, mas relaciona-se intimamente com o tema hermético-ficiniano da vida e da animação universal. E quem se aventurasse a seguir tema após tema, percorreria um caminho longo e profícuo. Mas dois motivos característicos de Da Vinci, quer dizer, duas passagens obrigatórias da hagiografia davinciana, não podem ser negligenciadas. E sobretudo o que ele diz de *la deità ch'ha la scienza del pittore*, "a qual faz que a mente do pintor se transmude, à semelhança da mente divina"; afirmação solene que se junta a outra, não menos conhecida, de que a pintura "é ciência e filha legítima da natureza, posto que a Pintura é nascida da natureza", tanto que "corretamente a chamaremos de neta da natureza e parente de Deus". Diante do segundo texto, que na verdade não é nada brilhante, os comentaristas, que também não o são, apelam para Dante. Mas a tese de Da Vinci sobre a pintura e a natureza é aqui examinada no seu conjunto.

Marcílio Ficino, no quarto livro da *Theologia*, tratando justamente das causas e infinitas razões que regulam a natureza, observa:

> se a arte humana não é senão imitação da natureza, se a arte do homem fabrica as suas obras por motivos precisos (*per certas operum rationes*), de modo análogo procede a natureza: e com uma arte tanto mais viva e sábia quanto mais vivas e belas são as suas obras. E se até mesmo a arte que produz coisas não vivas age por meio de motivos vivos (*si ars vivas rationes habet*)..., quanto mais vivos não deverão ser os motivos da natureza geradora dos viventes e produtora das formas? ... E o que é, afinal, a arte humana, senão uma natureza que plasma a matéria de fora? E a natureza, o que é senão uma arte que intimamente modela a matéria, como se o modelador da madeira estivesse na própria madeira? Mas se a arte humana, ainda que de fora, adere e se imiscui na obra que vai produzindo, a ponto de realizar a síntese entre a obra e a ideia (*ut certa opera consummet certis ideis*), quão melhor não fará a natureza! Esta não toca com instrumentos alheios a superfície da matéria, como faz a mente do geômetra quando inscreve as suas figuras sobre o terreno, mas é como uma mente geométrica que intimamente forma uma matéria fantástica (*ut geometrica mens materiam*

instrinsecus phantasticam). De fato, assim como a mente do geômetra, enquanto vai ruminando consigo mesma as razões das suas figuras, vai interiormente compondo a fantasia segundo as várias imagens, assim também na natureza uma divina sabedoria artesanal plasma e forma, do interior, com imensa facilidade, a matéria, baseada nas razões de que está imbuída a força vital e motora que a caracteriza. O que é uma obra de arte senão a mente do artífice que penetra a matéria isolada? O que é a obra da natureza senão a mente da natureza, intrínseca à mesma matéria ... Hesitarias, portanto, em admitir na natureza motivos precisos? Assim como a arte humana, que atua do exterior, produz segundo as razões contingentes, e plasma formas contingentes, a arte natural que gera e exprime formas substanciais existentes no seio da matéria, atua mediante razões essenciais e perenes.[29]

O ponto mágico de união entre a ciência do pintor e a ciência da natureza, para as quais a mente do homem "transmuda-se à semelhança da mente divina", o nexo ideal – que é a própria alma do pensamento de Da Vinci – encontra a sua raiz justamente na filosofia platônico-ficiniana. Posto que o pintor, para ser um verdadeiro "artífice", deve descobrir o segredo da "artificiosa natureza", ou seja, caminhar da visão superficial para a profunda, para as "razões" da experiência, para a "necessidade" que liga os efeitos às causas, de forma a integrar-se ele próprio à causa. Integram-se assim, na sua "razão" criadora, as "razões" da experiência, as necessidades matemáticas dos aspectos contingentes: as formas, os moldes que o olho da mente encontra ultrapassando o olho do sentido. Da Vinci escreve magnificamente sobre si próprio:

> E impelido pela minha ávida vontade, imaginando poder contemplar a grande abundância de formas várias e estranhas criadas pela artificiosa natureza, enredado pelos sombrios rochedos cheguei à entrada de uma grande caverna, diante da qual permaneci tão estupefato quanto ignorante dessas coisas. Com as costas curvadas em arco, a mão cansada e firme sobre o joelho, procurei, com a mão direita, fazer sombra aos olhos comprimidos, curvando-me cá e lá, para ver se conseguia discernir alguma coisa lá dentro, o que me era impedido pela grande escuridão ali reinante. Assim permanecendo, subitamente brotaram em mim duas coisas: medo e desejo; medo da ameaçadora e escura caverna, desejo de poder contemplar lá dentro algo que fosse miraculoso.

No comentário ao *Timeo* de Platão, o *Timeo* do qual Da Vinci retomará toda a teoria geométrica dos elementos que lemos no manuscrito F do Instituto de França, Marcilio Ficino analisa extensamente *quomodo Physica constent ex Mathematicis, Physica per Mathematica probaturus* ("como a física se compõe da matemática, deve-se provar a física por meio de matemática"). Ele insiste sobre a necessidade de se ligar o conhecimento empírico à matemática, caminho e instrumento de qualquer ciência (*omnis eruditionis ingenuae vis*) (força de todo saber liberal).[30] Em seguida passa a enumerar exemplos de contemporâneos, de Pier Leone de Spoleto, médico, a Francesco Berlinghieri, cosmógrafo, mas, sobretudo, a Leon Battista Alberti. "*Humana ad naturalia, haec ad mathematica ... referri debere*" ("Deve-se referir o que é humano ao que é natural, e este ao que pertence à matemática") – acrescenta, no comentário a *Filebo*. Da Vinci, por sua vez, quando enunciava o seu famoso princípio de que "nenhuma investigação humana pode ser chamada de verdadeira ciência se não passar pelas demonstrações matemáticas", mais ainda que indicar na matemática um instrumento precioso de pesquisa, retomava o tema platônico-ficiniano da inserção da pesquisa empírica nos fundamentos matemáticos que constituem as estruturas racionais absolutas de tudo. O que é, aliás, o subentendido especulativo daquele martelar sobre a *necessidade* profunda que regula harmonicamente o universo inteiro e que constitui o verdadeiro milagre do mundo. "Oh admirável, oh estupenda necessidade, tu obrigas com a tua lei que todos os efeitos, por um caminho muito curto, participem de suas causas; estes são os milagres ...".

Se bem observado, justamente ali estava o próprio limite do experimentalismo de Da Vinci: nestas "razões" matemáticas, antes pressuposto metafísico do que instrumento lógico de pesquisa. Ele batia-se pela experimentação, da qual se dizia filho, mas encontrava uma barreira justamente no pressuposto metafísico de uma trama objetiva de razões ideais, de formas imutáveis, que vinha dissolver a indagação experimental numa série de observações isoladas, enquanto as formulações das assim chamadas "leis" naturais encontravam-se viciadas por extensões metafísicas arbitrárias. O caráter ambíguo das suas razões matemáticas o faz oscilar entre uma filosofia não suficientemente aprofundada e uma ciência não ordenadamente organizada. O seu experimentalismo, como a sua técnica, como as suas máquinas impossíveis ou equivocadas, dão a impressão de uma pesquisa pulverizada ou de uma fantasiosa evasão, enquanto as suas estupefacientes formulações gerais revelam às vezes assunções filosóficas indevidas. A "Ciência do Pintor", que em determinado momento quer constituir-se em um conceito total do ser sob espécie visível, se esgota numa ascese contemplativa; a experimentação se desperdiça em apontamentos curiosos; a máquina transforma-se num brinquedo que servia de diversão nas festas de Ludovico, o Mouro. Na sua prosa, verdadeiramente única, encontraremos sempre um artista estupendo, um poeta sublime e desconcertante, mas não encontraremos nem a técnica moderna, nem a ciência experimental de um Bacon, nem a síntese de um Galileu, e nem mesmo, em fim, a metafísica de Ficino. Desta, Da Vinci aproveitou não somente os temas centrais da sua "filosofia" da luz, mas até mesmo as metáforas sobre o Sol para o célebre "Lalda del Sole", no qual indicou como fonte os hinos naturais de Marullo, mas que permaneceu provavelmente inferior à comovida poesia que domina as páginas de Marcilio, mesmo quando, no seu tratado que é um verdadeiro hino ao Sol, imagina por um momento que todas as luzes se apagam, até mesmo as das estrelas, e o universo permanece imóvel e enregelado na noite. E depois, o nascer do Sol e a vida que desperta, e a oração de todos os viventes que saúdam o Sol como fonte de vida e verdadeiro simulacro de Deus, porque a luz, da qual surge e é símbolo, é verdadeira vida dos corpos e das mentes. Da Vinci anota no *Codice Atlantico*: "o Senhor, que é a luz de todas as coisas, se dignará iluminar a mim, encarregado da luz".[31] Mas Ficino, nas suas muitas páginas dedicadas ao Sol, havia feito mais: desmascarara profundamente as possibilidades do geocentrismo, criara a atmosfera psicológica do heliocentrismo, insistira sobre a *necessidade* da centralidade do Sol. Assim como Pico della Mirandola, de maneira mais sutil e com muito maior preparo científico, fizera ver as razões históricas do sistema de Ptolomeu, e o quanto essas razões estavam então superadas e eram consideradas insatisfatórias, enquanto, simultaneamente, defendia a teoria da pluralidade dos mundos habitados.

Que toda essa insistência sobre Ficino não pareça inútil e deslocada: ela tem o objetivo bem claro de ir contra a opinião da influência de Nicolau de Cusa, a qual, aliás, desde o século XIX tem sido estranhamente exagerada em relação à formação da cultura italiana. Duhem dedicava grande parte do grosso volume da segunda série dos seus *Studi* à demonstração da chamada filiação Nicolau de Cusa-Leonardo, mais tarde repetida por Cassirer e geralmente aceita como ponto pacífico.[32] Ora, não somente não há provas sérias de que Leonardo da Vinci tivesse familiaridade com os difíceis escritos filosóficos do cardeal de Cusa, como também é certo que estes se tornaram muito pouco conhecidos, mesmo pelos grandes estudiosos dos temas platônicos, como Ficino, e prontos a fazer qualquer despesa com códices, como acontecia com Pico della Mirandola. Certas aproximações doutrinárias, longe de conclusivas, indicam no máximo fontes comuns, ou somente são prova de grande ingenuidade. Como acontece com um historiador ilustre, que indica um *sinete* de Nicolau de Cusa num texto de Da Vinci, porque nele se encontra mencionado "Hermes filósofo", esquecendo-se a tradução feita por Ficino dos livros herméticos, que foi publicada em 1471 e teve, por cerca de 20 anos, sete edições, constituindo o maior sucesso da época e chegando até mesmo a promover uma verdadeira moda".[33]

Na verdade, Leonardo da Vinci, que viveu num dos ambientes mais cultos da Europa e se iniciou na pesquisa mais desenvolvida e atualizada do seu tempo, encontrou depois, nos círculos de Pávia e de Milão, nos vênetos e setentrionais em geral, um acirramento dos debates lógicos e físicos que desde o século XIV vinham consumindo a antiga imagem do mundo. Artista admirável e escritor originalíssimo, não foi certamente ele o criador do método experimental ou da síntese entre a matemática e as ciências experimentais ou a física nova, mas pode bem aparecer como símbolo da passagem de uma profunda elaboração crítica - da qual às vezes ele sintetiza os resultados - à formulação de conceitos renovados. Teve contato com os processos metódicos e com as teorias mecânicas que haviam já ultrapassado o velho aristotelismo e deixou, nisso como em tudo o mais, notáveis contribuições em límpidas observações. Embora no campo filosófico não tenha chegado a uma nova visão do real, limitando-se a repetir com delicadeza variações de temas difundidos, no campo científico, apesar de não ter elaborado teorias de conjunto originais, em mais de um caso aprofundou as teses fecundas que encontrara já formuladas. Incansável observador, fixou com maravilhosa eloquência as suas experiências, mas nem sempre ultrapassou o processo assistemático dos experimentos "mágicos"; sentiu, com uma intuição genial, o grande valor da técnica, e certamente foi um extraordinário "engenheiro", mas em mais de um caso perseguiu visões fantásticas, sem cursar as humildes vias dos processos necessários às realizações concretas. Até mesmo nisto, ficou às vezes mais próximo de um Roger Bacon do que de um Galileu. Foi, sobretudo, expoente característico de uma época e de uma cidade excepcional, da inquietação de um mundo em mutação. Mas nisto, não foi mais excepcional do que muitos outros de sua época, abertos a todos os interesses, conscientes da centralidade do homem, que com as próprias mãos constrói o seu próprio mundo.

Reinserir Da Vinci no seu tempo, nas suas concretas dimensões históricas, na sua medida humana, longe de qualquer mito, talvez seja a maneira mais conveniente de se prestar homenagem a um homem que atribuiu à medida, por vezes, um sentido que eu ousaria chamar muito casto; e que sempre, além do apocalíptico desencadear de forças desordenadas, sonhou com as imortais harmonias das formas, como se fossem encantadas imagens femininas.

Notas

1 B. Croce, "Leonardo filósofo", em apêndice ao *Saggio sullo Hegel*, Bari, 1913. p.213-40. Sobre o Da Vinci *não filósofo* devem-se ver, sobretudo, as p.217-18, 220-1

("a alma e a prosa de Da Vinci nos elevam, sem dúvida; mas não quer dizer que nos elevem à filosofia"), p.226 ("afilósofo como naturalista, e antifilósofo como agnóstico"), p.235 ("a pouca satisfação que o tratado de Da Vinci dá aos que nele pretendem procurar uma filosofia da arte ..."). E, também, deve-se ver o eloquente ensaio de Gentile (atualmente no volume *Il pensiero italiano del Rinascimento*, Firenze, 1940. p.117-49) e as suas considerações preliminares ("... por todos estes motivos pode-se dizer, justificadamente, que Da Vinci não pertence à história da filosofia". (Cf. também o importante estudo de Luporini, *La mente di Leonardo*, Firenze, 1935, para uma impostação bem diferente da acenada nestas páginas. Deve-se também levar em conta que estas páginas remontam ao início de 1952 e são, portanto, anteriores a muitas contribuições, algumas das quais valiosíssimas, suscitadas pelas celebrações centenárias. Sobre esta literatura, ver os seguintes resumos: G. Castelfranco, Momenti della recente critica vinciana. In: *Leonardo. Studi e ricerche*, Roma, 1954. p.415-77; A. Chastel, Leonardiana. *Bibl. d'Humanisme et Renaissance*, 16, 1964. p.386-97; E. Garroni, Leonardo e il suo tempo, *Rassegna di Filosofia*, 4, 1955. p.5-37, bem como os fascículos XVIII-XX da *Raccolta vinciana*. Milano, 1960-1964, que contêm muitas informações importantes. Em várias destas publicações davincianas são discutidos também alguns dos conceitos expressos nestas páginas, nem todos, aliás, aceitos então pelo Autor, pelo menos nesta forma).

2 O próprio Croce (p.213 n), enfatizava, numa quase advertência, a sua intenção polêmica; o que não impede que as suas anotações permaneçam válidas. Sobre os limites da "lógica" de Da Vinci, deve-se ver, agora, o que observa F. Albergamo, *Storia della logica delle scienze empiriche*. Bari, 1952. p.49 ss.

3 Sensatas limitações ao mito romântico de Da Vinci são estabelecidas nas observações, exatas e oportunas, de A. Marinoni, na edição dos *Scritti Letterari*. Milano, 1952. p.21 (a excessiva insistência sobre o caráter divinatório, real ou suposto, de certos ... pensamentos, desviou nossa atenção mais para a periferia do que para o centro da sua personalidade"); embora às vezes exagerado em sua admiração, o livro de G. Fumagalli, *Leonardo* "omo *sanza lettere*", Florença, 1938, é também um trabalho precioso, muito rico em doutrina, com temas fecundos e de grande relevo.

4 Solmi escrevia, em Le fonti di Leonardo da Vinci. In: *Giornale storico della lett. ital.*, n.10-1, 1908, p.3: "Os *Manoscritti*, que nos foram legados em forma de notas preparatórias e desconexas, nos são apresentados em conjunto com tudo o que é fruto da mente de Da Vinci, o que não passa de obras hoje esquecidas, mas que nos séculos XV e XVI foram conhecidas e difundidas ...".

5 Para avaliar a dificuldade de organizar as reflexões de Da Vinci sobre os temas capitais, bastará percorrer os textos sobre o *ímpeto* na reconstrução de Uccelli (*I libri di mecanica*. Milano, 1942. p.385-98). A dificuldade é, sem dúvida, acrescida da impossibilidade de datar com segurança todos os vários fragmentos; resta o fato de que os pensamentos reunidos por Uccelli descendem de doutrinas e teorias que são diversas entre si e não conciliáveis, e que requerem uma colocação temporal mais exata. Quanto às várias formas que a teoria do ímpeto assumiu, devem-se ver

atualmente os excelentes estudos de A. Maier, *Die Impetustheorie der Scholastik*, Leipzig-Viena, 1940, e *Die Verläufer Galileis im 14. Jahrhundert* ... Roma, 1949, p.132-54. E sobre o movimento não podem ser esquecidas as extremamente lúcidas teses de Occam (sobre a necessidade de datar os fragmentos filsóficos cf. o destaque, dado por G. Castelfranco, Leonardo scrittore. *L'arte*, outubro de 1936, p.263).

6 O texto de Da Vinci no códice A da Biblioteca do Instituto de França, fol. 47 r (e In: G. Fumagalli, *Leonardo "omo sanza lettere"*, Firenze, 1938, p.43). O texto de Buridan no *De coelo et mundo*. E. A. Moody (Ed.), Cambridge, Mass., 1942 e In: A. Maier, *Die Vorläufer Galileis*, p.137, n.15). L. Thorndike, *A History of Magic and Experimental Science*. v.V, p.16 ss. (New York, 1941), limita ao máximo, e por certo excessivamente, o valor do experimentalismo de Da Vinci, mas diz a verdade, indubitavelmente, quando afirma, à p.19: "*This representation of Da Vinci as far in advance of his time and in touch with modern science reminds one of the similar picture drawn of Roger Bacon by his earlier modern admirers*". Uma limitação ainda mais forte figura no artigo de J. H. Randall Junior, The place of Leonardo Da Vinci in the Emergence of Modern Science. In: *Journal of the History of ideas*, v.XIV, 1853, p.191-202 (atualmente em *The School of Padua*. Padua, 1961. p.115-38).

7 R. Caverni, *Storia del metodo sperimentale in Italia*. Firenze, 1895. v.IV (cf. P. Duhem, *Études sur Léonard da Vinci*. Segunda série, Paris, 1909, p.361-3; *Sur la mécanique de Léonard de Vinci e le recherches de Raffaello Caverni*. Foi Marcolongo que chamou a atenção de Duhem sobre a obra de Caverni, visto que Duhem, no v.I dos seus estudos (1906, p.123) afirmara também que "as intuições mais novas e audazes de Da Vinci haviam sido sempre sugeridas e guiadas pela ciência medieval". Como é sabido, R. Marcolongo completou e atualizou as pesquisas de Duhem (La mecanica di Leonardo da Vinci. Napoli, *Atti R. Acc. delle scienze fisiche et matematiche*, s.II, v.XIX, 1933. Escreve A. Uccelli, op. cit., p.XXXIII: "O mérito de R. M. é o de ter sintetizado e atualizado, na Itália, a obra de Duhem, levando-o às últimas consequências no que se refere aos códices davincianos").

8 Leonardo Olschki, numa análise rica de valiosas anotações (*Geschichte der neusprachlichen wissenschaftlichen Literatur*, v.I, Heidelberg, 1919), sustenta que Da Vinci deixou Florença para fugir ao nebuloso neoplatonismo; mas permaneceu profundamente em dívida para com essa corrente de pensamento, tanto no bem como no mal, como todos mais ou menos dizem, de Gentile a Cassirer (*Individuo e cosmo nella filosofia del Rinascimento*, Trad. it, Firenze, 1935); F. M. Bongioanni (*Leonardo pensatore*. Piacenza, 1935); Fumagalli (op. cit., p.44, n.4); Marinoni (op. cit., p.II-2). Cumpre recordar o elogio aberto que, depois da morte de Ficino, o platônico e ficiniano Giovanni Nesi fez de Da Vinci, que – repetia Gentile em 1937 – "teve a inspiração e o modo de pensar do chefe da Academia florentina" (mas cf. também G. Sarton, Léonard de Vinci ingénieur et savant, In: *Léonard Da Vinci et l'expérience scientifique au seizième siècle*. Paris, 1953. p.11-22).

9 No famoso catálogo de obras e de autores escrito em vermelho no *Codice Atlantico*, folha 210 r, encontra-se o título *de immortalità d'anima*, que G. d'Adda (*Leonardo da Vinci e la sua libreria*. Note de um bibliofilo. Milano, 1873) identificava com o *De immortalitate animae*, de Ficino (cf. Richter, *The Literary Works of Leonardo da*

Vinci. London, 1883, v.II, p.442-4; e, agora, Marinoni, op. cit., p.243). Solmi (op. cit., 1908, p.153-4) o exlui sem apresentar uma boa argumentação, indicando apenas uma improvável vulgarização dos textos de Filelfo. Na realidade, o texto em questão é provavelmente uma obra do dominicano frei Jacopo Canfora, como tentei mostrar em outro lugar (ver: La Storia di Milan. v.VII, Milano, 1956. p.396). C. Dionisotti acolheu minha hipótese num ensaio muito importante, (Leonardo uomo di lettere. In: Italia Medioevale e Umanistica, v.V, 1962, p.185), no qual vem indicado o Comentário a Dante de Landino, uma fonte conspícua e difundida de platonismo "ficiniano".

10 Escreve R. Gaguin (ex-Parisiis, Kal. Set. 1496), Epistolae et orationes. L. Thuasne (Ed.), Paris, 1904, n.76 (P. O. Kristeller, Supplementum Ficinianum, Firenze,1937, v.II, p.242): "Virtus et sapientia tua, Ficine, tanta in nostra maxime Academia Parisiensi circum fertur, ut cum in doctissimorum virorum collegiis, tum in classibus etiam puerorum tuum nomen ametur arque celebretur". É um dos muitos testemunhos: é facil lembrar Germano di Ganai, Lefèvre d'Etaples, Reuchlin e tantos outros igualmente célebres.

11 Sobre o estudo que Da Vinci fez de Perotti, cf. in síntes Marinoni, op. cit., p.227 ss. Escreve De Robertis, La difficile arte di Leonardo. In: Studi, Firenze, 1944. p.79: "Também a matéria verbal nasce em Da Vinci de um longo esforço. Sempre procurando a máxima exatidão com a máxima brevidade, e estimulando a criatividade. Páginas inteiras estão repletas de um acúmulo de palavras, de intermináveis listagens que na sua mente deveriam formar tantos núcleos vivos, dos quais esperava que o seu discurso metafórico se liberasse".

12 A polêmica sobre a imitação Poliziano-Cortesi está atualmente reproduzida no volume Prosatori del Quattrocento, Milano-Napoli, 1952. Sobre a imitação humanística, devem ser levados em conta os destaques de L. Russo, Problemi di metodo critico, Bari, 1952. p.130 ss. Sobre as repercussões europeias de certos conceitos, cf. B. Weinberg, Critical Prefaces of the French Renaissance. Evanston: Northwestern University Press, 1950.

13 A apreciação negativa sobre Landino é de Acciaiuoli (manuscrito Magl. VIII, 1390). Sobre o largo uso feito por Da Vinci do Plinio landiniano, cf. E. Solmi, op. cit., p.235-48. Para um juízo crítico contemporâneo muito severo sobre a tradução de Plínio, cf. B. Croce, Uno sconosciuto umanista quattrocentesco: Giovanni Brancati. Quaderni della Critica, n.X, 1948, p.20-1. Marinoni faz um comentário pontual e exato sobre um ensinamento de Landino (p.231), a propósito dos estudos linguísticos de Da Vinci. Não convincente, ao invés, é o que afirma Solmi sobre um possível conhecimento, da parte de Da Vinci, das Castigationes plinianae, de Barbaro (op. cit., p.85-6).

14 Manusc. Magl. VI, 166, c. 188 r-109 v. Cf. Codice Atlantico, f.12 v; E. Solmi, Leonardo, 1923, p.12-4.

15 Cf. introd. cit. a I libri di meccanica, p.LXIII-IV.

16 Cassirer, op. cit., p.61-2.

17 Sobre Alberti e Da Vinci, cf. Solmi, op. cit., p.37-43; infelizmente, Solmi, quase temendo que Da Vinci fosse diminuído pela grandeza de Alberti, emitiu juízos

muito estranhos ("L. B. A. é um compilador... mostra uma superficialidade desoladora... divulgador... ama o saber para transformá-lo depois em utilidade pública..."). Com razão A. Uccelli, op. cit., p.CLV, insiste sobre a necessidade de estender a pesquisa. Tentei mostrar, em outro lugar, como os mesmos "motivos" de Da Vinci estão presentes em Alberti.

18 *Statuti della Università e Studio Fiorentino* ... publicados por A. Gherardi, Firenze, 1881, p.74. A propósito do uso muito difundido em Florença de se fazer necroscopias, cf. L. Thorndike, *Science and Thought in the Fifteenth Century*. New York, 1929. p.123-32, 290-5 (A *Fifteenth Century Autopsy*, feita por Bernardo Torni). Mas basta reler o *De abditis nonnullis ac mirandis morborum et sanationum causis* de Antonio Benivieni (publicado postumamente por Girolamo em 1506); e, sobre B., deve-se ver a introdução de Luigi Belloni à edição do *De regimine sanitatis*, Torino, 1951, e a de Renato Piattoli ao *Elogio di Cosimo*, Firenze, 1949. Sobre Benivieni, sobre Torni e sobre Da Vinci, deve--se ver o importante estudo, com edição, tradução e ilustração dos textos de A. Costa e G. Weber. L'inizio dell' anatomia patologica nel Quattrocento fiorentino, sui testi di Antonio Benivieni, Bernardo Torni, Leonardo da Vinci, *Archivio De Vecchi per l'anatomia patologica*, n.39, 1963. p.429-878.

19 Cf. L. Geymonat, Caratteri e problemi della nuova metodologia, extraído das *Atti e memorie della Colombaria*, Firenze, 1952, p.II (e J. R. Weinberg, *Nicolaus of Autrecourt*. A Study in 14th Century Thought. Princeton University Press, 1948).

20 Sobre frei Bernardo, ver N. Papini, *Etruria francescana*. v.I, Siena, 1707, p.11; sobre o seu relacionamento com Nicola de Autrecourt, J. Lappe, Nicolaus von Autrecourt, sein Leben, seine Philosophie, seine Schriften. In: *Beiträge z. Gesch. d. Philos. des Mittelalt*, v.VI, n.1, 1908; e, especialmente, B. Nardi, *Il problema della verità*. Roma, 1951, p.46-53.

21 Para as citações que Da Vinci faz de Pelacani, cf. Solmi, op. cit. 1908, p.227-9 (Uccelli, *I libri di meccanica*, p.CXXXIX-CXLII). Sobre Pelacani, L. Thorndike, *A History of Magic*. v.IV, 1934, p.65-79, e A. Maier, *Die Verläufer Galileis*, p.279-99 (para a sua apresentação no *Paradiso degli Alberti*. Cf. a edição de Alessandro Wesselofski, Bologna, 1867, I, i, n.1, p.132-42 e v.III, n.3, p. 18-9). Notícias interessantes sobre *leituras* que eram feitas em Florença em fins do século XIV são econtradas em N. Brentano Keller, Il libretto di spese e di ricordi di un monaco Vallombrosano per libri dati o avuti in prestito. In: *Bibliofilia*, v.XLI, n.4, 1939, p.136-58. Entre as obras que mais circulam encontram-se as de Buridan, Pelacani, Alberto da Saxônia, os lógicos ingleses etc.

22 Interessantes escritos de Torni no *Riccardiano 930* e, no cap.26 r, a discussão de Marliano sobre os problemas do movimento. Para os estudos conduzidos de Leonardo sobre Marliano, cf. Solmi, op. cit., 1923, p.85-6, e 1908, p.207-9; Uccelli, op.cit., p.CLIII-IV. Mas o quadro da vida cultural florentina poderia ainda ampliar-se: até um teólogo como o conventual Gargano de Siena, falecido em 1523, mas já há muito, desde fins do século XV, professor no Studio, discute sobre questões de "física" com os homens de ciência (cf. o manusc. da Naz. de Florença, Conv. D. 2 502.).

23 Savonarola, *Compendium totius philosophiae*, Venetiis, 1452, p.324 ss. O que não significa, como Solmi acreditava poder concluir (Solmi, op. cit., 1908, p.47), que Da Vinci tivesse um grande conhecimento de Alberto Magno ("pode-se concluir com certeza, que Da Vinci leu e releu as obras de Alberto Magno ... mas pela profundidade e pela extensão de suas ideias, Da Vinci eleva-se muito além de Alberto ..."). Como observou Uccelli, Da Vinci cita explícita e seguramente Alberto somente uma vez (*Cod. Atl.* f.210, r a) e não Albertuccio; mas nem as genéricas confrontações de Solmi, nem as de outros, demonstraram o quanto Da Vinci chegou diretamente até o grande estudioso, e de preferência sem intermediários como os críticos.

24 É a famosa lista em vermelho do *Cod. Atl.*, 210 r a, estudada desde 1873 por Girolamo d'Adda. Particularmente sobre a *Quiromancia*, cf. a introdução de Frezza à edição da *Chiromantia* de G. Marzio (Napoli, 1951), p.XLIII-IV.

25 A respeito do conhecimento que Da Vinci tinha de Avicena, cf. Solmi, op. cit., 1908, p.78-81. Não se deve esquecer de que Avicena era corretamente empregado nos ensinamentos universitários, tanto de medicina como, às vezes, de filosofia. Refere-se aqui ao caso específico de Andrea Cattaneo da Imola, do hospital de Santa Maria Nuova em Florença, sob o *gonfaloniere* Pier Soderini, leitor de filosofia no Studio. Tignosi é bastante conhecido, como médico e como filósofo.

26 É inútil insistir aqui sobre o quanto Ficino contribuiu para a filosofia da luz. Para os escritos de perspectiva, cf. a *Vida*, contida no *Palat. 488* da Biblioteca Nacional de Florença – vida escrita provavelmente por Caponsacchi – em que se lê: "e estudou ainda ... a Matemática e a Astronomia, ciência em que cada um dos seus muitos trabalhos mostra como conseguiu progredir rapidamente, em tão pouco tempo. Dedicou-se ainda à Perspectiva, da qual vi esboçadas algumas das suas considerações sobre a visão, com algumas outras sobre os espelhos, tanto os planos quanto os côncavos ...".

27 É um texto muito conhecido de Pico della Mirandola. Da Vinci fala do homem-microcosmos no *Cod. Atl.* fol. 55, *v.* Della Mirandola na *Oratio* chamava-o tema *tritum in scholis*.

28 L. Olschki, op. cit., 1919, v.I, p.260. A passagem é citada também por G. Castelfranco no seu inteligente ensaio "Il concetto di forza in Leonardo da Vinci". *Proporzioni*, n.3, 1950, p.121, no qual são corretas as afirmações sobre a *espiritualidade* da força como é entendida por Da Vinci. Por mais que se valorize a influência neoplatônica, ela permanece impossível de ser eliminada justamente em um dos temas essenciais da reflexão de Da Vinci, mesmo devendo-se ter presente, como tentei fazer ver em outro lugar (Scientia, v.46, 1952), o significado de "matéria sutil e móvel", que deve ser atribuído ao termo "espírito".

29 Ficino, *Opera*. Basileae, 1576. v.I, f.122-3.

30 Ficino, *Opera*, v.II, fl.1464 r. Cf., de Da Vinci, Ms. F., fl.27 r-v (*I libri di meccanica*, p.1-3). Para Platão, fonte de Da Vinci cf. Solmi, op. cit., 1908, p.231-4 e *Studi sulla filosofia naturale di Leonardo da Vinci*. Modena, 1898. p.88-9. Solmi sustenta em mais casos a derivação, mais do que do comum *Timeo*, de Alberto Magno, sempre

com a ideia, que na verdade não é demonstrada, que Da Vinci tivesse "lido e relido" Alberto. Mas sobre certas "fontes" de Da Vinci há muito ainda a dizer, como tentei mostrar em alguns casos específicos, numa breve lembrança da *Colombaria* de Florença, em 1953.

31 Para Marullo, cf. M. Marulli *Carmina*, edição de A. Perosa, Zurique, 1952, p.136 ss. (*Hymnorum* III, i: Soli). A teoria da visão mereceria um discurso mais longo (cf. Solmi, *Nuovi studi sulla filosofia naturale di Leonardo da Vinci*. Mantua, 1 905. p.137-218). As influências de tratados sobre a perspectiva de Peckam, Vitellione (Alhazen) e Bacon foram levantadas (cf. Solmi, op. cit., 1908 p.81-4, 226-7, 295-7). Em outros casos, trata-se de temas difusos. Cf., por exemplo, quanto no *Cod. Atl.* 270 v é dito sobre a visão (Digo a virtude visiva ... ver.; Ficino, *In Plotinum, De visione, Opera*, II, 1750: "*visio potissimum fit quia vel radius ab oculo visualis proficiscitur ad visibile, vel a visibili iam luminoso nonnihil procedit ad visum ...*" ("ocorre a visão sobretudo porque ou o raio visual se dirige do olho até o objeto visível, ou alguma coisa se estende do visível já luminoso até a visão"): que é, aliás, a teoria do *Timeo*, 45 b, sobre a qual Chalc. 257. Diz ainda Da Vinci: "Esta nossa alma ... tem seus elementos espirituais a uma longa distância de si mesma e claramente se vê nas linhas dos seus raios visuais, que, por sua vez, terminando no objeto, de imediato conferem à sua origem a qualidade da forma do seu rompimento"; e Ficino, fl.1751: "*una [opinio] animam ita per radios visuales sicut per capillos sese propagare vel manus, atque ita sensibilem tangere ... ; secunda, animam non propagari per radios, sed eos quasi virgas extendre ad obiectum, eosque ad animam inde reverberari; tertia, lumen figurari ab obiecto atque ita figuram ad oculos pervenire ...*" ("para a primeira opinião, a alma propaga-se tanto pelos raios visuais como pelos cabelos ou pelas mãos e assim alcançam o sensível ...; para a segunda, a alma não se propaga pelos raios, mas eles, como varas, estendem-se até os objetos e daí são refletidos até a alma; para a terceira, a luz é representada pelo objeto e assim a figura chega aos olhos"). Isto não quer dizer que Da Vinci conhecesse Ficino ou Plotino, nestas passagens; mas indica a difusão de certas discussões e também de certas imagens). Sobre todo o problema, ver V. Ronchi, Leonardo e l'ottica. In: *Leonardo*. p.161-85, e as notas deste Autor (*La cultura filosofia del Rinascimento italiano*. Firenze, 1961, p.400-1).

32 Cassirer, *Individuo e cosmo*, p.85: "sabemos como são estreitos os laços que se estabeleceram entre Nicolau de Cusa e Da Vinci ... como L. tenha recebido diretamente de C. uma grande quantidade de problemas ... L. remonta a C. ... e recebe a sua herança ...". Com muito maior fundamento, Solmi, Nuovi contributi alle fonti dei mss, di Leonardo da Vinci. In: *Giornale storico della lett. ital.*, v.58, 1911, p.304-5.

33 Duhem, *Études*, v.II, p.151.

CAPÍTULO 4
UNIVERSALIDADE DE LEONARDO DA VINCI[1]

1 Falar da universalidade de Leonardo da Vinci pode significar muitas coisas, talvez interligadas entre si, mas certamente destacáveis no nosso discurso: antes de mais nada, a amplitude do seu horizonte, o fato de os seus interesses e a sua obra não terem conhecido limites e se estenderem a todos os campos da atividade humana, a toda parcela da realidade, efetivamente à totalidade das coisas. É exatamente neste sentido que ele escrevia que "o pintor deve procurar ser universal", não devendo sacrificar nada da riqueza do ser. Mas a universalidade pode ser entendida acentuando-se o valor, não de uma enciclopédia, mas de uma conquista especial, de uma descoberta destinada a conservar um sentido válido para todos, e para sempre. Neste segundo caso, o que importa não é a quantidade dos problemas que Da Vinci enfrentou, nem a quantidade de observações e descobertas que fez; o que importa é a profundidade da sua busca, a nova palavra – fosse apenas uma só – que disse aos homens.

Infelizmente, a dificuldade que esta alternativa propõe torna-se quase insuperável pelo fato de que o próprio Da Vinci não escolheu, mas propositadamente se manteve sempre no centro de uma tensão; perseguiu a realidade em todos os lugares possíveis e, ao mesmo tempo, recolheu-se todo em si mesmo, como um centro, como que buscando o sentido da vida humana no contínuo entrecruzar das coisas, na unidade do mundo dentro do olho, dentro da mente e no domínio das mãos do homem. De uma certa forma, se poderia até dizer que nisto está a raiz, bem como a solução, do enigma de Da Vinci: no nexo entre a incansável caça aos significados de todas as coisas, de todos os seres e de todos os fenômenos, e a consciência que a sua raiz secreta está numa razão que a mente humana abriga em si mesma. De um lado, justamente, aquela experiência não saciada, aberta a toda imagem mais transitória e fugidia – a névoa que se esfuma, as nuvens que se esgarçam, as manchas de bolor que desenham bizarros arabescos sobre as paredes; de outro, aquela fixação da mente num número, numa verdade absoluta. Estes são, aliás, os termos continuamente recorrentes nas suas páginas: experiência, sempre experiência renovada, e razão. E é a maneira de sua junção o que importa, ou melhor, a maneira como Da Vinci descobriu concretamente aquele mágico ponto de união – com a intenção de revelar aos homens o segredo da vida.

Aí está o seu significado e o seu valor universal, mesmo que tenha sido sempre mais fácil e sedutor procurá-los naquela maravilhosa riqueza de investigações levadas a todos os campos da experiência, numa extraordinária variedade de curiosas vagabundagens. Daí a tentativa, sempre repetida, de se reconstruir a enciclopédia de Da Vinci, com todas as suas extravagâncias e as suas ilusões; o mito do homem onisciente, do precursor, do mago; e a retórica do homem que seria tão divino a ponto de parecer desumano, enquanto o verdadeiro Da Vinci se apaga – o artista humaníssimo que em poucas obras e em muitos desenhos fez convergirem todo o saber e toda a realização, conseguindo, numa iluminação, num ato, numa figura, transmitir o sentido mais profundo da realidade – aquele relacionamento entre a imagem do mundo e o seu lado oculto, cuja compreensão infatigavelmente procurara, vasculhando os aspectos mais recônditos das coisas.

Posto que a ciência davinciana é a ciência do pintor, e se incorpora à sua arte, que é a arte do pintor, compreender essa ciência e essa arte, que não são nem a ciência de Galileu nem a arte das estéticas do século XIX, é compreender o significado e a grandeza de Da Vinci. Julgá-lo precursor de teorias ou técnicas descobertas alguns séculos mais tarde impede qualquer entendimento das extraordinárias tentativas nas quais, quase que combatendo contra si mesmo, ele procurou, durante quase a vida toda, a resolução em número das suas extraordinárias imagens.

O engenho do pintor deve ser semelhante ao espelho, que sempre se transmuda na cor da coisa que tem por objeto, e de tantas similitudes se enche quantas são as coisas que lhe são apresentadas. Portanto, sabendo, pintor, que não podes ser bom, se não fores mestre universal do contrafazer, com a tua arte, todas as qualidades das formas produzidas pela Natureza, não criarás [essas formas] se não as vires e não as guardares na tua mente... E com efeito, tudo o que existe no universo por essência, frequência ou imaginação, ele [o pintor] o tem primeiro na mente e depois nas mãos; e estas são tão excelentes que num tempo adequado geram uma harmonia proporcionada num só olhar, como o fazem as coisas. (Ms A, 82r)

Este é, na verdade, o centro da meditação e da obra de Da Vinci, o encontro de todo o saber e de todo o fazer; a obra do artista entendida como a síntese ativa de todo esforço humano, ciência e técnica, filosofia e poesia, conclusão de todo problema que envolva a realidade. "O pintor debate e compete com a natureza – e dela é Senhor e Deus", e não seu servo, instrumento, ministro ou imitador.

E contudo, entre nós e este verdadeiro Da Vinci, que está todo no encontro técnica-ciência-arte, interpõe-se uma outra imagem, antiga, equívoca e faustiana, que supõe o poder de uma sabedoria total e secreta, e que teria fundamentado todas as ciências e previsto todas as invenções – capaz de tudo conhecer e de tudo realizar. Um analista ilustre (L. Heydenreich) afirmou, recentemente, que "pesquisando a enorme quantidade de material de estudo espalhada em milhares de folhas, segundo um critério ordenador, tem-se a impressão de que Da Vinci tenha tido em mente uma exposição, em forma enciclopédica, de todo o saber humano. Esta enciclopédia provavelmente teria compreendido os seguintes setores principais: a óptica, como pressuposto de qualquer percepção; a mecânica, como ciência das forças físicas básicas do mundo natural orgânico e inorgânico; a biologia, como ciência das leis que regulam a vida e o desenvolvimento da natureza orgânica (tendo a anatomia como tema central); a cosmologia, como ciência das formas da natureza inorgânica e das forças que são subjacentes a estas formas". Seria preciso juntar a matemática, como premissa e instrumento lógico-metodológico, e a moral, como ciência do comportamento e conclusão final.

E mais: o mérito de Da Vinci – segundo muitos autores – teria sido o de tornar progressivamente mais autônoma a pesquisa científica em relação à arte e à formação do artista, dando-lhe uma vida própria. Como se vê, um ideal pansófico oscilante entre os sonhos da magia medieval e as conquistas da técnica moderna. Mas, para voltar a dar um sentido à humanidade de Leonardo – não erudita e filológica, não meramente técnica, não evasivamente artística – é preciso percorrer o caminho oposto: dissipar a imagem do mago antigo e do técnico moderno, do cientista que torna o artista árido, para recuperar a tensão que agrega uma concepção rebelde do mundo a uma tão original quanto despreconceituosa investigação da natureza, e a uma grande criação artística.

Somente dissipando um medíocre mito faustiano é que as exaltações retóricas e as críticas destrutivas cairão por terra; mas para se destruir completamente tal mito é preciso antes compreender as suas origens e os seus motivos.

2 Na verdade, o mito de Da Vinci é antigo e, pelo menos em parte, devido a seu gosto, entre irônico e polêmico, pela originalidade e pela exibição. Já em Vasari o mito é atuante e tende a se apresentar como história. É bem conhecido o início da vida de Da Vinci, contado por Vasari: "verdadeiramente admirável e celeste", Da Vinci é apresentado, logo após seu nascimento, num plano próprio, singular, ligado a uma trama de influxos secretos.

"Veem-se dons extraordinários caírem como chuva dos influxos celestes nos corpos humanos, muitas vezes naturalmente, outras, de maneira sobrenatural; extraordinariamente, juntam-se num só corpo beleza, graça e virtude, de uma tal forma que, para onde quer que se volte aquela pessoa, cada uma de suas ações é tão divina que, deixando para trás todos os outros homens, ela claramente se dá a conhecer por coisas que, da maneira como são, foram doadas por Deus, e não conquistadas pela arte humana. Foi isto o que os homens viram em Leonardo da Vinci."

Não é casualmente que se concebe o início da vida de Da Vinci sob o signo da astrologia, na medida em que parece quase remeter a uma observação do próprio Da Vinci – "não há nada na astrologia que não seja obra das linhas visuais e da perspectiva, filha da pintura" –, que é o prelúdio conveniente à aparição de uma figura excepcional. A cadência do discurso insiste constantemente na excepcionalidade do homem, empregando com insistência sempre os mesmos termos: *divino, maravilhoso, milagroso*. Merecem destaque os traços do retrato: beleza física extraordinária e *insuperável* fascínio – "com o esplendor de sua figura, de grande beleza, tornava sereno todo espírito acabrunhado"; intelecto e memória, suprema habilidade para o desenho; uma constante observação da natureza, pronta para transbordar-se de terno amor pelas criaturas viventes; mas também uma sutilização eterna, um cismar sem pausa, como diz Vasari, acompanhado de "uma perfeição de presteza, bondade, elegância e graça". Uma curiosidade sem limites converte-se milagrosamente numa ciência também sem limites, e traduz-se constantemente em modelos e desenhos. Ao mesmo tempo, a figura do artista, apresentada no ponto de convergência de uma extraordinária conjunção de radiações estelares e de influxos sobrenaturais, aparece circundada por um halo ambíguo de poder mágico, de encantamento, de seduções não naturais. Quando Da Vinci falava – insiste Vasari – "dissolvia toda intenção empedernida"; quando desenhava projetos convencia a todos, como quando idealizou a elevação do Batistério para "colocar debaixo dele as escadas, sem arruiná-lo". Todos foram convencidos disto, "ainda que, depois da sua partida

– acrescenta o historiador – cada um reconhecesse por si mesmo a impossibilidade daquele empreendimento".

A insistência sobre esses motivos não é casual, e tem, provavelmente, uma intenção precisa: afirmar o tom misterioso da especulação natural de Da Vinci e recriar o halo tanto de estupefação quanto de temeridade que sempre o envolveu. Daí a longa permanência naquele aposento onde somente o artista entrava, povoado por "mariposas, lagartos, grilos, serpentes, borboletas, gafanhotos, morcegos e outras estranhas espécies de animais", para discorrer, quase estabelecendo um contraste, sobre o seu amor pelos pássaros: "frequentemente, passando por lugares onde se vendiam pássaros, retirava-os com a mão da gaiola e, pagando por eles o preço que lhe pediam, deixava-os voar livres, restituindo-lhes a liberdade perdida" – o mesmo homem que seccionava e classificava corpos de animais e de homens, dissertando friamente sobre como se devia vencer o nojo ao odor e à visão das carnes apodrecidas. E, ainda, aquela vida esplendorosa que levava, porque "não tendo ele, por assim dizer, nada, e trabalhando pouco, continuamente mantinha servidores e cavalos".

Analisando minuciosa e pacientemente as páginas de Vasari, podemos ver, na retomada dos termos, na repetição voluntária, a preocupação constante de evocar uma figura extraordinária, mas, ao mesmo tempo, ambígua – não humana; divina, talvez, mas tocando o demoníaco –, como não podia deixar de ser, naqueles estertores do século XV, um filósofo naturalista que pretendia romper com uma restrita tradição da Escola para retomar o contato direto com a realidade corpórea das coisas e delas extrair o segredo que ultrapassava a aparência. "Elaborava mentalmente problemas sutis e assaz maravilhosos, que com as mãos, ainda que estas fossem excelentes, não poderiam expressar-se nunca. E foram tantos os seus caprichos que, filosofando sobre as coisas naturais, chegou a entender a propriedade das ervas, continuando a observar o movimento do céu, o curso da Lua e a trajetória do Sol". Na primeira edição das *Vite*, Vasari acrescentara – e isto é significativo: "por isso criou no seu espírito um conceito tão herético que não se aproxima de religião alguma, valorizando mais a aventura de ser filósofo do que a de ser cristão". Mas o fato de Da Vinci ser ou não religioso não é problema que deva ser abordado agora; o que importa é destacar como se delineava sua personalidade, em todos os seus aspectos: aquela figura elegante e bela, singular no modo de se vestir, sem dispor de fortuna mas com servos e cavalos, absorta nos seus pensamentos excepcionais e nos próprios sonhos, gentil e enigmática, com mais disposição para meditar do que para trabalhar, decidida a estudar os mistérios da natureza nos animais estranhos e repugnantes, mas com gestos de amor franciscano pelos pássaros, com os olhos voltados para os jogos das nuvens, das cores e das sombras. Abstraído em projetos impossíveis, Da Vinci não termina nunca as suas obras, mas quando o faz, estas se transformam em criaturas vivas: dois temas, estes, que se carregam de significados alusivos – o inacabado, por uma espécie de inquietação que não se aplaca e o faz abandonar a obra, perseguindo as infinitas formas possíveis que se oferecem além de toda tentativa de fixação e definição; e a infusão da vida nas criaturas que, por meio de uma arte extremamente racional, parecem querer imitar a natureza: "com uma boa regra, melhor ordem e atenta medida ... deu verdadeiramente o movimento e a respiração às suas figuras". A propósito disto, poderíamos perguntar se, assim falando, Vasari por acaso não teria em mente as teses, tão difundidas entre os neoplatônicos, que estiveram em moda cerca de meio século antes, sobre as práticas teúrgicas destinadas a atrair, com a perfeição do artifício, os espíritos para dentro das imagens.

Como quer que seja, em tudo isto Vasari chega a ser extremamente hábil; de Da Vinci permanece na sombra a adesão à realidade total, até mesmo em seus aspectos mais banais e vis; permanecem os desenhos aéreos e as admiráveis obras arquitetônicas, e não os projetos que as circundam para os esgotos de Milão e os bordéis de Pavia. Mas é isto justamente o que evidencia o empenho em se colocar o homem à margem, entre o divino e o diabólico, entre a ciência e a magia, entre a arte animadora e a evocação necromântica de poderes ocultos. As próprias variantes, entre a primeira e a segunda edição da vida de Da Vinci, documentam, a propósito da sua impiedade, mais que a heresia ou o tardio arrependimento do artista, o método do biógrafo que, depois de ter-se permitido aprofundar uma imagem faustiana, com a distância do tempo atenua os tons. De fato, as notícias, mais tarde suprimidas, sobre a impiedade de Da Vinci, mesmo que fossem mais ou menos exatas, descendiam, por uma espécie de necessidade retórica, da impostação geral da imagem apresentada. Obedecendo ou não à fidelidade histórica, o que se lhe impunha era certamente a coerência interna da imagem. Entre o fim do século XV e o princípio do XVI, um personagem como aquele focalizado por Vasari não podia deixar de ser um tanto rebelde no plano religioso. Tratava-se, por assim dizer, de uma questão de estilo.

Se agora, cientes disto tudo, percorrermos novamente, desde o princípio, o texto de Vasari, poderemos facilmente ver que nele não falta nenhum dos ingredientes usuais do retrato de um mago. A configuração celeste, a conjunção dos influxos estelares e a astrologia; o conhecimento empírico da natureza, ou seja, as *experimenta*; a razão matemática; as ervas; os animais repugnantes, como as serpentes, os morcegos etc.; as tinturas e os procedimentos característicos hermético-alquimísticos; e, enfim, a prática teúrgica e a infusão de vida às imagens. Não falta nada, nem mesmo o arrependimento diante da morte. A primeira edição da obra de Vasari incluía este trecho, mais tarde suprimido: "finalmente, ao envelhecer, esteve doente durante muitos meses, e vendo-se perto da morte, discutindo sobre temas católicos e voltando ao bom caminho, recuperou a fé, chorando muito". Na segunda edição, lê-se: "vendo-se próximo da morte, começou diligentemente a indagar sobre os temas católicos e da nossa boa e santa religião cristã": a figura de um filósofo naturalista e mago, conscientemente rebelde, foi assim substituída pela de um indiferente, ignorante da fé dos seus pais.

Esta construção de Vasari é transparente quanto aos seus objetivos, intencional no seu recorte, e sem dúvida fiel a um esquema preciso. As passagens finais, que se seguem à descrição da morte de Da Vinci nos braços do rei de França, e que foram escritas poucos decênios após o desaparecimento do artista, resumem vigorosamente uma impressão difusa de maravilhamento: "Com o esplendor de sua figura, de grande beleza, tornava sereno todo espírito acabrunhado, e com suas palavras dissolvia toda intenção empedernida. Com sua força continha toda fúria violenta, e com a mão direita podia torcer o ferro de um sino e uma ferradura, como se fossem de chumbo. Com sua generosidade acolhia e alimentava todo amigo, pobre ou rico, contanto que tivesse talento e virtude. Engrandecia e honrava com suas ações tudo que tivesse sido desonrado e espoliado". Trata-se de uma epígrafe, mas carregada de símbolos até mesmo nas expressões aparentemente mais comuns – do abraço do rei à nobreza de suas obras, capazes de redimir toda coisa vil; do tom elevado que usa para apresentar o poder tranquilizador do gênio, à prova de força física mostrada na ferradura do cavalo, tão característica dos hábitos e do comportamento de Da Vinci.

3 Foi preciso que nos detivéssemos mais demoradamente sobre o Da Vinci vasariano para mostrar a origem antiga de uma imagem que por tantos aspectos revela um distanciamento entre nós e aquele homem singular. Contudo, se perguntarmos qual a origem do famoso retrato, será difícil não reconhecer que Vasari muitas vezes tornou-se intérprete fiel do próprio Da Vinci; que as suas maiores limitações consistem justamente em ter aceito tão facilmente as sugestões dos discípulos de Da Vinci e as reações dos seus contemporâneos. Em tal retrato refletiram-se, em grande parte, as linhas de um autorretrato, esboçado com propósital ênfase em tons polêmicos e irônicos. Se quisermos compreender Da Vinci hoje, devemos antes de tudo procurar entender o sentido dessa ironia e dessa polêmica, mas sem nos tornarmos prisioneiros delas. Precisamos tomar como ponto de partida o desdém e a humildade com que Da Vinci insistentemente se opôs a um mundo de doutos, saturado de cultura de elevado refinamento, procurando descobrir o sentido dessa postura.

O artista é um artesão; não um homem culto, mas um mecânico. Tem de confrontar-se com os doutos das escolas e os refinados das cortes, isto é, com todos os que ensinam as ciências nas universidades e todos os que cultivam as letras nos círculos liberais, rodeando os senhores, antigos e novos. É verdade que o peso sempre maior que as artes assumem na sociedade dos séculos XV e XVI rompe com os velhos esquemas; do mesmo modo, a complexidade crescente das técnicas da arquitetura e da engenharia desfaz as barreiras entre os matemáticos e os mecânicos. Na inesquecível página escrita por Vespasiano da Bisticci, Filippo Brunelleschi, iletrado, ao frequentar a escola do sábio Paolo Toscanelli, a um dado momento, parece transformar-se de estudante em professor. Mas é verdade que o relacionamento não é invertido subitamente, e a dignidade da ciência não é reconhecida imediatamente pelos pintores, escultores e arquitetos. Ora, em Da Vinci, que sempre conheceu pouco latim e nada de grego, e que pouco participou do saber consagrado, em muitos casos somente do que ouvira falar, existe como que uma revolta constante. Ele sente não somente a esterilidade de tantas escolas medievais como a vacuidade de muita erudição humanística, e protesta em nome de um outro tipo de homem, de uma outra forma de cultura e de ciência, de uma outra forma de se conceber a humanidade, a sua função e a sua tarefa. E separa-se conscientemente das "companhias alheias ao seu estudo", permanecendo "afastado" das preocupações alheias, absorto nas suas contemplações matemáticas.

Nesta sua revolta e na sua forma de polemizar, articulada e matizada, podemos ver aspectos e momentos distintos, de maneira a destacar o que estava ligado a uma situação decisiva mas historicamente determinada, e o que esboça uma imagem sempre válida do investigador, do cientista e do artista. Antes, porém, deve ser enfatizada, e sempre retomada, aquela orgulhosa humildade do artesão que dizia percorrer "as vilas pobres", com suas humildes mercadorias. Da Vinci insiste, continuamente, no sentido, na experiência, na mão, na obra, na máquina, no artefato, contra as palavras vãs, os discursos vazios, os raciocínios abstratos, os livros cheios de vento, as pseudociências, as pseudofilosofias e o *gridore*, isto é, o clamor das discussões intermináveis, que nunca atingirão a paz silenciosa das verdadeiras conclusões. "E acontece verdadeiramente que onde falta razão sobram os gritos, o que não acontece com as coisas certas. Por isso diremos que onde se grita não há verdadeira ciência, porque a verdade tem um único termo que, tornado público, destrói o conflito para sempre, e se esse conflito ressurge, é porque ela é uma ciência mentirosa e confusa, e não uma certeza revigorada."

Aparece aqui em Da Vinci um árduo desafio aberto a todo um mundo que de alguma forma havia se constituído em torno das disputas, das controvérsias, dos debates verbais; no qual a vitória consistia não na prova experimental e matemática mas na maestria dialética.

> As verdadeiras ciências são aquelas que a experiência fez penetrar até os sentidos, impondo silêncio à língua dos litigantes, sem nutrir de sonhos os seus investigadores, mas procedendo sucessivamente e com verdadeira sequência, até o fim, sobre os princípios primários e conhecidos, como se demonstra nos fundamentos matemáticos, isto é, número e medida, nas chamadas aritmética e geometria, que tratam com a máxima veracidade da quantidade descontínua e contínua. Neste campo não se pode argumentar que duas vezes três façam mais ou menos que seis, nem que um triângulo tenha os seus ângulos menores do que dois ângulos retos, mas com eterno silêncio fica impossibilitada toda argumentação, e termina em paz entre os seus devotos, o que não podem fazer as enganosas ciências mentais".
> (*Tratado de pintura*, 29)

Mas à rebelião contra as ciências mentais, contra um filosofar feito de *grandes questões*, "como da essência de Deus e da alma e coisas parecidas, pelas quais sempre se briga e se luta" entre devotos de correntes opostas, Leonardo acrescenta um outro protesto: contra o saber contemplativo que jamais suja as próprias mãos, que não une a ação ao pensamento e não verifica nas coisas o conceito e o trabalho que as modifica. "E se disseres – grita ao seu interlocutor ideal – que tais ciências verdadeiras e conhecidas são uma espécie de mecânica, posto que não podem ser esgotadas senão manualmente... a mim parece que são vãs e cheias de erros as ciências que não nascem da experiência, mãe de toda certeza, e que não terminam numa experiência conhecida, isto é, que na sua origem, meios ou fins, não passem uma a uma pelos cinco sentidos." A mente é mediadora; instrumento admirável, se for acompanhada pelos olhos e pelas mãos, e se com instrumentos matemáticos parte da realidade corpórea e atinge uma nova realidade que as mãos do homem tornaram a plasmar. Mas se ela se isola, desliga-se; se pretende disputar com Deus em solitária contemplação, permanece estéril e apenas alimenta vazias discussões verbais: eterno clamor.

Note-se que em tudo isto Da Vinci não estava renovando apenas o método das ciências, mas revirando radicalmente o relacionamento entre o homem e o mundo, e mudando a concepção da realidade. Naquele final do século XV e início do XVI, a celebração do homem e da sua dignidade era uma espécie de lugar comum. O universo concentrava-se na mente, o centro ideal do ser. Havia mesmo quem ultrapassasse essa ideia, dizendo em páginas de uma deslumbrante eloquência que o homem é divino por ser o livre artífice de si próprio, por não ser condicionado por uma necessidade natural, posto que a sua natureza é o fruto de suas ações. Da Vinci vai ainda mais além. Mas não se contenta com uma afirmação genérica – e neste ponto, o não contentar--se marca definitivamente o significado da atividade humana e o caráter das suas obras. O homem – em suma – não se realiza e nem se plasma por meio de uma atividade espiritual, moral. Sozinho, o ato espiritual, mental, é estéril e vão. O ato deve nascer do sentido e a ele voltar; o círculo ao qual Da Vinci se dirige vai do olho – daquela visão profunda que penetra até as cavernas mais escuras da realidade – à mente, para voltar às coisas por meio das mãos, pelo labor corpóreo que consolida o processo e fixa os seus resultados. Símbolo e síntese disso é o pintor, cujo olho é a ciência, a ciência mais sutil, que escava além da superfície as forças originárias, até chegar às suas raízes, para depois remontar ao número, à razão, e para no final desenhar uma forma que não é mais a superfície das coisas, a pele dos seres, mas toda a força imanente, todo o segredo do mundo emergente, numa imagem que retrata toda a realidade: aquelas poucas pinturas de Da Vinci nas quais, verdadeiramente, num só traço, é ao mesmo tempo velado e desvelado todo o ser.

Mas antes de chegar àquela que, única, é a ciência de Da Vinci, ou seja, a ciência do pintor, é preciso martelar duramente sobre a feroz reivindicação de uma arte mecânica, o trabalho das mãos, no qual, como na matemática, triunfa a dignidade humana. Petrarca, em textos que são merecidamente famosos, ainda via um sinal de inferioridade no fato de algumas disciplinas terem de se misturar com atividades manuais, com o contato com os corpos, com as operações. Em Da Vinci, não há somente uma concretização do valor humano; há uma aberta e consciente declaração de que esse valor está todo na transformação de todo conceito em trabalho, que para ser funcional deve ligar-se às coisas no seu emergir. O homem tem valor e tem um significado central porque é uma força conscientemente ativa no mundo; porque descobre as forças que operam no mundo e, pela mediação matemática, que é ordem e harmonia, as transforma em harmonia superior. Mas para que essa transformação seja fecunda e significativa, não deve exaurir-se num discurso ou numa imagem mental, conceitual, pensada – deve ser coisa, corpo, máquina; deve tomar seu lugar na natureza universal. Nem só o olho nem só a mente bastam; nem são suficientes somente as ciências mentais ou somente as visuais – as conlusões manuais tornam-se necessárias.

Não seria necessário acrescentar alguns dos muitos textos que Da Vinci escreveu sobre este tema; mas sim ver sob esta luz a outra polêmica, frequentemente mal interpretada, contra uma cultura feita de livros, citações, repetições e resumos do passado. Da Vinci não renega nem a história nem a Antiguidade, tampouco a memória que nos permite contrastar "a fuga do tempo". Combate a autoridade oposta à experiência, a cultura entendida como aceitação passiva, um saber que não seja invenção mas somente conservação.

No *Codice Atlantico* o mesmo motivo retorna sempre em formas cada vez mais lapidares, sempre mais incisivas, como premissa geral e mote de seu trabalho. "Sei bem que pelo fato de eu não ser literato, parecerá razoável a algum presunçoso poder me diminuir, alegando que sou um iletrado. Gente estúpida! ... dirão que, pelo fato de não ser um homem de letras, não poderei expressar bem o assunto de que quero tratar. Ora, eles não sabem que as minhas coisas devem ser tiradas mais da experiência do que da palavra dos outros, que foi mestra daqueles que bem escrevem; e assim, como mestra a tomo e alegarei isso em todos os casos" (119v. a.). Da Vinci não se baseará em autores mas na experiência, "que é mestra dos seus mestres". E o experimentador – isto é que importa – é um inventor. Da Vinci insiste em opor atividade e trabalho a passividade, recepção, conservação. Infelizmente, os termos de que se serve são ambíguos e a sua interpretação pode ser equívoca. Experiência: mas experiência pode significar também acolhimento, recepção, catalogação: ao passo que para Da Vinci é reelaboração, invenção, atividade, lida. "Esses se apresentam arrogantes e pomposos, vestidos e ornados com as lidas alheias e não com as próprias, e não concedem a mim, as minhas próprias; e se a mim, que sou inventor, desprezaram, quanto mais não serão eles próprios desprezados, eles que não são inventores mas corneteiros e recitadores das obras alheias." (*Cod. Atl.*, 117r.5 b). Assim, a experimentação, justamente por sua mediação entre a natureza tal como é e a concretização das possibilidades abertas na situação, é, por um lado, reconhecimento dos processos reais e necessários, e de outro, operação construtiva. Daí a condenação dos corneteiros, mas também dos alquimistas, cuja experimentação é casual, acidental e arbitrária. O convite solene – se quiseres fabricar ouro, deves ir às minas e surpreender os processos de que se serve a natureza para fabricar o ouro, e depois te servires das forças e dos números que tiveres descoberto – revela bem o que significa o conceito de homem de Da Vinci, mediador entre a artificiosa natureza e um novo mundo de produtos humanos.

Espelho: eis um outro termo, e uma imagem, em cujas variações de novo se acolhe toda a riqueza ambígua de múltiplos significados. Seguindo as oscilações da palavra e da figura, seria possível penetrar, bem no âmago, a mente de Da Vinci. Espelho deve ser a mente do pintor, assim como os recitadores e os corneteiros também são espelhos: no primeiro caso, espelho significa uma concentração ativa das "espécies" infinitas do mundo, e nos outros, o nada da imagem em relação à corporeidade do objeto, e, sobretudo, a passividade da pura recepção, confrontada com a atividade do inventor, intérprete entre a natureza e o homem. O mesmo tema domina tudo: o saber ativo, uma atividade intrínseca à operação mental e destinada a explicitar-se na obra. Os desenhos, que desempenham um papel fundamental nos manuscritos de Da Vinci, oferecem indicações preciosas: é ele próprio quem nos adverte disso, de que no desenho está a explicação da operação manual, a superação do momento puramente mental – uma superação mais adequada e corpórea do que a da palavra escrita. Da Vinci tratará de explicar em vários níveis um conceito que é difícil mesmo para ele, e dirá, como exemplo, que o apaixonado prefere a figuração pictórica de sua amada à sua descrição literária. Em outro lugar, dirá, argumentando, que enquanto a imagem pensada ou dita "permanece na mente dos seus contempladores", o desenho realiza uma "operação muito mais digna dessa contemplação ou ciência".

Poderíamos talvez dizer, avançando muito mais e arriscando uma conclusão geral, ainda que hipotética, que o desenho é sempre um momento necessário da experiência de Da Vinci – antes mesmo de se tornar um instrumento expressivo. Pelo desenho – e ainda não foi suficientemente estudado, nos manuscritos, o relacionamento entre os desenhos e os pensamentos – Da Vinci procede de início ao estudo anatômico de toda a realidade, ao aprofundamento da experiência sensível, à redução do fenômeno às suas estruturas, que em última análise são estruturas matemático--mecânico-maquinais. Quando dissecando, Da Vinci resolve o funcionamento de um órgão animal nos seus componentes, e depois o leva a um jogo de forças dentro de "instrumentos maquinais", o seu olho penetra pouco a pouco através dos vários níveis em que a realidade se explica, repercorrendo-os, esquematizando-os, tornando evidentes todos os seus elementos. De um lado, os desenhos, de outro, as reflexões teóricas: tudo aponta para uma visão unitária das coisas em sua estrutura profunda, que é reconduzível como modelo à máquina e ao jogo dos movimentos e das forças; assim é também a vida, em cada uma de suas manifestações. Lemos nos *Cadernos de Anatomia*, da Biblioteca de Windsor: "a natureza não pode dar movimento aos animais sem instrumentos maquinais, como, na minha opinião, se demonstra neste livro, nas obras dessa natureza feitas nos animais". A ideia de máquina aparece cada vez mais nas reflexões sobre anatomia posteriores a 1500, e torna--se insistente a ideia de uma máquina que pode ser decomposta. "Oh especulador deste nosso maquinismo, não te aflijas com a notícia da morte de outrem, mas alegra-te de que o nosso autor tenha fechado o intelecto a tal excelência do instrumento." Poucas páginas depois, aprofundando-se na descrição do funcionamento da máquina animal: "e o mesmo acontece nos corpos dos animais, mediante o batimento do coração que gera a onda do sangue por todas as veias, as quais continuamente se dilatam e se contraem; e a dilatação consiste na recepção do sangue afluente e a contração consiste no abandono do excedente do sangue recebido: é isto o que o batimento do pulso nos ensina". É máquina o homem, são máquinas os animais ("com efeito o homem só se diferencia dos animais no acidental"); máquina é o mundo. Os motores destas máquinas são os espíritos, ou o espírito, a virtude espiritual, ou seja, a força, também entendida como algo de incorpóreo, mas físico, mesmo sendo como um halo de constante ambiguidade. "Temos dito até aqui como a definição do espírito é uma potência conjunta ao corpo, porque não se pode reger por si próprio ... posto que o espírito é quantidade incorpórea, e esta quantidade é chamada vácuo, e o vácuo não é produzido pela natureza."

Máquinas e instrumentos, forças e matérias: a anatomia de Da Vinci, que gradualmente se transforma em óptica, em mecânica geral, em interpretação física do universo, revela, subjacentemente, um jogo de canais, de fluxos e refluxos, de cordas, de leveza, de peso, de motores secundários e primários e a transferência e a modificação das forças. Diante da alma, Da Vinci se detém: após haver demonstrado o seu componente físico, sai-se com aquela tirada, irônica para uns e terrivelmente trágica para outros: "e o resto da definição da alma deixo na mente dos frades, pais do povo, os quais por inspiração conhecem todos os segredos".

Mas não é disto que queremos falar, mas sim do quanto gradativamente veio sendo revelado, da anatomia da realidade ao olho e à mão do pintor. Pois justamente aqui, no limite da anatomia científica, assiste-se à sua dupla conversão em técnica construtora de novas máquinas, e em pintura. É de notar que permanecemos sempre nos limites da mais elevada das ciências, aquela que a tudo abraça e tudo faz convergir – inclusive a filosofia: a ciência do pintor. Este deve escavar a realidade até o fundo, e definir e descrever todos os seus elementos, forças e funcionamento. Chegado a isso, uma vez descoberto o segredo de toda a máquina natural do mundo, poderá construir as máquinas artificiais. A realidade é como uma "caverna escura e ameaçadora"; Da Vinci debruça-se sobre ela, não somente "desejando ver a grande quantidade de várias e estranhas formas criadas pela artificiosa natureza", mas para reproduzi-las em máquinas.

Dentre as suas máquinas, uma das que mais atingiram a fantasia dos homens foi sempre a máquina de voar. Refazendo os seus pensamentos, as suas observações, os seus projetos, nela podemos ver confirmado de modo muito claro o duplo processo de que falamos: primeiro, a revelação do pássaro como máquina natural; depois, a construção humana do pássaro artificial. Releia-se, a respeito, o famoso texto do *Codice Atlantico*: "o pássaro é instrumento que opera segundo as leis matemáticas, instrumento que o homem tem o poder de fazer com todos os seus movimentos mas não com tanta potência ... portanto direi que a tal instrumento, composto pelo homem, não falta senão a alma do pássaro, alma essa que necessita ser fabricada pela alma do homem". Alma significando aqui - como Da Vinci bem explica - nada mais que força propulsora.

Toda a maravilhosa gama da ciência universal de Da Vinci está nos capítulos de um tratado de anatomia do universo, que descobre os mecanismos da sua máquina, os secciona e os traduz em desenhos e esquemas. Destes, refazendo e inventando, competindo com a natureza mas obedecendo às suas razões e às suas necessidades, faz nascerem as suas máquinas. Estudos de física e elaborações técnicas são paralelos aos desenhos e se fundamentam nesta redução unitária do mundo, e inclusive da vida, a princípios mecânicos passíveis de tradução matematicamente.

Há um texto famoso de Vitrúvio, que é ao mesmo tempo amado e odiado pelos grandes do século XV (Ghiberti o reproduz e Alberti dele zomba): o arquiteto deve saber tudo, deve ser uma espécie de enciclopédia viva de todo o cognoscível. Deve entender de letras para, escrevendo, chegar à memória; de desenho para fazer os planos, de geometria e aritmética para fazer figuras e cálculos, de óptica para estudar as luzes, e assim por diante. Mas a ciência universal de Da Vinci, que é - o que nunca pode ser esquecida - a pintura, é universal, não porque saiba um pouco de tudo, ou compreenda todas as ciências, mas porque para exprimir as formas do real, de modo que se tornem não a superfície que esconde mas sim a manifestação suprema que revela, deve penetrar o ser em todas as suas estruturas e em todos os seus níveis, até a raiz mais profunda. "Se desprezares a pintura, que é a única imitadora de todas as obras evidentes da natureza, certamente desprezarás uma sutil invenção, que com uma aguda especulação filosófica considera todas as qualidades das formas: mares, lugares, plantas, animais, ervas, flores, que são plenas de sombra e de luz. Esta é efetivamente ciência e filha legítima da natureza, porque a pintura é nascida da própria natureza."

Não basta conhecer um pouco de tudo; o olho do pintor que deve apreender a realidade, e não a aparência, deve descer até o fundo da tenebrosa caverna, e ver em todos os seus engenhos e funções a máquina do mundo - o fluxo e o refluxo do sangue nos seres vivos, e o das águas dos rios e do mar no grande corpo da terra. E penetrar mais profundamente, através de todas as forças que agitam o universo. Depois, a mão do grande dissecador deve desenhar tudo, e daí reconstruir as máquinas, concorrendo com a natureza. Os desenhos e as máquinas de Da Vinci correspondem aos seus estudos de física e de anatomia e constituem o momento técnico-científico da sua iniciação. Mas o acabamento está em outro lugar; na verdade, toda a sua física é pressuposto e preliminar para o que é o momento metafísico da sua obra; aquelas poucas pinturas em que transparece uma visão não mais de instrumentos ou de máquinas como componentes da realidade, mas da realidade mesma na sua totalidade e perfeição. Sem aquela análise, esta síntese não teria sido possível; mas esta síntese ultrapassa infinitamente todos os momentos da análise.

Por isso os desenhos de Da Vinci, bem como as suas anotações e os seus esboços de livros, são tantos, e pouquíssimos os quadros – porque mais ou menos conscientemente Da Vinci sabia que a última palavra é só uma: que num rosto ou numa paisagem concentra-se tudo. Mas sabia também que esta visão total não acontece senão a quem penetrou até o fundo o mistério do ser.

Seria fácil alinhar os textos de Da Vinci sobre esta viagem de descoberta, sobre esta análise de cada zona da experiência, a convergir na tomada de consciência do homem que se transforma na obra humana. Todas as ciências, ou seja, a penetração do real em todas as direções; todas as técnicas, ou seja, a produção artificial de tudo o que está além, para que se encontre a síntese, ou seja, o significado, numa forma.

Da Vinci, que se distancia e se compraz com o halo da magia, das coisas bizarras e dos mistérios, entre todos os homens do seu século é o que com maior clareza e rigor propõe o relacionamento entre o processo múltiplo e aquele ponto em que o processo se resolve para assumir um sentido: um enigma resolvido e que todavia permanece um enigma. Os segredos escondidos na caverna são, certamente, as cifras, as forças, os pesos, as alavancas, os movimentos, os impulsos; o vulto da Virgem é aquele complexo de elementos e de números; não existe sem aquele fluxo e refluxo de sangue na carne – mas é também algo infinitamente mais do que isso. Da Vinci disse como nenhum outro que a realidade que o pintor deve pintar é aquele emaranhado, aquele vértice de elementos e o seu número; aquele sorvedouro de forças, mas também a sua harmoniosa composição; por isso nos deu a realidade no nível do disforme e ao mesmo tempo a sua resolução formal. Por isso as suas formas são carregadas de tudo o que se agita informe na profundeza, e mesmo sendo realíssimas são simultaneamente tudo o que se situa além e aquém do mundo da experiência; são realmente uma tomada de consciência total.

Para pintar uma figura, ou seja, o seu significado, a sua realidade, a sua verdade, é preciso saber ver toda a massa de músculos sob a pele, todos os vasos e os órgãos em suas minúcias, e os ossos, e ter visto tudo isto apodrecer e sentir o seu fedor – e ter surpreendido a variação das expressões com as emoções, a mutação de luzes e sombras em todos os rostos, o seu envelhecimento e a sua deterioração: e ter fixado os seus motivos e as suas leis.

É preciso não se deixar enganar por Da Vinci: é preciso liberar-se daquela imagem ambígua que ele ironicamente esboçou de si próprio. Ele, que ironizava os magos, necromantes e alquimistas, divertiu-se com a possibilidade de se deixar arrolar entre a sua turba. Aquela sua perseguição do fundo opaco das coisas na caverna, aquela sua busca das leis das forças e do movimento, e da terra, da água e da luz, levou-o a ser celebrado sobretudo como um cientista. O seu interesse por máquinas e instrumentos o fez aparecer como técnico. E o fato de recomeçar sempre a mesma frase o tornou escritor e poeta. Mas somente os que entendem o sentido da ciência da pintura poderão entender a sua pesquisa a partir do ponto de união entre o olho e a mão, entre a análise histórica, a ação prática e a expressão artística como compreensão total.

Assim Michelangelo, naqueles mesmos anos, transmitia pela pedra o sentido de uma tragédia sem fim e uma sua pacata composição. Aqueles que percorrem as descrições de tempestades e dilúvios dos últimos tempos de Da Vinci, aquele aterrorizante crescendo de representações de um mundo moribundo, dificilmente podem deixar de pensar em Savonarola e em Michelangelo. Também em Da Vinci é sempre muito presente o mistério do Apocalipse – que nos seus últimos anos torna-se obsessivo. As forças investigadas na sua potência, e seguidas no seu ritmo, parecem rebelar-se; o homem parece arrastado na explosão do universo. A morte não do homem, do ser, e a sua submersão no nada se acompanham em visões sempre mais ameaçadoras, sempre mais gigantescas. A ironia do desmesurado, que havia sugerido algumas estranhas figurações de gigantes do tipo Gúliver, desemboca então no terror. A tensão da subida do caos às formas transforma-se novamente no caos: morrem as florestas, racham as montanhas; e, sobretudo, o vento e o mar e "o ar recoberto de nuvens escuras, divididas pelos movimentos serpenteantes das flexas do céu, iluminando ora aqui e ali, entre a obscuridade das trevas".

Assim Da Vinci traduz, nas imagens obsessivas dos manuscritos do Castelo de Windsor, o sentido obscuro de um mundo antigo que desaba, de uma sociedade humana que se desfaz, de uma ordem que desaparece. Mas nas mesmas folhas acena, ainda, como uma mensagem, a um convite ao respeito às obras admiráveis da natureza: coisa nefanda é destruí-las, "por demais nefando é tirar a vida do homem". "Não queiras que a tua ira ou maldade destrua uma vida" que "a contragosto se parte do corpo, e creio bem que o seu pranto e a sua dor não sejam sem motivos."

Nisto reside a autêntica magia de Da Vinci: aquele sentido tão pleno, positivo e corpóreo da realidade, e aquela consciência dolorosa do limite humano – coisa deveras humana e, justamente por isso, universal.

Nota

1 Para o texto de Vasari usou-se a ed. das *Opere*, organizada por Milanesi (Firenze: Sansoni, 1906, v.IV, p.17-52). Do assim chamado *Trattato della pittura*, usou-se a ed. de Borzelli (Lanciano: Carabba, 1924).

CAPÍTULO 5

GALILEU E A CULTURA DO SEU TEMPO

1 Todos se lembram bem das páginas que Benedetto Croce publicou em *La Crítica*, de 1924 a 1928, e que depois seriam reunidas na *Storia dell'età barroca in Italia*. Nelas, entre "os grandes temas espirituais especificamente italianos" – para usar suas próprias palavras – do Renascimento e da Contrarreforma, no esforço de explicar o conceito de barroco, Croce definira os termos da "decadência" italiana – "decadência", escrevia, "de entusiasmo moral e conjuntamente das ousadias e investigações e contrastes e ânsias e alegrias e dores e indefesa operosidade". Contudo, mesmo deste fundo cinzento Croce conseguia extrair alguns "pontos vivos" da história italiana: e entre estes estava, justamente, a obra de Galileu. Do qual não reivindica somente as descobertas científicas, mas a filosofia – e filosofia no sentido próprio, como consciência crítica de um método de pesquisa corajosamente defendido. Exclamava: "Como metodólogo, é um filósofo";[1] destruidor da velha sistemática peripatética que ainda imperava nas universidades, opunha-lhe os resultados da nova pesquisa física, das novas especulações matemáticas, da nova lógica das ciências.

Irretocável no seu conjunto, a apreciação de Croce sobre Galileu parece hoje necessitar de uma melhor determinação. E não tanto, como muitos pensam, por impor uma perspectiva diferente da obra de Galileu em relação às correntes filosóficas do século XVI; ou por algum nexo com as artes mecânicas e com as técnicas, mais do que com as grandes concepções da realidade; e nem tampouco por procurar discutir, e talvez até negar, a generalizada decadência italiana e aventurar-se em descobrir a riqueza de Veneza, a vitalidade de Pádua, ou a solidez do Grão-Ducado da Toscana.

Mas, relendo-se hoje aquelas páginas tão eloquentes, sente-se a necessidade de escapar de uma historiografia que se poderia chamar de longa duração, ou seja, dos grandes períodos, e, portanto, das grandes unidades de medida: Renascimento e Reforma, Contrarreforma e Barroco, nas quais a preocupação dos conceitos de conjunto, da continuidade e permanência de alguns traços dominantes se substitui a qualquer particularização atenta à mudança dos eventos. Tanto que, no final, a individuação dos caracteres de um homem e de sua obra, dos seus definidos relacionamentos com outros homens, outras obras, instituições e eventos, cede o lugar a uma espécie de articulação dialética de categorias. Naturalmente nos lembramos da comovente falsificação da data de nascimento de Galileu, feita pelo fiel Vincenzio Viviani, para que esta coincidisse com a data da morte de Michelangelo. O erudito e estudioso Emil Wohlwill tirou desse fato motivo de escândalo e pretexto para pôr em dúvida tudo o que foi narrado por Viviani, mas erroneamente, como foi demonstrado por Antonio Favaro numa polêmica quiçá demasiadamente apaixonada.[2]

Viviani apenas deu, à sua maneira, uma interpretação mítica e fantasiosa à tese da continuidade do Renascimento e da passagem do espírito renovador e da ressureição do antigo do campo da arte para o da investigação científica.

Na realidade, Galileu nasceu sim num tempo próximo ao da morte de Michelangelo; mas as suas vicissitudes nos recordam, antes, que o ano do seu nascimento é o que se segue ao encerramento do Concílio de Trento, quando a censura queria bloquear toda circulação de ideias, empenhada em salvaguardar com rigor extremo a ortodoxia dos italianos de toda tendência especulativa, por modesta que fosse. Entre os anos de juventude de Michelangelo, transcorridos na corte de Lourenço e em contato com Poliziano, e mais tarde dominados pelas pregações e pelo martírio de Savonarola; entre aquele poente do século XV italiano e o final da vida de Galileu, numa Europa ensanguentada pela Guerra dos Trinta Anos, há uma grande distância; tudo está mudado, de maneira muito profunda. O centro de gravidade da cultura deslocou-se; as suas medidas estão mudadas; tem-se uma impressão de ruptura, mais do que de continuidade. Em 5 de agosto de 1632, Tommaso Campanella escreve de Roma a Galileu: "Estas novidades de verdades antigas, de mundos novos, novas estrelas, novos sistemas, novas nações etc. são o princípio de um novo século".[3] Só que o novo século de Campanella é diferente do novo século anunciado pelos adeptos de Savonarola: é o século de Bacon e de Descartes, de Hobbes e de Grócio, de Comênio, Gassendi, Mersenne, Kepler, dos *Principia* de Newton, da *Ethica* de Espinosa e da maior parte da obra de Leibnitz; um século e uma galeria de homens, entre os quais não somente Galileu se inclui, com pleno direito, mas que em grande parte resultariam incompreensíveis sem ele. Um discurso genérico sobre o Renascimento e o Barroco dificilmente faria compreender a sua função e a sua obra, ao passo que um discurso definido sobre a situação italiana no último quartel do século XVI pode tornar-se útil. Croce falava de decadência, e no sentido específico de uma queda, não somente e não propriamente econômico-política, mas moral, humana. Por outro lado, não foi difícil destacar a obra de Cosimo I, na Toscana, e mais tarde a energia de Ferdinando I; em Veneza, riqueza e luxo marcam todo o século XVI, bem como o incremento das exportações de tecidos de lã, até 1610.[4] Não foi difícil encontrar correspondências no terreno ético-político, particularmente na república vêneta, com o que foi chamado de "o veranico da economia italiana", situado entre 1550 e 1620. A cidade que vence a batalha de Lepanto, que defende os direitos do Estado contra as pretensões pontifícias, tem, indubitavelmente, uma classe dirigente dotada de uma essência humana incomum. Homens como o doge Leonardo Donà e, em menor grau, o doge Niccolò Contarini têm uma estatura extraordinária; são únicos. "Havia, de fato, em Veneza, na segunda metade do século XVI, um grupo de nobres cultos, voltados para os interesses de sua pátria, mas abertos para o mundo e dispostos a acolher as suas vozes e as suas experiências; ligados às tradições religiosas e culturais, mas preocupados em não se deixar enredar, respondendo com sua palavra, fruto do trabalho e da liberdade, aos tantos problemas que a época colocava nos seus espíritos e nos seus corações." Formados em Pádua nos estudos filosóficos, mas geralmente fora dos cursos oficiais, e muitas vezes até mesmo contrários a estes, foram os homens que promoveram e apoiaram a ação de Sarpi, que buscaram uma linha de política independente que se equilibrava entre a França e a Espanha, que na austeridade ascética dos costumes, na fidelidade intransigente aos ensinamentos de Cristo, encontraram a força para oporem-se às indevidas pretensões eclesiásticas, tanto no terreno temporal como no das ideias. Segundo o relato de um cidadão de Este, residente em Veneza, numa discussão a respeito de livros proibidos Donà teria "despedido com palavras injuriosas" o inquisidor, cuspindo-lhe no rosto: "antes, cuspiu-lhe no rosto ... e foi dada licença aos livreiros para a venda de seus livros, mesmo os proibidos, enquanto a Sua Santidade não se resolva a pagar-lhes, aí sim poderão os inquisidores queimar todos os livros que quiserem, como coisa comprada, e não de outra forma".[5]

Fulgenzio Micanzio, o fiel amigo de Galileu, na biografia de Sarpi – que era admirador inconteste do cientista – lembrará com palavras muito elevadas a "educação civil e livre" das reuniões do grupo Morosini, no qual sempre, e unicamente, "os debates tinham como finalidade o conhecimento da verdade".

Diante disto tudo, não se pode esquecer que se trata do nobre ocaso de um grande estado, e não do seu ressurgimento, e que os ideais daqueles "jovens" não chegaram a uma fecunda construção. Lendo sobre a sua austera batalha, ocorre pensar em Lepanto, "aquela ferocíssima guerra contra os turcos, de 1570 e dos anos seguintes" que causa à república "uma dívida ... que excedia seis milhões de ducados sem a mora ...", contraída com juros de 14%, 10% e 8%. Situação que para muitos - nas palavras de Niccolò Contarini, em *Historie Venetiane* - parecia ser de "provisão desesperadora". Niccolò Contarini, o doge que morreu de peste em 1º de abril de 1631, homem inflexível na sua ascética rigidez de costumes e na defesa dos seus ideais políticos, não via com otimismo a situação do seu tempo: não trocava os seus desígnios, as suas aspirações, os seus desejos e os seus amigos pela realidade. Quando começou a escrever a história da cidade desde 1597, observou amargamente: "se jamais houve um século no qual a verdade tenha sido odiada, tida como perigosa e perseguida, este é o presente, no qual não somente os príncipes, mas também os homens comuns são tão ressentidos que recorrem às armas querendo de toda maneira silenciar os seus defeitos, e os de seus ancestrais, suprimindo assim a verdade". Contarini queria narrar "sem paixão, com um verídico e incorruptível coração". Sem dúvida, o culto dos valores morais e religiosos, a fé nos destinos da República e nos próprios ideais demonstram que homens como Donà e Contarini não foram atingidos por aquela decadência de que fala Croce: decadência por falta de entusiasmo moral. Fica evidente, porém, que a sua própria vida e o seu drama dão testemunho de uma inquietação não superada de uma batalha perdida.

2 Falou-se de Veneza, a terra dos anos felizes de Galileu; de Pisa e de Pádua, da Toscana e do Vêneto: são estes os limites geográficos da sua vida, tendo ao fundo Roma e a Igreja pós-tridentina. Florença e Veneza haviam sido durante alguns séculos, na Itália e na Europa, dois dos centros mais luminosos da civilização. Haviam sido, durante muito tempo, repúblicas livres, mesmo obedecendo a leis muito diferentes. Desde o século XIV, viera se afirmando em Veneza e em Florença, com uma extraordinária circulação de ideias, a cultura renovada do retorno aos antigos. Não

se deve também esquecer o intercâmbio dos mestres entre os Studio de Pádua e de Pisa, frequentes ainda no tempo de Galileu. De Mercuriale a Liceti, de Libri a Berigardo, os professores de Pádua e Pisa são frequentemente os mesmos, que se transferem conforme as melhores ofertas de salário e as condições mais vantajosas.

Como centros da renovação humanística, Florença e Veneza vivem, simultaneamente, uma intensa vida religiosa, com uma profunda necessidade de reforma. Savonarola, natural de Ferrara, ao se tornar profeta da missão ecumênica de Florença, tinha sempre diante dos olhos Veneza, como um modelo de regulamentação civil, colocando-a como o símbolo de uma vizinhança que não se poderia exprimir por uma fórmula. A piedade dos partidários de Savonarola realiza o seu último combate em 1630; depois, os republicanos florentinos olharão para Veneza como um refúgio no qual podiam encontrar, como Donato Giannotti, uma imagem da justa vida urbana e daquela religiosidade intensa e austera que os discípulos de Savonarola haviam sonhado. Depois de 1630, com o declínio da república democrática a vida de Florença transforma--se; a sua hegemonia cultural já havia acabado há muito tempo. A atividade urbana vai diminuindo cada vez mais. Quando Galileu diz aos amigos que somente no campo reencontra a autenticidade das coisas, ainda se trata, certamente, de um *topos*, mas que traduz, em termos culturais, aquela crise da cidade que era ao mesmo tempo um fato econômico e um fenômeno político. Em Veneza, aqueles que haviam sido "os primeiros homens do mar" investiam o seu dinheiro nas terras veronesas, do Polesine e da Baixada Friulana. Por meio da ruralização, na sequência uma crise da indústria e do comércio – devida sobretudo à incapacidade de se renovarem velhas estruturas, e portanto de mentalidade conservadora –, quase surge uma nova época feudal; a exaltação da vida campestre é uma característica de sua expressão literária. A respeito de Galileu, um biógrafo contemporâneo diz que: "parecia--lhe que a cidade de uma certa maneira era a prisão da inteligência especulativa, e que a liberdade do campo era o livro da natureza, sempre aberto àqueles que com os olhos do intelecto apraziam-se em lê-lo e estudá-lo". Estas são palavras complementares a outras, tão célebres e tão citadas, dos *Dialoghi* e *Dimostrazioni Matematiche*, sobre o arsenal dos venezianos, e que também, ao menos parcialmente, refletem um *topos*. Na verdade, nos dois textos exprime-se a tensão de uma passagem difícil, de uma forma de vida que muda, de um fervor que se extingue.[6] A curva da vida de Galileu é quase um símbolo, dos anos livres de Pádua até o serviço do Grão-Duque, escolhido voluntariamente, ao triste período na prisão de Arcetri. A sua escolha é quase simbólica, como ele próprio explicava, escrevendo de Pádua a Vincenzo Vespucci, em fevereiro de 1609: "não se costuma obter de uma República, ainda que esplêndida e generosa, salários, sem servir o público, posto que para tirar proveito do público é preciso satisfazê-lo, e não apenas a uma única pessoa; enquanto eu tiver força e estiver apto a ler e a escrever, ninguém da República poderá dispensar-me desta função, deixando-me somente os meus emolumentos: e, afinal, uma comodidade dessas não posso esperar de ninguém a não ser de um príncipe absolutista".

3 Trata-se, certamente, de um ocaso nobre, principalmente em Veneza; mas um ocaso não somente econômico-político, mas também cultural. Já foi dito que Galileu nasceu no ano seguinte ao do encerramento do Concílio de Trento; a esse propósito, valeria a pena seguir de perto o funcionamento, na Itália, daquele admirável instrumento de luta que foi o *Index*, que já há muito vinha sendo posto em prática não somente para silenciar as vozes dos mortos mas para sufocar imediatamente, já no início, as dos vivos. A primeira lista dos livros proibidos, feita por Paulo IV, já incluía no todo, em 1559, não somente Boccaccio mas Maquiavel, Erasmo e até o "cético misticoide Gelli". Mais preocupados com as visões de conjunto do que com a análise particular dos grandes eventos, os historiadores esclareceram o que foi, caso a caso, a intervenção do *Index* nos vários lugares e épocas, ilustrando a surda batalha travada por detrás dos bastidores a respeito de obras,

editores, comércio e circulação de livros vindos do exterior. O bloqueio à circulação de ideias foi rígido e por vezes implacável. Tudo o que um século e meio de cultura havia elaborado de ousado, de novo, de eficaz, foi proibido, mutilado, sufocado. Textos de alto valor artístico ou histórico, como o *Cortegiano* de Castiglione, ou as histórias de Guicciardini, foram sutilmente expurgados e transfigurados pelos censores; de Gianozzo Manetti a Enea Silvio Piccolomini, de Francesco Zabarella a Lorenzo Valla e a Ludovico Vives, tudo o que de mais aberto, de mais sinceramente religioso tinha sido produzido pela cultura humanística, foi vetado ou deformado: o platonismo foi bloqueado pela condenação de Francesco Giorgio Veneto e de Francesco Patrizi da Cherso; os estudos sobre o pensamento hebraico foram condenados em Reuchlin, nos seus aspectos mais ousados. Com tudo isto, a nudez das listas do *Index* dão somente uma pálida ideia do que foi a luta real, com as suas intrigas e as suas misérias, quando – como sempre acontece em tempos de sufocação espiritual – todos apelaram para acusações demasiado fáceis de impiedade, para atingir inimigos pessoais, concorrentes perigosos, colegas incômodos e sobretudo novas ideias que trouxessem dificuldades à indolência dos conservadores.

Ainda está para ser escrita a história secreta da grande batalha destinada a isolar o mundo católico com relação ao saber europeu, apesar de esta história interessar em grande parte justamente à Itália e se refletir nos problemas textuais de grandes obras da sua literatura. Entretanto é uma história sem a qual é difícil compreender a atmosfera de suspeita, de fechamento, de sufocação que envolvia o mundo da cultura na época de Galileu. Tudo tornava-se perigoso. De Roma, o Comissário do Mestre do Sacro Palácio, escreve que são encontrados "autores eclesiásticos, até mesmo santos e doutores da Igreja, publicados em Basileia, em Frankfurt e em outros lugares suspeitos, infectados com erros importantíssimos". A heresia vai esconder-se nos vocabulários, explode nas seletas de aforismos; a insídia deve ser extirpada até no nome dos impressores. Os censores torturam com rasuras e cortes as páginas dos in-fólios da Basileia, que difundiam no mundo as conquistas da Renascença italiana. Não são suficientes nem o tempo nem os homens, para ler, expurgar e destruir: não são suficientes os guardas. Recomenda-se – num dos tantos decretos específicos – "a máxima diligência, nas passagens e nas portas das cidades, com os correios, funcionários togados, alfandegários e *datieri*", para conter os veículos das ideias, os livros. Desanimados, inseguros, os censores pedem um longo recesso de impressão, para que possam respirar. Os manuscritos se acumulam, e não obstante todas as pressões vindas do alto, a espera é às vezes muito longa. Os critérios, por não serem rigidamente estabelecidos, desorientam; mais difícil do que condenar é expurgar. Em 26 de julho de 1614, Roberto Bellarmino dirige aos inquisidores provinciais uma circular muito significativa: "Deus meu, não se cansando os hereges e os inimigos ... de semear continuamente os seus erros e heresias no campo da Cristandade, com tantos e tantos livros perniciosos que são republicados a cada dia, é necessário que não se durma, mas que nos esforcemos para extirpá-los ao menos nos lugares onde isso seja possível". É datada de poucos meses antes – 21 de dezembro de 1613 – a famosa carta de Galileu ao P. Benedetto Castelli sobre a delimitação dos campos da investigação científica e da fé.

Como se tudo isso não bastasse, a implacável repressão transforma-se frequentemente em instrumento de perseguição privada, até mesmo onde a defesa dos valores religiosos não tinha nada a fazer; a acusação de heresia era demasiado cômoda para se atingir os rivais, os adversários invisíveis, as doutrinas que de um modo ou de outro aborreciam a indolência de um costume consagrado. Assim aconteceu com o platonismo de Patrizi que, não obstante a simpatia de reputados homens da igreja, chegou à *hora repurgationis*, com um processo que foi iniciado em 1592 e concluído no *Index* de 1596. No sábado, dia 25 de novembro de 1600, na sala do Ofício da Santa Inquisição do palácio episcopal de Pádua, Cesare Cremonini subscrevia a censura do *De rerum natura iuxta propria principia* de Telésio, por contrariar o aristotelismo: *Caesar Cremoninus, in Gymnasio philosophus ordinarius, manu propria*.[7]

Seria conveniente que se deixasse de falar de Cremonini e de seus pares como espíritos fortes e livres, somente porque se permitiam zombar, de quando em quando, dos frades, frequentemente os mais ousados dentre eles, pois Giordano Bruno e Campanella, Paulo Sarpi e Micanzio eram ou haviam sido frades. A heresia de Cremonini permanece toda encerrada no racionalismo aristotélico, que era ousado no século XIII mas mais do que velho no século XVII. Aqueles que menosprezam as ousadias deste aristotelismo de Pádua, também chamado de "averroismo", deveriam reler as tão citadas epístolas de Gualdo a Galileu, a propósito de Cremonini. Diz ele, em 6 de maio de 1611, escrevendo de Pádua: "Um destes dias falei demoradamente com Cremonini, que realmente zomba dessas suas observações e fica espantado ao ver que V.Sa. as considera coisas sérias". E costumava rir do "engano dos óculos". Gualdo ainda conta, no dia 20 de julho: "Um dia destes fui à casa do mencionado senhor Cremonini, e falando de V.Sa., lhe disse, como que brincando: 'O sr. Galileu espera ansiosamente que saia a obra de V.Sa.' E ele me respondeu: 'Não há motivo para ansiedade, porque não faço menção alguma dessas suas observações'. Respondi: 'Basta que sustente o contrário do que ele próprio sustenta'. 'Oh, isto sim, disse, não querendo aprovar aquilo de que não tenho conhecimento algum, e nem vi'. 'Mas é justamente isto, digo, que desagradou ao senhor Galileu, que o senhor não tenha querido ver'. Respondeu: 'Creio que, além dele, ninguém tenha visto; e depois, aquele olhar através de óculos me atrapalha a cabeça', e eu respondi: 'V.Sa. *iuravit in verba Magistri*; e faz bem em seguir a santa Antiguidade'. Depois do que, prorrompeu: "oh! como teria sido melhor para o senhor Galileu se não tivesse entrado nesta girândola e não deixasse a liberdade paduana!"". Cremonini não atacava pessoalmente Galileu; haviam sido colegas e permanecido amigos; ajudavam-se mutuamente nas dificuldades financeiras. Mas oferecia de boa vontade argumentos a quem o atacava e, sobretudo, não queria "girândolas"; não queria "atordoar" a cabeça com ideias novas, diferentes do seu Aristóteles, do seu mundo bem ordenado, em que tudo está sempre no seu lugar, ou volta imediatamente a ele.⁸ A sua "liberdade paduana" estava muito distante daquele "livre filosofar" pelo qual se batiam Galileu e seus amigos e discípulos, dentre os quais muitos frades que zombavam do aristotelismo. Não foi por acaso que a repressão atingiu com mais rigidez a nova ciência, se bem que fosse respeitadora da fé, e a investigação sincera que fermentava na inquietude dos claustros, do que o libertinismo erudito das escolas, cujos perigos, localizados e exorcizados há séculos, exauriam-se naquelas discussões dialéticas *in utramque partem* das quais Galileu falava com uma ironia cortante. Não foi por acaso que os dardos dos adversários da nova ciência atingiam justamente esse arsenal: *"erunt multi qui, postquam mea scripta legerint, non ad contemplandum utrum vera sint quae dixerim, mentem convertent, sed solum ad disquirendum quomodo, vel iure vel iniuria, rationes meas labefactare possint"*⁹ ("haverá muitos que, após a leitura de minha obra, irão aplicar-se não a avaliar se é verdade o que eu havia dito, mas somente a investigar como podem, com razão ou injustamente, derrubar meus argumentos").

4 Consultando-se as primeiras listas de livros proibidos, nota-se imediatamente que, ao lado dos textos de todos os que se haviam rebelado contra a Igreja, eram também atingidas muitas obras significativas, produzidas pela cultura renascentista e que se opunham aos ensinamentos das escolas universitárias; estas haviam geralmente defendido as tradições, ou seja, não tanto Aristóteles, mas um uso peculiar dos textos aristotélicos nos cursos de filosofia; e por filosofia deve-se entender física geral, cosmologia e psicologia.

Deixando de lado toda discussão sobre nomes de autores, é certo que aquela renovação de leituras, de formas de estudo, de orientações e métodos; aquela ampliação do patrimônio livresco que se costuma indicar com a designação metafórica de "renascença", ou com a mais equívoca de "humanismo", ocorreu principalmente fora da Universidade, ou mesmo em áreas e disciplinas marginais, e de menor importância. Este é um ponto que às vezes não é notado; dos séculos XIV ao XVI a nova cultura não segue os movimentos da Universidade nem triunfa nela; e quando ali penetra, o faz, por assim dizer, em terrenos limítrofes. Claustros e chancelarias, cortes e "academias", ou seja, livres redutos de eruditos que se tornam os centros do novo saber; mestres de gramática e de retórica, ou no máximo de lógica e de ética, ou professores de grego são os que introduzem nas universidades os fermentos de uma fecunda inquietação. Nem Petrarca nem Nicolau de Cusa, Ficino ou Pico della Mirandola são professores universitários; e também não o são Alberti ou Toscanelli. Poliziano, sim, o é, mas de retórica e de lógica, isto é, de disciplinas menores. São os professores de grego que introduzem não somente Platão, mas também os mais importantes comentários de Aristóteles. Instrumentos essenciais à nova ciência, como Arquimedes, aparecem por meio da atividade dos cultores do grego, da iniciativa dos mecenas, da curiosidade dos literatos enciclopédicos, como Giorgio Valla – o dono daquele antigo códice de Arquimedes que foi a fonte das cópias, das traduções, das edições difundidas no século XVI.[10] Enquanto nas escolas universitárias se espalha um saber renovador, mesmo que seja sob a insígnia do antigo, nas escolas a ressonância de novas direções são indiretamente exercidas. Ensinar significava ler, comentar um autor: e há muito tempo o autor ensinado, no campo da lógica, da ética e da filosofia natural, era Aristóteles. Entre os ensinamentos de arte do século XV destacava-se a leitura habitual de filosofia, que em Pádua significava o comentário de alguns livros da *Física*, do *De generatione et corruptione*, do *De anima*, do *Del coelo et mundo*; propedêuticos eram os cursos de lógica, ou seja, o comentário dos "primeiros e segundos analíticos"; e de ética, isto é, o comentário da *Nicomachea*. Em alguns momentos, cursos menores, como o de "sofística", isto é, o comentário dos *Elencos Sofísticos*, atraíram a atenção e o interesse, como aconteceu quando se difundiu o gosto pela lógica de Oxford, pelos mestres do Merton College, pelas *Calculationes,* que tanto deveriam influir também nas discussões de física, e até de metafísica e de teologia. Com tudo isto, a retomada dos *studia humanitatis*, isto é, das disciplinas "sermocinais", ligada ao novo e mais amplo conhecimento dos textos antigos, sobretudo dos gregos, devido à perícia dos gramáticos, dos filólogos, dos retóricos, tendo o seu centro fora da Universidade, conseguia no entanto deslocar o equilíbrio também dentro das escolas, levando ao palco os novos mestres, dando relevo a matérias que antes eram unicamente introdutórias e muito secundárias. Numa escola baseada no comentário dos textos, o especialista em grego que traduzia diretamente os filósofos gregos, os médicos gregos e obras fundamentais antes desconhecidas, assumia uma importância particular. O gramático que lia Euclides, Apolônio, Arquimedes, Estrabão, Ptolomeu e Galeno acabava ensinando a médicos, lógicos e físicos. Quando Galileu estudava medicina em Pisa, os *Parva Naturalia* eram lidos na versão e com os comentários de Niccolò Leonico Tomeu, de quem Erasmo admirava a cultura renovada.[11] Por outro lado, o leitor de filosofia que continuava, como devia, a comentar Aristóteles segundo os velhos métodos, não podia ignorar os problemas propostos pela circulação de novas obras, mesmo se a sua leitura tivesse sido iniciada pelos "gramáticos". E como o ensino das disciplinas do discurso ligava-se geralmente ao da moral e da política, e era feito por aqueles cultores das letras que haviam possibilitado a transformação dos *studia humanitatis*, acontecia que, enquanto a tradição se estabelecia nas cátedras de filosofia natural, ou seja, de física, cosmologia e psicologia, as novas orientações culturais, mais livres, reuniam-se em torno das disciplinas lógicas, morais, políticas, históricas e literárias. Frequentemente tratava-se ainda de Aristóteles, mas num comentário enriquecido com temas múltiplos, ora platônicos, ora epicuro-lucrecianos, enquanto as várias teorias eram confrontadas e historiadas, resultando na destruição da autoridade única de Aristóteles. Platão e os platônicos, Sócrates e os socráticos, e os *antigos*, isto é, os naturalistas, os atomistas, se não entram nas aulas como livros de texto, entram abundantemente nos comentários e nas discussões, até que, na segunda metade do século XVI, vemos os primeiros "leitores" de Platão, como Francesco Patrizi da Cherso, ou como Jacopo Mazzoni de Cesena, em Pisa, mestre e amigo de Galileu, leitor habitual de filosofia (isto é, de Aristóteles), mas leitor extraordinário de Platão.

No século XV, a leitura de Platão, Plotino, Proclo, talvez até de Aristóteles, era feita fora da Universidade, em academias ou recintos privados, como os de Ficino: e estes "platônicos" em geral acolhiam o Aristóteles moral, e em parte o lógico, que achavam estar mais próximo de Platão, enquanto defendiam acaloradamente, contra as críticas de Aristóteles, os primeiros naturalistas, os pitagóricos, Demócrito, admirado através de Lucrécio e às vezes reunido a Pitágoras e talvez a Platão, numa equação de átomos, números e corpos elementares. Ora, à parte a presença desta última visão em Jacopo Mazzoni,[12] que não deixa de ter relação com Galileu, não se deveria esquecer o testemunho sobre o próprio Galileu, dado por Niccolò Gherardini, e confirmado, aliás, em vários textos de Galileu: "louvava [Aristóteles] em algumas obras particulares, como nos livros da *Hypermenia* e sobretudo nos da *Retórica* e da *Ética*, dizendo que a respeito disso escrevera admiravelmente. Colocava Platão acima das estrelas, pela sua eloquência verdadeiramente de ouro e pelo método de escrever e compor os seus diálogos; mais do que tudo, louvava Pitágoras pelo seu modo de filosofar; mas dizia que, na inteligência, Arquimedes havia superado a todos, e o chamava de seu mestre".[13] Deve ser ressaltado o que diz Gherardini; a atitude de Galileu reflete a posição assumida por uma plêiade dos mais abertos eruditos do século XVI, que era o resultado das mais acaloradas discussões do século XV: a utilização da moral, da retórica e de parte da lógica de Aristóteles, de um Platão compreendido de modo bastante livre, dos naturalistas e de Arquimedes, que se costumava chamar de platônico. O antiaristotelismo, que circulava desenvoltamente fora das escolas, era a negação da física peripatética, e em particular daquele inextricável emaranhado de física e metafísica que era então o peripatetismo das universidades. Este é objeto das polêmicas mais violentas; e é justamente este o Aristóteles que os professores continuam a defender das cátedras de Filosofia.

Não se pretende com isto decidir a questão que hoje é muito (e mal) discutida, referente ao platonismo de Galileu e ao seu antiaristotelismo. Mas sim esclarecer uma situação amadurecida entre o século XV e o XVI na dialética entre a cultura não universitária e a Universidade, e mais tarde na própria Universidade, onde, embora lentamente, entra em crise o equilíbrio dos vários ensinamentos, enquanto as antigas autoridades começam a ser sacudidas por meio dos novos textos. É verdade que no século XVI difundira-se, fora e dentro das escolas, aquela tendência conciliadora que tivera no grupo florentino um dos seus centros de irradiação, e que reconhecia Platão, a metafísica, e Aristóteles, a física. Além disso, não era fácil isolar a física peripatética dos seus pressupostos e das suas implicações metafísicas, o que resultava às vezes numa dupla verdade, razão pela qual o mesmo professor posava de peripatético na cátedra e de platônico nos círculos culturais, num tempo em que – é preciso lembrar – o peripatetismo representava a tradição e o platonismo vinha a significar a renovação, podendo, como aconteceu mais de uma vez, unir-se com a visão lucreciana da natureza.[14]

Exemplo disso é a situação dos Studi de Pisa e de Pádua no tempo em que Galileu os frequentava. Quando era estudante de medicina em Pisa, se entre os médicos encontrava-se Cesalpino, os dois filósofos comuns eram Borri, físico aristotélico, e Verino, que tinha grandes interesses ético-estéticos, e portanto era conciliador platonizante, enquanto Libri, lógico, que depois iria para Pádua, era peripatético convicto e se tornaria um ardente opositor de Galileu. Em 1589, quando Galileu torna-se leitor de matemática, com um salário de sessenta florins, são professores de filosofia Buonamici, Verino, Libri e o conciliador Mazzoni, leitor "ordinário" do peripatetismo e "extraordinário" do platonismo, com uns quinhentos florins (Cesalpino recebia quatrocentos)[15]. Em Pádua, em 1592, os filósofos são Cremonini, peripatético convicto, e Francesco Piccolomini, natural de Siena, cripto-platônico que compilava, sob vários nomes, textos platônicos para os "jovens" patrícios vênetos de ideias progressistas. Mestre de lógica era o muito modesto Petrella, um aristotélico ferrenho, também ele toscano.[16] Pode-se ver, assim, entre outras coisas, como é necessário ser cauteloso ao se opor o Studio de Pádua ao de Pisa, e ao separar e contrapor professores platônicos e aristotélicos. Galileu constitui o exemplo característico de um ensino marginal como o da matemática – que consistia de comentários sobre Euclides, a *Mecânica* de Aristóteles, a *Sfera* e a *Theoria planetarum* – que se torna fundamental, chegando até a tomar o lugar da filosofia. Os sessenta florins de 1589, os cento e oitenta florins de 1592 – que já eram um salário muito alto para um matemático – tornam-se mil em 1609. Em 1610, numa carta a Belisario Vinta, Galileu estabelece como condição para voltar a Toscana o título de filósofo, além do de matemático, o que, embora parecesse ser uma questão secundária, na realidade implicava uma série de tomadas de posição fundamentais: pode-se até dizer, o nascimento de uma nova filosofia. Assim como dois séculos antes o fulcro da cultura e de uma nova concepção do mundo deslocara-se na direção dos *studia humanitatis*, colocava-se agora no âmbito dos "matemáticos". Paralelamente, o estudo do homem e da ciência da natureza destruíam a hegemonia dos ensinamentos metafísico-teológicos de tradição escolástica.

5 Se para entender o caso de Galileu é necessário ter em mente a situação das escolas, seria errado, contudo, limitar a isto os componentes da sua cultura. As Universidades, e especialmente o ensino da filosofia, conservam as características fechadas de uma tradição exaurida. O último grande episódio das escolas italianas fora a polêmica sobre a alma, suscitada por Pomponazzi, mas que terminou em sutilezas bizantinas, desprovidas de crítica. A filosofia da natureza de Telésio não conquistou os Studi, como neles não penetrou nenhuma das posições verdadeiramente dinâmicas do século XVI. E nem a situação de Pádua, apesar da boa vontade de alguns historiadores, era diferente daquela de Pisa.

Sobre esta última cidade, basta ler a carta a Lorenzo Giacomini escrita por Filippo Sassetti, o biógrafo de Ferrucci, navegador dos mares do Oriente e estudante desde 1570. Os seus professores são os mesmos que os de Galileu, bem como o círculo dos seus amigos. Sassetti, que era um brilhante escritor, e que habitava justamente na casa de Buonamici ("na notória casa dos Buonamici"), traça um quadro desolador dos homens com os quais Galileu deveria relacionar-se. A respeito de *Messer* Guido de Libri, dividido entre Pisa e Pádua, Sassetti impiedosamente conta ter ele feito todo o possível, nas aulas e nos "círculos", "para provar ao povo que nada sabia". Não é melhor a fama do célebre Ludovico Boccadiferro ou do "ficiniano" Caponsacchi, que os estudantes chamavam, zombeteiramente, de "Capo in Sacco" ("Cabeça no saco") ou "Sacco in capo" ("Saco na cabeça"). Desprovidos de vigor teórico, as classes desses professores estavam sempre desertas. Em fins de novembro de 1570, "Verino [platônico] tem 10 alunos, Buonamici 12 ..., Caponsacchi 3, 4 ou 5 no máximo, no início da aula". Não é diferente o quadro apresentado pelas "listas" de Girolamo da Sommaia, que fora estudante em Salamanca mas que se diplomara em Pisa e que desde 1614 seria o provedor do Studio. Além dos comentários sobre os "doutorzinhos de Pisis", e sobre "a leitura no Studio", "profissão que faz morrer logo e pobre", são frequentes as observações irônicas e desanimadas sobre os professores. "O caldo escuro do Borro" resume de modo chistoso a mediocridade das aulas de física do briguento Girolamo Borri; de Buonamici são lembradas sobretudo as contínuas invectivas contra os frades, que não poupavam nem mesmo a memória de Santo Tomás, ao passo que de Mazzoni, aureolado de grande fama, diz-se que "era homem de uma enorme memória e de uma maravilhosa ostentação no discurso", mas "não muito profundo, especialmente em filosofia, como muitos acreditavam".

Entre extravagâncias, intrigas, brigas e maldades, das listas de Sommaia sobressai a imagem gasta de um saber cansado, sem eco.[17]

Um homem com a cultura de um Ciriaco Strozzi, naqueles mesmos anos, recusava-se a receber Telésio em Florença, por este não ser ainda um sexagenário, considerado, portanto, jovem demais para filosofar. No fundo dominava a já então exausta conciliação entre o platonismo e o aristotelismo. Strozzi dizia, de forma sintética: "Platão = Aristóteles desordenado; Aristóteles = Platão ordenado".

Em Pádua, como muitas vezes os homens eram os mesmos, a atmosfera também não era diferente: às vezes as palavras, os comportamentos, os eventos correspondem, com singular simetria, às pessoas. Assim, à áspera ironia de Sassetti correspondia a solene dignidade de Gianfrancesco Sagredo, que, numa carta de 4 de abril de 1614 a Marco Welser, traça com força incomum o contraste entre o ideal do homem culto, elaborado pelo Renascimento, e o professor. O que motiva a carta é uma polêmica com Scheiner: "Escrevi modestamente sobre as suas equações, e escrevi o que era verdade; ele escreveu imprudentemente sobre a minha apreciação e tirou uma falsa conclusão ... Eu sou um gentil-homem veneziano, nunca me arroguei o título de literato ... e nem pretendo tirar vantagem da minha fortuna, conseguir louvores ou reputação com a fama de entender de filosofia e de matemática, mas, antes, com a integridade e a boa administração dos magistrados, e no governo da República ... Os meus estudos tratam do conhecimento daquilo que, como bom cristão, devo a Deus, como cidadão, à pátria, como nobre, à minha casa, como homem de sociedade, aos amigos, e como cavalheiro e verdadeiro filósofo, a mim mesmo ... E se às vezes me entrego à especulação científica, não creia V. Sa. que eu pretenda concorrer com os professores de ciências, e muito menos criticá-los, mas somente alegrar o meu espírito, investigando livremente, desembaraçado de toda obrigação e afeto, a verdade de alguma proposição que seja do meu gosto".[18]

Este mundo de Sagredo é o mundo de Galileu. É este o seu filosofar livre, e o dos seus. A filosofia, que no século XV se refugiara entre os políticos e os moralistas, pede asilo agora aos físicos e aos matemáticos, ou até mesmo aos "heréticos", banidos de todas as escolas. Kepler, nos seus famosos textos sobre o *Sidereus Nuncius*, associa Galileu profundamente não aos professores da Universidade, mas a Nicolau de Cusa, Copérnico, Giordano Bruno, e também aos antigos gregos.[19] As relações devem ser procuradas na direção de uma filosofia não escolástica que deve movimentar-se: a filosofia da natureza de Telésio, ou de Campanella, a inquieta curiosidade de Cardano e de Della Porta.[20] Na realidade, os nomes que convém citar, a respeito de Galileu, não são muitos e todos são claramente indicados por ele próprio; entre os antigos, o seu verdadeiro mestre, o divino Arquimedes; entre os modernos, o "nosso mestre comum", Copérnico. Interlocutores do seu grande diálogo são Kepler e Mersenne; no fundo, aparecem Gilbert e Gassendi, Descartes e Hobbes. O seu adversário não é Ptolomeu, mas sim o peripatetismo, como mistura de física e teologia, e tradicionalmente já entrelaçado com a doutrina cristã.[21] E é justamente neste ponto que se deve encarar o problema da revolução de Galileu, e o que essa revolução realmente representou na história do pensamento; convém falar dos caminhos pelos quais veio se afirmando. As anotações de juventude feitas por Galileu, de seu próprio punho, e parcialmente publicadas por Favaro e por este datadas, com boas razões, de 1584, mostram como ele conhecia bem as discussões dos peripatéticos medievais.[22] Não é muito convincente pensar essas anotações dependentes unicamente dos cursos de Buonamici; por que não teriam sido feitas também nos cursos de Borri e de Verino? Os motivos alegados, derivados do confronto com o *De motu*, não convencem, e tanto Favaro como Giacomelli, em tempos muito mais próximos, mostram como não examinaram com atenção o fato. Publicado em 1591, o grosso in-fólio do mestre pisano dá um testemunho preciso: a obra nasceu – declara – na sequência das acesas discussões sobre o movimento, mantidas *nuper* no Studio, entre estudantes e professores dos vários cursos.[23] A indicação é paralela à lembrança de Galileu, expressa na carta a Mazzoni de 1597, que remete às conversações serenas mas vivas mantidas com o mestre de Cesena e das quais uma parte conspícua da obra maior de Mazzoni é, mais do que mero eco, documento preciso, mas infelizmente com frequência ignorado.[24] Por outro lado, os *Juvenilia* somente em certos trechos são confrontáveis com o livro de Buonamici, e nem se distinguem por uma correspondência precisa.[25] Entretanto, deixando-se aberta a questão neste ponto, é indubitável o conhecimento, de parte de Galileu, das discussões físicas dos peripatéticos sobre o movimento dos corpos pesados, sobre o movimento violento e sobre o céu. É claro que foi a partir delas que ele avançou. A grande maioria dos historiadores modernos da ciência, franceses, alemães, ingleses e americanos, e, infelizmente, italianos, no que se refere ao tema "precursores de Galileu", encontrou pouco a pouco, conforme a nacionalidade do próprio historiador, nos físicos parisienses, ou em Alberto da Saxônia e nas discussões por ele influenciadas, nos *calculatores* e nos teóricos ingleses de *propotionibus velocitatum in motibus*, quase todos os motivos de Galileu, ou ao menos os argumentos críticos usados por ele. Conviria recordar, a propósito, sobretudo a observação de Comte, retomada pelo nosso Vailati, que não é passível de crítica a menos que se substitua a hipótese criticada. Ora, se é inegável que a física da Idade Média tardia, retomando os argumentos usados pelos comentadores antigos, colocou em questão muitas partes do aristotelismo; se é verdade que os teóricos do *ímpeto*, retomando Filopono, liquidaram a tese do meio como causa do movimento, é no entanto indiscutível que as várias posições gradualmente indicadas como tendo sido percorridas por Galileu, não somente aparecem isoladas dos seus contextos como, embora indiquem um trabalho erosivo em relação a posições particulares do aristotelismo, não apresentam propostas eficazes nem para renovar o seu método de pesquisa, nem para destruir-lhe os fundamentos, nem para delas extrair novas teorias de conjunto. São unicamente "peças" críticas, destinadas a permanecer estéreis justamente por não abandonarem nem os pressupostos gerais, nem os procedimentos metodológicos. Este é o ponto que deve ser enfatizado: os maravilhosos esforços intelectuais dos físicos do fim da Idade Média permanecem sempre aprisionados nos quadros do aristotelismo e dos seus equívocos.[26] Até mesmo os estudos de Benedetti, aluno de Tartaglia, publicados em Turim em 1585, que nunca foram citados por Galileu, mas certamente eram por ele conhecidos, não passam – como muito bem observou Vailati – da destruição de posições aristotélicas isoladas, mesmo se, no aluno de Tartaglia, é relevante o uso de Arquimedes.[27]

De qualquer forma, se por este caminho Galileu conseguiu chegar às suas primeiras observações sobre a queda dos corpos pesados e à refutação da tese aristotélica a respeito do moto instantâneo no vácuo, a revolução decisiva efetuou-se quando a própria implantação da cosmologia foi revirada pelo avesso, aos seus olhos, pela aceitação de uma nova visão do universo. Em suma, não foi um conjunto de motivos particulares ou de experiências (de muitas das quais seria lícito duvidar, mesmo se tivessem sido efetuadas) que transformou o seu pensamento, mas sim a aceitação de uma hipótese geral, radicalmente nova acerca do sistema do mundo, isto é, a teoria copernicana que nele se unia ao reconhecimento de Arquimedes como mestre do método. Foi esta ruptura que permitiu a Galileu enfrentar os problemas da física, não mais dentro do peripatetismo mas fora de suas barreiras. As cartas de Galileu a Mazzoni, de 30 de maio de 1597, e a Kepler, de 4 de agosto, documentam com precisão esta "revolução mental"; nelas, não somente defende Copérnico, mas diz que justamente a sua opinião, acolhida *multis abhinc annis*, permitiu-lhe reencontrar as causas dos fenômenos naturais, inexplicáveis de outra forma.

É objeto de controvérsia o fato de Galileu ter podido pensar então que havia demonstrado as teses copernicanas; mas o que importa é que não se tratava da aceitação de uma hipótese astronômica, mas sim da adesão a uma visão do mundo que concluía uma série de tomadas de posições ocorridas certamente fora de um terreno rigorosamente científico, e que no entanto foram determinantes para o progresso da ciência. Lendo-se na sua redação original o *De revolutionibus caelestibus* de Copérnico, completo, isto é, com as partes que foram suprimidas pelo próprio autor, não se pode deixar de reconhecer o êxito de todo aquele filão de literatura solar que atravessara o século XV.[28] Na base das observações e dos raciocínios, e anterior a esses, está uma visão de conjunto, em que confluem intuições filosóficas não isentas de temas místico-religiosos. Trata-se da mesma "subversão" radical da visão do cosmos que suscitava o entusiasmo de Giordano Bruno.

Esse é um modo todo novo de considerar as relações entre o céu e a terra, entre o homem e as coisas; uma visão tão perturbadora, e de tão imprevisíveis consequências, que não foi ainda esgotada. O antropocentrismo é destruído justamente no momento em que o homem parece reafirmar as suas próprias possibilidades ativas: ou, talvez, justamente por ter sido destruído o mito antropocêntrico é que se afirma, num impulso liberador, o reconhecimento do valor da obra humana, que *não* é mas *pode* tornar-se o centro efetivo de novas construções.[29]

Em 1597, Galileu ocupa de fato uma posição análoga à de Giordano Bruno: a tese de Copérnico é, para ele, não uma hipótese matemática capaz de "salvar" os fenômenos, mas uma visão da realidade fora dos quadros mentais do aristotelismo – a sua polêmica de fundo é, e permanecerá constantemente sendo, contra o peripatetismo, e não contra Ptolomeu, ou seja, contra uma concepção da realidade e não contra uma hipótese astronômica. Ora, é esta nova concepção que constitui o quadro mental necessário para sair do círculo das teses aristotélicas sobre o movimento, sobre o espaço, sobre os corpos pesados, sobre a qualidade e sobre a matéria. Não é por um acaso que, na obra de 1597, de Mazzoni, está presente, na parte ligada às discussões de Galileu, também a tese corpuscular, atingida por meio de uma estranha combinação de Demócrito e de Platão, com a afirmação consequente, mais tarde explicada por Galileu, da subjetividade das qualidades secundárias em relação à natureza geométrica das qualidades primárias.

Ao mesmo tempo, Galileu recoloca completamente fora do aristotelismo o seu método arquimédico, por assim dizer, ou seja, fundado sobre uma reelaboração dos conceitos de espaço e de movimento, e sobre a aceitação da funcionalidade da linguagem matemática enquanto instrumento de compreensão adequada da realidade natural. O que não significa a possibilidade de construir *a priori* a inteira tessitura do universo – que é coisa de Deus, e não do homem; mas sim a adoção da plena validade no campo físico da linguagem matemática, objetivamente ligada à estrutura das coisas. Infelizmente, também aqui, como a propósito do "sistema" do mundo, nem sempre os historiadores – e sobretudo os historiadores da ciência, preocupados em salvar a "continuidade" – parecem levar em conta a posição de ruptura em que se coloca

Galileu, inserido em algumas poucas fórmulas que eram comuns nas escolas, nas quais ele reconhece, sim, o valor da lógica aristotélica, mas no âmbito da retórica e das ciências morais em geral. O instrumento para se compreender a natureza, a lógica das ciências, é, para ele, exclusivamente a matemática. Daí uma dupla apreciação sobre o método de Aristóteles: extremamente negativo na física, justamente por ignorar a matemática; muito positivo em moral, e em tudo aquilo que se relaciona com a análise dos discursos inter-humanos.

Neste quadro, a aceitação original do copernicanismo como uma concepção do mundo constitui indiscutivelmente o elo inicial entre Galileu e as filosofias do século XVI, inclusive a de Giordano Bruno. A essa posição associa-se também aquele conjunto de temas mais nitidamente platônicos que nele perdurarão até os *Diálogos* de 1638, e que não podem ser separados, sobretudo no início, do contexto das suas doutrinas. Os longos discursos sobre o Sol, sede divina da luz, sobre o modo de constituição do sistema solar por concentração e expansão da luz primigênia, a teoria do *spiritus*, da alma do mundo, da nutrimento do Sol, da vida universal, registrados em vários pontos das obras de Galileu, têm um duplo valor: indicam antes de tudo os caracteres da adesão original a Copérnico; demonstram, num segundo momento, que Galileu, pressionado pelos adversários peripatéticos, para defender-se de uma determinada metafísica recorre a uma metafísica oposta, ou seja, à que sustentava o *de revolutionibus* e que não era desprovida de favor em alguns ambientes religiosos. A carta a Pietro Dini, de 26 de março de 1615, que em grande parte poderia ter sido escrita por um ficiniano, com as suas longas citações do Pseudo-Diógenes, que certamente não era um dos autores usados por Galileu, dá a impressão do subsídio metafísico procurado a todo custo numa doutrina já então não mais ligada organicamente à obra de Galileu, que, por sua vez, não se deve esquecer, havia aderido plenamente às refutações gassendianas da doutrina de Fludd.

Na verdade, entre 1609 e 1610, operou-se em Galileu uma nova reviravolta. Até aquele momento, nele eram dominantes os problemas relativos ao movimento, numa teoria geral da realidade como matéria, de uma natureza que não engana nem pode ser enganada pelas máquinas, uma vez que tem regras rigorosas e certas. A teoria de Copérnico fora o fundamento das novas coordenadas mentais, o seu novo horizonte: constituíra aquela "revolução" teórica, sem a qual de nada servem as técnicas, os instrumentos, os dados experimentais. A construção da luneta e, em janeiro de 1610, a descoberta dos satélites de Júpiter, seguida, gradualmente, das observações sobre os três corpos de Saturno, sobre as manchas solares, sobre as fases de Vênus, lançaram-no em plena cosmologia. A visão de Copérnico transformou-se, para ele, de conceito geral em rigorosa integração de experiências sensíveis e demonstrações matemáticas. Foi, então, justamente quando o copernicanismo deixou de ser uma filosofia do tipo da de Giordano Bruno, que pressupõe a experiência, e tornou-se uma teoria verificada e progressivamente verificável, que Galileu se sentiu um filósofo num sentido inteiramente novo: era um filósofo que "via" que o mundo não era mais o mundo de Aristóteles, e que via "novos" céus. Estudioso do movimento e destinado por Deus – como dizia Frei Paolo Sarpi a seu respeito – a definir as suas leis universais, pensava que poderia reduzir ao movimento todo o mundo dos seres vivos e até mesmo os fenômenos psíquicos e os atos voluntários. O conhecimento do real e as suas formas iam-se definindo para ele na recíproca conexão entre as experiências sensíveis e determinadas demonstrações; a estrutura da realidade e o fundamento da validade objetiva da matemática, os limites e com eles o valor da ciência humana, pareciam-lhe claros. Na mesma medida lhe eram revelados até o fundo os equívocos que a confusão peripatética entre a física e a teologia introduzira no campo religioso. A ciência humana é válida na medida em que se torna consciente dos próprios limites, que são os limites da própria possibilidade de verificação. A visão de Copérnico, real por tratar de coisas reais, e não uma mera hipótese matemática para salvar os fenômenos, despoja-se de todas as suas conotações metafísicas e mitificadoras; escrevendo a Cesi, e incorrendo um erro, Galileu defende os equívocos daquela visão, mas justamente em nome da obediência que a filosofia deve à realidade, da sua correspondência às coisas.

Como conhecimento do finito por meio das matemáticas e das experiências, a filosofia separa-se da fé: dois livros, duas linguagens, dois modos de leitura. Fundada em exigências diversas, a fé move-se num outro plano – a ciência não a atinge: nem a apoia nem a nega, não a substitui, nem pode confirmá-la ou desmenti-la. Terrena, sempre limitada, mas em progresso permanente, a filosofia é humana: conhecimento profano, de coisas profanas, capaz de uma sólida verdade, mas também falível e incompleta. No horizonte físico não se encontram os céus incorruptíveis, ou os eternos movimentos da teologia astral aristotélica. O âmbito da experiência é profano e corruptível; é limitado e cônscio de seus limites. Isenta de aspectos ultraterrenos, a ciência da natureza reconhece a existência de uma outra experiência: a fé. Não pode haver conflito entre as duas quando é eliminada a confusão aristotélica entre física e teologia. É talvez aqui que nasce a mais profunda indagação de Galileu. Aquela visão completamente terrena do saber e do homem deixa verdadeiramente margem à fé? o vazio que a religião quer preencher é verdadeiramente um sentido positivo do absoluto, ou é somente a conscientização, inteiramente negativa, de um limite que a investigação não tem mais a ilusão de superar?

Galileu encontra a sua resposta num cristianismo sincero, reconhecido na sua função pedagógica e moral. A sua luta contra o peripatetismo apresenta-se também como luta pela liberação dos homens por meio da verdade e da fecundidade da ciência, e como uma espécie de uma nova apologética de um Deus que está muito longe do Deus dos filósofos. A sua fé é serena, e a sua ciência, liberadora; os céus descobertos e os instrumentos construídos lhe dão um sentimento de alegria e de força, de confiança. Justamente por isso, a sua proclamação da verdade a todos, feita no seu extraordinário latim vulgar, assume a seus olhos valor de uma missão. Sagredo pede-lhe, em vão, que não "estabeleça um discurso sobre coisas demonstrativas" e que abandone os ignorantes: "Se os pregadores não morrem por causa dos pecadores obstinados, por que motivo o senhor quer martirizar-se para converter os ignorantes, os quais, enfim, não sendo predestinados ou eleitos, é preciso deixar cair no fogo da ignorância?". *Vincat veritas!* – responde Galileu. A necessidade de comunicar-se com todos e de agir para o bem comum é intrínseca à verdade. Nisto estão o início e o fundamento, e *não* a crise, das ciências europeias.

Notas

1 Benedetto Croce, *Storia dell'età barocca in Italia. Pensiero-Poesia e Letteratura-Vita morale*. Bari, 1946, p.62. Deve-se ler toda a apresentação feita por Croce, fundada na maior parte sobre a tese que G. Gentile expusera na introdução e no comentário a uma sua escolha de textos galileanos, ainda hoje importante para se individuar as linhas de uma interpretação (G. Galilei, *Frammenti e lettere*. Livorno, 1917). Croce tinha em mente também um escrito de Bertrando Spaventa, de 1882, *(Un luogo di Galileo)*, publicado por Gentile, *Scritti filosofici* de B. Spaventa, Napoli, 1900, p.383-7, no qual são examinadas as teses galileanas sobre o relacionamento entre o conhecimento humano e o divino. Deve-se ter em mente, entretanto, que na sua exposição do pensamento de Galileu, B. Croce ainda está preso à polêmica antipositivista e à questão cientificista da filosofia; por outro lado, no terreno histórico ele aproxima, sem estabelecer uma distinção adequada, a posição de Galileu sobre a relação entre a fé e a ciência, da assim chamada teoria averroística da "dupla verdade".

2 Sobre a data de nascimento de Galileu, no *Racconto istorico* de Vincenzio Viviani, e as variantes dos códices e das edições, deve-se ver a Edição Nacional (de agora em diante citada como *Opere)*, v.XIX, p.599. Emil Wohlwill, como se sabe, contestou muitas vezes, e mais tarde na grande obra *Galilei und sein Kampf für die copernicanische Lehre*, Hamburg e Leipzig, 1909, p.642, a fidelidade de Viviani como biógrafo, que contrastou energicamente com Antonio Favaro; retornou a essa questão várias vezes, em dois artigos de 1915 e 1916 do *Archivio storico* italiano e, antes disso, no seu estudo monográfico sobre Viviani, *Amici e corrispondenti de Galileo*, XXIX. Vincenzio Viviani, *Atti del reale istituto veneto*, t.72, parte I, 1912, p.100-1. Sobre toda essa questão, ver R. Giacomelli, *Galileo Galilei giovane e il suo "De motu"*, Pisa, 1949, p.2-5.

3 G. Galilei, *Opere*, v.XIV, p.367 (T. Campanella, *Lettere*, editadas por V. Spampanato, Bari, 1927, p.241). É interessante a observação de Campanella sobre o caráter das doutrinas do Diálogo: "eram dos antigos pitagóricos e democritianos". Deve-se levar também em conta a outra carta de Campanella a Galileu, de 8 de março de

CIÊNCIA E VIDA CIVIL NO RENASCIMENTO ITALIANO 157

1614, de Nápoles: "V.Sa. arme o estilo de perfeita matemática e deixe os átomos para depois etc.; e escreva no início que esta filosofia é da Itália, de Filolau e Timeo em parte, e que Copérnico roubou-a dos nossos, acima mencionados" (Lettere, p.177; G. Galilei, Opere v.XII, p.32). Na Metaphysica, Paris, 1638, p.216 (mas usa-se a reprodução, Torino, 1961), Campanella torna Galileu um partidário, ao mesmo tempo, de Demócrito e de Arquimedes.

4 Para as considerações que se seguem, cf. especialmente Luigi Bulferetti, Galileo e la cultura del suo tempo, In: Fortuna di Galileo, Bari, 1964, p.127-61, (e do mesmo autor, Galileo Galilei nella società del suo tempo, Manduria, 1964). Cf. ainda numerosas referências implícitas nos ensaios de Beloch, Beltrami, Silva e Cipolla, em Storia dell'economia italiana, editada por Carlo M. Cipolla, v.I, Torino, 1959 (e, na introdução de Cipolla, as p.17-21). Cf. ainda: A. Tenenti, Cristoforo Da Canal. La Marine Vénitienne avant Lépant, Paris: S.E.V.P.E.N., 1962; G. Cozzi, Il Doge Niccolò Contarini, Venezia, Roma, 1958 (de quem são citadas algumas opiniões, consultado para alguns textos de Contarini); A. Tenenti, Il "de perfectione rerum" di Niccolò Contarini, Bollettino del'istituto di storia della società e dello stato veneziano, v.I, 1959, p.155-66 (integrado com a minha nota sobre o Giornale crítico della filosofia italiana, v.XL, 1961, p.134-36). Cf. também Federico Sêneca, Il doge Leonardo Donà. La sua vita e la sua preparazione politica prima del dogato, Padova, 1959.

5 Para este e outros documentos aqui citados, cf. o importante ensaio de A. Rotondò, Nuovi documenti per la storia dell'Indice dei libri proibiti, 1572-1638, Rinascimento, N.S., v.III, 1963 p.145-211.

6 V. Viviani, Racconto istorico, In: G. Galilei, Opere, v.XIX, p.626; sobre o arsenal dos venezianos, idem, v.VIII, p.49. Antonio Persio, telesiano, membro da academia romana dos Licei, cujas relações com Galileu são conhecidas, começava o seu Tratatto del'ingegno dell'huomo (in Vinetia, segundo Aldo Manutio, 1576), com a exaltação e a descrição da casa da moeda vêneta, como maravilha de organização técnica (esse Tratado deve ser levado em consideração na obra de Galileu, principalmente na parte final, sobre o Sol). Quanto ao retorno de Galileu a Florença, os motivos dessa decisão, a preferência dada ao serviço de um soberano, confrontado com a dependência de uma República, são coisas demasiado conhecidas para se ficar remoendo, mas são também coisas muito esclarecedoras para os que queiram compreender seriamente um clima cultural e as orientações de um costume.

7 Sobre toda esta matéria, devem-se ver, sobretudo, além do já citado ensaio de Rotondò, L. Firpo, Filosofia italiana e Controriforma, Rivista di filosofia, n.41, 1951, p.150-73; n.42, 1951, p.30-47; T. Gregory, "L'Apologia ad censuram" di Francesco Patrizi, Rinascimento, v.4, 1953, p.89-104; Idem, "L'apologia" e le "Declarationes" di F. Patrizi, In: Medioevo e Rinascimento, estudos em honra de B. Nardi, Firenze: Sansoni, 1955, p.387-424.

8 A carta de Gualdo in G. Galilei, Opere, v.XI, p. 99-101 e 165-66. A obra de Cremonini (Disputatio de coelo, in tres partes divisa: de natura coeli, de motu coeli, de

motoribus coeli abstractis. Adiecta est apologia dictorum Aristotelis de via lactea, de facie in orbe lunae, Venetiis, por Thomam Balionum, 1612) saiu realmente só em 1613; em novembro de 1612, Pignoria escrevia a Galileu (Opere, v.XI, p.436) que o livro "estava quase impresso, mas por parecer um livrinho fora deixado de lado, para aumentá-lo usando tipos maiores". Em 28 de setembro de 1613, Sagredo enviava-o finalmente a Galileu, observando: "como esta tua obra jamais poderá ser recomendada pelos filósofos livres e sensatos, não tenho dúvida alguma de que não pareça maravilhosa aos peripatéticos e ao infinito número de milhões etc.". Veja-se, para conferir algumas observações, A. Favaro, Cesare Cremonini e lo Studio de Padova a proposito di un recento libro di Leopoldo Mabileau [Étude historique sur la philosophie de la Renaissance en Italie (Cesare Cremonini), Paris, 1881], Archivio Veneto, s.II, t.25, parte II, 1883, p.430-50.

9 Cf. G. Galilei Opere, v.I, p.412; v.IV, p.248 ("acostumado a estudar no livro da natureza, onde as coisas estão escritas de uma só maneira, não saberia discutir problema algum ad utranque partem nem sustentar uma conclusão que antes não tenha sido conhecida e acreditada como verdadeira"). Para uma batalha sobre a discussão ad utranque partem, cf. Campanella, op. cit., 1927, p.245. Nas notas às Esercitazioni, de Rocco, Galileu distinguirá nitidamente as discussões do tipo dialético retórico das "científicas" (Opere, v.VII, p.629): "se este assunto de discussão fosse algum tópico de leis, ou de outros estudos humanos, nos quais não existe verdade nem falsidade, se poderia confiar bastante na sutileza da inteligência, na prontidão da expressão verbal, e na maior prática dos escritores etc. Mas nas ciências naturais, cujas conclusões são verdadeiras e necessárias, o arbítrio humano absolutamente não conta, e mil Demóstenes, mil Aristóteles, no caso de se oporem ao falso, permaneceriam a pé, em comparação a qualquer inteligência comum que tivesse tido a ventura de ater-se ao verdadeiro". A distinção entre os procedimentos lógicos das ciências naturais e as argumentações próprias das "humanidades" é muito nítida.

10 É muito estranho que os estudiosos de Galileu que discorrem, a propósito das suas posições "arquimedianas", sobre o conhecimento de Arquimedes, se refiram às edições e traduções impressas, esquecendo a circulação em manuscritos do século XV. O manuscrito a que se alude no texto, mais tarde perdido, foi usado pelo próprio Valla no De expetendis et fugiendis rebus (Venetiis, in aedibus Aldi, 1501), a grande enciclopédia cuja parte científica teve uma enorme importância, muito embora uma parcela dos historiadores pareça não ter tomado conhecimento disto (mas cf. G. McColley, G. Valla: An Unnoted Advocate of the Geo-Heliocentric Theory, Isis, v.XXXIII, 1941, p.312-4, além das notáveis pesquisas publicadas entre 1894 e 1898 por J. H. Heiberg). O códice de Valla passou depois a Alberto Pio da Carpi; no entanto, segundo Heiberg e Heath, esse códice teria sido o fundamento para o Laurenziano e para o Parigino, que são considerados os melhores para a reconstituição do texto. Pode ser interessante recordar que o Laurenziano provavelmente foi copiado em 1491 por ordem de Lourenço de Medici, por indicação de Poliziano. A própria versão de Jacobus Cremonensis, ordenada pelo Papa Nicolau V, foi, ao que parece, realizada sobre o códice que pertenceria a Valla. Mas

Bessarion possuía um Arquimedes grego; e, segundo Regiomontano, um *exemplar vetus* do texto grego estava *apud magistrum Paulum*, o qual, segundo Heiberg e Heath deveria ser identificado com o monge Paolo Albertini da Venezia, mas que muito mais plausivelmente poderia ser Paolo Toscanelli, com o qual Regiomontano tinha relações e ao qual considerava um dos maiores matemáticos do seu tempo (ainda mais que a cópia da versão latina manuscrita, de Regiomontano, foi realizada por volta de 1461, isto é, num período em que as suas relações científicas com Toscanelli, justamente *magister Paulus*, são bem documentadas: em julho de 1464 envia a Toscanelli a discussão das teses de Nicolau de Cusa sobre a quadratura do círculo). Sobre este assunto, cf. também M. Clagett, *Archimedes in the Middle Ages, I, The Arabo-Latin Tradition*, Madison, 1964.

11 O Autor valeu-se, entre outros, de um conjunto de textos médicos e físicos, atualmente em seu poder, e que já pertenceram a um certo Ottavio Pellegrini, médico municipal de Volterra em 1594. As numerosas e extensas apostilas de Pellegrini refletem as lições pisanas. Entre estes livros figura, muito usado, o volume dos *Parva Naturalia* editado por Leonico Tomeo. A falta de referências à situação precisa do ensinamento universitário causa incertezas no estudo de Pio Paschini, *Vita e opere di Galileo Galilei*, Cidade do Vaticano, 1964, col.2 (publicado depois que estas páginas e as seguintes já estavam prontas).

12 J. Mazzoni, *In universam Platonis et Aristotelis philosophiam praeludia, sive de comparatione Platonis ed Aristotelis*, Venetiis, apud J. Guerilium 1597, p.189; Mazzoni, comentando uma passagem de Proclo em *Timeo*, atribui a Platão não somente a distinção entre as qualidades primárias e as secundárias, mas uma espécie de teoria corpuscular, colocando Platão na mesma linha dos atomistas ("et ante Platonem, et Pythagoram, fuit etiam a Democrito, et Leucipo, et Epicuro creditum"). Como se sabe, na carta que escreveu a Mazzoni em 1597, Galileu não somente tomava posição em favor de Copérnico, mas recordava as discussões acaloradas mantidas em Pisa com Mazzoni, alegrando-se de que, ao menos em parte, o mestre e amigo tivesse mudado de opinião.

13 Niccoló Gherardini, Vita di Galileo, In: G. Galilei, *Opere*, v.XIX, p.645. Afirma Viviani, v.XIX, p.616, que Galileu pretendia imitar Platão na forma dialógica. É preciso ressaltar a importância daquela opinião sobre o *de interpretatione*; pode ser importante lembrar que entre os livros de Galileu figura a edição vêneta de 1540 do comentário de Amônio (cf. A. Favaro, La libreria di G. G. descritta ed illustrata, *Bullettino di bibliografia e di storia delle scienze matematiche e fisiche*, t.XIX, 1886, p.219-93. E já que se faz menção à biblioteca de Galileu, vale lembrar que nela figuram, com as obras de Platão, na versão ficiniana, dois exemplares de Lucrécio, os opúsculos de Leonico Tomeo, o comentário platônico de Proclo, Apolônio e Arquimedes, e depois Sebastiano Basson (1621), para não falar de Borri, Alessandro Piccolomini, Della Porta, Cardano, Gassendi e Fludd.

14 Trata-se, com frequência, de posições sem dúvida desconcertantes, diante das quais não cabem muito as classificações manualísticas. Daí o expediente de inserir, no interno das "grandes" correntes, subdivisões apenas parcialmente válidas, como aquela entre os dois platonismos, aventada por Alexandre Koyré, e que teve muita

aceitação: o platonismo como matematismo e o platonismo como misticismo. Koyré apanhou bem o significado e o uso polêmico do platonismo como matematismo, contra o empirismo aristotélico (*Études galiléennes* v.III, Paris, 1939, p.269: *"le mathématisme en physique est platonisme – même s'il s'ignore"*); e, além disto, colocou na sombra o entrelaçamento constante dos *dois* platonismos, até em Galileu. Por outro lado, basta levar em conta Marcello Palingenio Stellato, de quem justamente fala Koyré tão eloquentemente em *From the Closed World to the Infinite Universe*, New York, 1958, p.24-7, para que o problema se complique com os elementos epicúreo-lucrecianos que já haviam sido esboçados em Ficino.

Ao mesmo tempo, não seria conveniente esquecer a discussão presente no século XVI entre matemáticos e lógicos sobre a redutibilidade em termos aristotélicos dos procedimentos matemáticos. Para permanecer num âmbito "galileiano", encontramos Pietro Catena, professora em Pádua de 47 a 77 (*Universa loca in Logicam Aristotelis in mathematicas disciplinas hoc novem opus declarat*, Venetiis, F. Marcolini, 1556; *Super loca mathematicam contenta in Topicis et Elenchis Aristotelis*, Venetiis, apud Cominum de Tridino, 1561); Francesco Barozzi, provavelmente colega de Catena, tradutor do comentário de Proclo a Euclides, autor de uma *quaestio de certitudine mathematicarum* (1560); Alessandro Piccolomini, contra quem Barozzi tomou posição, defensor da superioridade da lógica (*Comm. de certitudine mathematicarum disciplinarum, in quo de resolutione, diffinitione, et demonstratione, nec non de materia, et de fine logicae facultatis quamplurima continentur, ad rem, tum mathematicam, tum logicam pertinentia*, Roma 1547 e Venezia, 1565). Clávio, no seu *Euclides*, no comentário ao primeiro problema, declarava inúteis as tentativas de reduzir à forma silogística os procedimentos matemáticos *"eo quod brevius ac facilius sine ea [resolutione] demonstrent id quod proponunt"* (p.20 do primeiro volume da edição de Colônia, Ciotti, 1591; a primeira edição é de Roma, 1574). Sobre isto, cf. alguns sinais em Neal W. Gilbert, *Renaissance concepts of Methods*, New York: Columbia University Press 1960, p.90-1; mas é certo que não se focalizaria a questão do "método" de Galileu, sem se examinarem primeiro as discussões do gênero, que não por acaso engajavam mestres de matémática (e astronomia), em torno dele. O fundo da questão, como observava um contemporâneo de Galileu, *"nihil aliud est, quam dubitarem, an ullae Mathematicae sint scientiae"*.

15 Giulio Libri, nascido em Florença por volta de 1550, que primeiro foi professor extraordinário em Pisa e depois concorrente de Buonamici, após enfrentar duras querelas transferiu-se para Pádua em 1595, e ali permaneceu até 1600, retornando então a Pisa, onde morreu em dezembro de 1610. Em 17 de dezembro, Galileu escreveu a Gualdo, com uma ironia um tanto cruel: "Morreu em Pisa o filósofo Libri, aguerrido adversário destas minhas ciências e que, não querendo nunca vê-las na terra, talvez as veja passando ao céu". O mesmo se pode ler em uma carta de Sassetti a Lorenzo Giacomini (de 22 de novembro de 1670): "Esse senhor Giulio de Libri fez tudo o que soube para provar ao povo que nada sabia". (F. Sassetti, In: *Lettere edite e inedite*, Firenze, 1855, p.8; para um comentário de Libri a um soneto de I. Martelli, cf. o manuscrito *Magliab*, IX, 139; duas lições de filosofia em *Ambros*. Q.122 sup.). Quanto aos outros professores acima mencionados, fora

Mazzoni, muito conhecido é Francesco de Vieri, ou "il Verino II", autor de inúmeras obras, até de filosofia natural (*Tratatto delle metheore*, Firenze: Marescotti, 1573; *Tratatto nel quale si contengono i tre primi libre delle metheore*, Firenze: Marescotti, 1582). A maior parte de suas obras, porém, é de argumentação platônico-cristã (*Compendio della dottrina di Platone*, Firenze: Marescotti, 1577; *Vere conclusioni di Platone conformi alla dottrina Christiana*, Firenze: Marescotti, 1590) e de temas estético-morais (*Discorsi*, Firenze, 1586; *Tratatto della lode, dell'honore, della fama e della gloria*, Firenze: Marescotti, 1580; *Discorso delle bellezze*, Firenze: Sermartelli, 1588) e de motivos "platônicos" (*Discorso intorni a' demonii*, Firenze: Sermartelli, 1576). Cesalpino é demasiadamente famoso, mas, falando-se de Galileu, seria conveniente usá-lo mais do que habitualmente se usa. Numa carta escrita a Galileu, entre 1615 e 1616, provavelmente da casa de Paolo Antonio Foscarini, lê-se (*Opere*, V.XII, p.216) que a teoria copernicana, ou melhor, a teoria do movimento da terra, poderia basear-se no "consenso de muitos filósofos antigos e modernos, entre os quais incluem-se até os peripatéticos, como o cardeal Nicolau de Cusa, excelente matemático, Celio Calcagnino, homem universal, e Andrea Cesalpino, filósofo moderno". O próprio Galileu, escrevendo em 1632 a Cesare Marsili sobre os "Discursos" de Roffeni, estabelece a distinção entre a sua teoria do movimento da terra, como causa das marés, e a de Cesalpino.

Girolamo Borri, nascido em Arezzo em 1512, filósofo e médico, ensinou em Roma, Paris, Siena, Pisa e Perúgia. Esteve várias vezes em Pisa, sempre envolvido em violentas polêmicas; demitido da Universidade de Pisa, terminou sua carreira em Perúgia, onde faleceu em 26 de agosto de 1592. Galileu conhecia e discutia o seu *De motu gravium et levium* (Firenze: Marescotti, 1575) e também o *Dialogo del flusso e reflusso del mare*, editado e corrigido mais de uma vez, entre 1561 e 1577.

Voltaremos a falar de Buonamici. Convém lembrar que ele também deu cursos de lógica elementar para os juristas em Pisa, como se vê no manuscrito *Magliab*, VIII, 49, que inclui um ensaio sobre a silogística.

16 Não é preciso determo-nos em Cremonini. O caso de Francesco Piccolomini é, ao contrário, muito significativo. Nascido em Siena em 1552, professor em Macerata e em Perúgia, desde 1560 teve uma cátedra em Pádua, onde permaneceu até quase os 80 anos, retirando-se então para Siena, onde morreu em 1604. Adversário de Zabarella, autor de notáveis escritos de filosofia natural e moral, já no seu tempo eram considerados como seus os dez libros das *Academicae contemplationes* (publicadas em Veneza em 1576 e depois republicadas em Basileia em 1590 como obra do patrício Stefano Tiepolo), e os sete livros das *Peripateticae de anima disputationes* (publicadas em Veneza em 1575 sob o nome de Pietro di Francesco Duodo, ligado a Contarini e relacionado com Galileu, cuja partida de Pádua ele, como Reformador do Studio, teria de lamentar). Quanto a Piccolomini, é interessante, juntamente com o seu "platonismo" privado, a sua ligação com os "jovens" patrícios vênetos e com a sua formação cultural. Não menos interessante é que o próprio Piccolomini, nos *Libri ad scientiam de natura attinentes* (de 1596), refira-se aos movimentos dos corpos pesados e às críticas feitas por *nonnulli mathematici*, o que nos faz pensar – antes de Bradwardine e os *calculatores* – em Galileu, que há

alguns anos era seu colega, justamente na qualidade de *mathematicus*, e há muito estava empenhado na polêmica antiaristotélica.

Pode ser digno de menção o fato de que a sucessão de Piccolomini foi oferecida a Buonamici ("Com o senhor Francesco Buonamici" – escreve Alessandro Sartini a Galileu – "foi tratado da leitura que ali tinha o senhor Piccolomini"); e é de Galileu que Buonamici quer obter informações mais precisas, se a transferência a Pádua lhe convinha ou não (cf. *Opere*, v.X, p.251, em que, no entanto, essa carta está datada erroneamente, mal situada em agosto de 1609, quando já fazia tempo da morte de Buonamici e quando a sucessão de Piccolomini – também morto há muito, pouco depois de Buonamici – não estava mais em jogo).

Quanto a Bernardino Petrella da Borgo San Sepolcro, as suas obras lógicas são ainda lembradas unicamente porque polemizavam com Zabarella (*Quaestiones logicae*, Patavii, apud Jacobum Jordanum ab Aquila, 1571; *Logicarum disputationum libri septem*, Patavii, apud Paulum Metteium, 1584), ainda que entre os seus contemporâneos tivesse fama de grande lógico. Monsenhor Girolamo da Sommaia escrevia (*Schede scelte*, manuscrito *Magl.* VIII, 75, c.39r): "Petrella sempre lecionou lógica em Pádua, e Zabarella durante muito tempo. E em Pádua, durante muitos anos os lógicos prezaram as suas lições, o que é muito bom".

17 Filippo Sassetti, *Lettere edite e inedite*, p.5 s. Não é mais gentil De Sommaia (*Schede*, c.38 v s.), o qual, se não poupa Mazzoni, com Borri é cruel (c.74r). De Buonamici enfatiza sobretudo a falta de preconceitos: "O Buonamici dizia que Aristóteles deixou de definir a terceira espécie existente entre o homem e o animal, que é a do frade ... Quando lhe perguntavam se tinha lido Santo Tomás, respondia: não leio livros de frades (mas em outra passagem vanglória-se de tê-lo lido duas vezes). ... Acreditava que a alma era mortal".

18 G. Galilei, *Opere*, v.XII, p.45-6.

19 Para os textos de Kepler cf., além das obras de Galileu (principalmente v.III, p.97-126); v.X, 319-40), Johannis Kepler *Gesammelte Werke*, v.IV, München,1941, e v.XVI (*Briefe*), München, 1954, nos quais podem ser lidas as famosas opiniões sobre Giordano Bruno: p.142: "*Religionum omnium vanitatem asseruit, Deum in mundum, in circulos, in puncta convertit...*" ("Afirmou a inocuidade de todas as religiões, transformou Deus em mundo, em círculos, em pontos ..."); p.166: "*Jordani Bruni insaniam mirari satis nequeo, quid lucri acquisivit tantos cruciatos sustinendo? Si nullus esset Deus scelerum vindex – ut ipse credidit – nunquid impune potuisset simulare quidvis, ut hac ratione vitam redimeret?*" ("Não posso ficar surpreso com o desvario de Giordano Bruno. Que lucro obteve por suportar tamanhos tormentos? Se nenhum Deus vingasse os crimes, como ele acreditava, acaso poderia simular impunemente não importa o quê, para recuperar assim a vida?").

20 Um resumo, um tanto superficial, dos vínculos existentes entre Galileu e Giordano Bruno, Stigliola, Della Porta e Campanella encontra-se em V. Spampanato, *Quattro filosofi napoletani nel carteggio di Galileo*, Portici, 1907. Quanto a Telésio, Galileu o menciona no *De motu* (*Opere*, v.I, p.414: "*Telesius ait, causam accelerationis motus in fine esse quia materia pertaesa descensum motum accelerat*") ("Diz Telésio que a

causa da aceleração do movimento está na extremidade porque a matéria frouxa acelera o movimento de descida"). Em outro lugar, na polêmica com Grassi, afirma não o ter lido, embora sustente que aqueles que o combatem não o conhecem (Idem, v.VI, p.118, 236, 397-8). Não se deve contudo esquecer o seu relacionamento com Persio, grande telesiano. O nome de Cardano volta especialmente na polêmica com Grassi (Idem, v.VI, p.118-9, 236, 397-8).

21 Em 1633, 1º de dezembro, Paganino Gaudenzio, mestre de Teologia no Studio pisano, na introdução *De barbarie repellenda* (Pisis, In aedibus Francisci Tanagli, 1634), dizia ser Aristóteles o escudo de toda verdade. *"Felices ter* – exclamava, p.7 – *et amplius cum Aphrodisaeo qui incedunt, Themistianam perspicuitatem complectuntur, a Simplicii recto tramite non deflectunt, aut si placeat Italorum recentem operam commendare, Pendasium circumstant, Zabarellam comitantur, a Piccolomineo discunt, Cremonini latus stipant, Bonamico individui adhaerent. Qui omnes tam bene meriti sunt de Nicomachi filio, ut si Pythagorica transanimatio vera foret, veterum peripateticorum animas in ipsos immigrasse non dubitaremus"* ("Três vezes felizes e por muito tempo os que se inflamam com Afrodiseu, compreendem a transparência temistiana, não se desviam do reto caminho de Simplício, ou, caso agrade citar a obra recente dos italianos, assediam Pendásio, acompanham Zabarella, aprendem com Piccolomini, não abandonam o séquito de Cremonini e, inseparáveis, aderem a Bounamici. Todos os que tão bem foram dignos do filho de Nicômaco, como se a metempsicose pitagórica fosse verdadeira, não duvidaríamos de que as almas dos velhos peripatéticos migrassem para eles."). O excelente teólogo estava pronto a aceitar as palavras sobre os frades de Buonamici e os erros moderados de Cremonini, a fim de exorcizar a crise do aristotelismo; é revelador, a propósito, o seu *De dogmatum Origenis cum Philosophia Platonis comparatione*, Florentiae, 1639.

22 Falta um exame mais minucioso dos apontamentos de juventude, como também falta uma análise dos autores e dos textos citados naquelas aulas. No entanto, isso não deixa de ter interesse, a começar pelas referências a Flamínio Nobili, que definem com uma notável precisão uma área cultural, para não falar de uma citação do *De honesta disciplina* de Crinito, que não se esperaria num texto de física, mas que nos revela que o livro de Crinito figurava na biblioteca de Galileu. Parece mais estranha a omissão, da parte de Favaro, das anotações de lógica que nos dão indicações de singular importância. Tenho a intenção de publicar esses apontamentos em outro lugar, tirando-os do manuscrito Gal.27 que os conserva, e que originariamente estava unido aos editados por Favaro. Mas como esquecer que o códice conserva um tratado *de praecognitionibus*, e discussões sobre as demonstrações matemáticas e a física? Como ignorar certos relacionamentos com seções análogas de escritos lógicos de Zabarella e de Petrella?

23 Koyré, em *Études Galiléennes*, v.I, p.11, n.2, aventava a hipótese de que Favaro e Wohlwill nem mesmo jamais tivessem tido "a coragem de abrir o enorme volume (1.011 páginas in-fólio)". Na verdade, foi Koyré que nos deu em primeiro lugar uma análise bastante ampla da obra, (op. cit. p.11-41), com extensas citações. No entanto, uma nova leitura seria proveitosa e poderia ser ainda utilmente complementada com outros escritos do mestre pisano (por exemplo, aquele sobre os

meteoros do manuscrito *Magl*, XII, 29). O *De motu* é uma espécie de *summa* do ensino de Buonamici: "FRANCISCI BONAMICI FLORENTINI e *primo loco philosophiam ordinariam in Almo Gymnasio Pisano profitentis, de motu libri X, quibus generalia naturalis philosophiae principia summo studio collecta continentur nec non universae quaestiones ad libros de Physico auditu, de Coelo, de Ortu et Interitu pertinentes explicantur. Multa item Aristotelis loca explanantur et Graecorum, Averrois, aliorumque doctorum sententiae ad Theses Peripateticas diriguntur*". ("Os dez livros sobre o movimento, extraídos do primeiro tratado de FRANCESCO BUONAMICI FLORENTINI que ensina filosofia geral no Venerável Ginásio de Pisa, com os quais se conservam os princípios gerais da filosofia natural, coligidos com o máximo zelo. Explicam-se também questões gerais atinentes aos livros a respeito da audição física, do Céu, do Surgimento e do Desaparecimento. Expõem-se da mesma forma muitas passagens de Aristóteles, e ordenam-se as sentenças dos gregos, Averróis, e demais sábios segundo as teses peripatéticas.") Florentiae, Sermantelli, 1591. O motivo da sua publicação é indicado por Buonamici com muita clareza, fo.3: "*occasio vero scribendi voluminis ab ea controversia sumpta est, quae in Academia Pisana inter nostros collegarumque auditores exorta est de motu elementorum*" ("na verdade, aproveitou-se a oportunidade de escrever uma obra sobre a discussão a respeito da discussão do movimento dos elementos, iniciada, na Academia de Pisa, entre os nossos ouvintes e os dos colegas"). Dos debates entre Galileu e Mazzoni temos testemunhos de 1590 (além da famosa carta de 1597). Galileu escreve sobre eles a seu pai, em 15 de novembro; Guidobaldo del Monte também escreve a Galileu, em 8 de dezembro (*Opere*, v.X, p.44-6). É estranho que Giacomelli (*Galileo Galilei giovane e il suo "De motu"*, Pisa: Domus Galileana, p.21) sustente que "não se tem ... em lugar algum notícias sobre brigas e controvérsias entre Galileu e os seus colegas pisanos, a não ser no relato de Viviani, que como de costume deforma os fatos". Giacomelli tinha o apoio da autoridade de Wohlwill (*Galilei und seine Kampf für copernicanische Lehre*, v.I, Hamburg e Leipzig, 1909, p.114), que observava que se tivesse havido alguma discussão entre o jovem matemático e os seus mais venerandos colegas filósofos, haveria vestígios. De fato, há vestígios: nos testemunhos dos serenos mas animados colóquios com Mazzoni, e nas partes do escrito de 1597 em que Galileu reconheceria a repercussão daqueles debates; em Buonamici, que em 1591 decide publicar a sua obra, quase para responder às dificuldades levantadas pelos jovens que frequentavam os seus cursos e às dos seus colegas.

24 Uma série de textos de Mazzoni deveria ser citada e analisada, para que neles fossem pesquisadas as repercussões das dicussões com Galileu. E esses textos deveriam ser confrontados com os textos do *De motu* de Buonamici.

25 Na verdade, se o confronto das anotações de Galileu com os textos de Buonamici fosse feito mais profundamente, e se fossem retomados mais textos análogos, as dependências que foram sustentadas por Favaro, e depois por todos os que o repetiram, teriam sido demonstradas como muito genéricas. O que não significa, bem entendido, negar a possibilidade de que se trate verdadeiramente de cursos de Buonamici. O que se quer dizer é que a extensão do *De motu* do mestre pisano,

muitos anos posterior aos cursos, foi provavelmente estimulada justamente pelos debates realizados pelos "matemáticos", e revela um momento polêmico, em confronto com um aristotelismo mais aguerrido. Aliás, talvez não seja inútil referir-se ao *Discorso intorno alle cose che stanno in su l'acqua*, que certamente é de um Galileu já bem maduro, mas que mostra, na refutação do *De motu* de Buonamici, alguns dos motivos inspiradores do próprio Buonamici, e o que fora e ainda era o seu propósito: "não é por capricho, ou por não ter lido ou entendido Aristóteles que algumas vezes me distancio da sua opinião, mas porque a razão disso me persuade, e o próprio Aristóteles me ensinou a acomodar o intelecto ao que me é persuadido por meio da razão ... : e é muito verdadeiro o que diz Alcinoo, que o filosofar deve ser livre". Por outro lado, há a investigação preconceituosa, que toma exemplo do próprio Aristóteles, na qual muito frequentemente se revela "o desejo de derrubar Demócrito [ou outros], superando o refinamento do sólido filosofar". Assim, Buonamici se preocupou demais no *De motu* com a refutação dos antigos, Platão e Arquimedes ("sejam portanto dirigidas as armas do senhor Buonamici contra Platão e outros antigos que [negavam] totalmente a leveza e [sustentavam] que todos os corpos eram pesados ... Eu não me importaria de poder apoiar como verdadeira a sentença de Platão e dos outros, que negam absolutamente a leveza, e afirmam que nos corpos elementares não existe outro princípio intrínseco a não ser em direção ao centro da terra ... Há, portanto, mais falácia no discurso de Aristóteles do que no de Demócrito ..."). O texto galileiano de 1612 nos remete a *La bilancetta*, e, novamente, nos convida a reexaminar o colóquio entre Galileu e os filósofos pisanos, começando pelo menos em 1590, e com uma colocação histórica mais exata.

26 É mérito de Koyré (cf. Marie Boas, *The Scientific Renaissance*, 1450-1630, London, 1962) ter ressaltado a mudança de perspectiva, de coordenadas mentais, de Galileu. Por outro lado, análises atentas das obras, aliás muito louváveis, como a de Curtis Wilson (*William Heytesbury. Medieval Logic and The Rise of Mathematical Physics*, Madison, 1960), e a de H. Lamar Crosby (*Thomas Bradwardine. His "Tractatus de proportionibus". Its Significance for the Development of Mathematical Physics*, Madison 1955), mostram o pouco que certos debates medievais contribuíram para o trabalho de Galileu. Deveria ser bem considerada a nota sobre os seus "precursores", no belo livro de A. Koyré, *La révolution astronomique*, Paris, 1961, p.79.

27 Sobre Benedetti são também muito dignas de apreço as páginas de Vailati, Le speculazione di Giovanni Benedetti sul moto dei gravi, *Atti dell'Accademia delle scienze di Torino*, v.33. 1897-8. Como já foi dito, Galileu não parece mencionar Benedetti, que, no entanto, é discutido repetidamente por Mazzoni.

28 Nikolaus Kopernikus, *Gesamtausgabe*, v.I-II, München, 1944-1949 (o primeiro volume contém a reprodução do original manuscrito); cf. v.II, p.30-1. Sobre Copérnico, ver as importantes considerações de Koyré (op. cit., 1961, p.15). E talvez seja o caso de se notar também a curiosa ofensiva anticopernicana dos teóricos dos "precursores". Observações interessantes podem ser lidas em N. R. Hanson, The Copernican Disturbance and the keplerian revolution, *Journal of the*

History of Ideas, v.XXII, 1961, p.169-84, em que se distingue entre "cosmologia filosófica" e "astronomia técnica", para observar que *"qua* astronomia técnica", a obra de Copérnico teria podido ser escrita *immediately after* a "Sintaxe matemática" de Ptolomeu, e se acrescenta que "jamais houve um *sistema* ptolomaico de astronomia" e que foi Copérnico que *"inventou* uma astronomia sistemática".

29 Koyré, op. cit., p.75, n.8, faz ver, oportunamente, como "o geocentrismo não implica absolutamente uma conceituação antropocêntrica do mundo".

CAPÍTULO 6

GALILEU "FILÓSOFO"

1 Em 7 de maio de 1610, Galileu escreve, de Pádua, uma carta a Belisário Vinta, frequentemente citada, na qual enumera as obras que pretende concluir se o salário que deve receber do Grão--Duque da Toscana o aliviar do peso do ensino e lhe fornecer o tempo indispensável para realizar os seus programas científicos. É uma carta típica, que faz lembrar uma outra, não menos célebre, de Leonardo da Vinci ao Duque de Milão. Galileu sente-se rico de ideias e observações, no auge do sucesso. Acaba de dar três aulas sobre os "planetas medicianos", confundindo os seus adversários. "Tenho uma tal quantidade de segredos particulares, tão úteis e dignos de curiosidade e de admiração, que já pelo seu excessivo número me sinto contrafeito ... *Magna longeque admirabilia apud me habeo.*" Por isso quer coordenar as próprias pesquisas em poucos escritos que enumera rapidamente, e dentre os quais considera dois como fundamentais. "As obras que devo levar a cabo são principalmente dois livros *de sistemate mundi seu constitutione universi*, conceito vasto e pleno de filosofia, astronomia e geometria; três livros sobre *motu locali*, ciência inteiramente nova, não existindo ninguém, nem antigo nem moderno, que tenha descoberto algum dos múltiplos sinais dignos de admiração que demonstro estarem nos movimentos naturais e nos violentos, ciência esta que com muita sensatez posso chamar de nova e descoberta por mim desde as suas primeiras proposições."[1]

O sistema do mundo físico e uma teoria geral do movimento, incluindo os movimentos animais (desenhava, com efeito, também um *De animalium motibus*): eis os dois termos em que se articula claramente a sua concepção da realidade – movimento, espaço, matéria, números. Mais de vinte anos deveriam se passar – e que anos! – para que a primeira obra se tornasse, em 1632, o *Dialogo... sopra i due massimi sistemi del mondo*; e somente em 1638 o *De motu locali*, escrito em Pisa quase meio século antes, resultaria nos *Discorsi e dimostrazioni matematiche intorno a due nove scienze attenenti alla meccanica e ai movimenti locali*, segundo o título improvisado pelo editor e que pouco agradou do autor. Deste segundo livro, publicado pelos "Elzevirii" cerca de um ano depois do *Discurso* e dos opúsculos de Descartes, o "impressor" dizia, advertindo os "leitores":

> na presente obra... vê-se que ele foi o descobridor de duas ciências inteiramente novas, e dos seus fundamentos e das primeiras proposições que foram conclusivas, isto é, geometricamente, demonstrados: e... uma das duas ciências refere-se a um assunto eterno, primordial na natureza, sobre o qual todos os filósofos especularam, e sobre o qual há um grande número de livros escritos; falo do movimento local...; a outra ciência, embora demonstrada desde os seus princípios, refere-se à resistência provocada pelos corpos celestes quando são violentamente estilhaçados; notícia de grande utilidade, e da maior importância para as ciências e as artes mecânicas... Destas duas novas ciências, plenas de proposições que as inteligências especulativas aprofundarão infinitamente com o passar do tempo, neste livro se abrem as primeiras portas, e com o elevado número de proposições demonstradas se indica o progresso e a passagem a inúmeras outras.

Trata-se de um texto em que há apenas necessidade de se destacarem dois temas recorrentes durante todo o século XVI, e que já se haviam tornado, mais do que lugares-comuns, pontos consolidados na orientação da cultura. O primeiro deles é a ideia de um "progresso do tempo", em que iriam se propagando as conquistas "das inteligências especulativas". O lema *veritas filia temporis*, que em 1536 era usado para ornamentar a marca tipográfica das edições venezianas de Marcolino da Forlì,² abre com um toque de solenidade muito diferente em 1611, em Frankfurt, a *Narratio*, em que Kepler vai expondo as suas observações referentes aos satélites de Júpiter. Abertura solene, e plena de significado: "Quem ousará recusar, sendo honesto, a dar testemunho do que é verdadeiro? Que filósofo poderá jamais esconder as obras de Deus? Quem, mais cruel do que o Faraó, ordenará às parteiras que assassinem o recém-nascido?" Um ano antes, Kepler havia exposto qual era essa verdade que devia ser testemunhada e esse recém-nascido que não devia ser sufocado, ao publicar em Praga a sua *Dissertatio cum Nuncio Sidereo*: eram os mundos entrevistos por Nicolau de Cusa e Giordano Bruno; era, para usar uma expressão corrente na época, uma filosofia livre ("o livre filosofar – dizia Galileu – acerca das coisas do mundo e da natureza").³ Era, no que se refere ao segundo dos temas indicados, uma ciência nova. O tema de uma idade velha, próxima a concluir-se na morte, frequente numa certa literatura de fins da Idade Média, era substituído pela ideia do rejuvenescimento, do século novo, da novidade trazida com o progresso incessante do tempo. Já foi notada a frequência com que se encontra, ao longo do século XVI, este apelo ao novo: terras novas, mundos novos, estrelas novas, ciências novas. Depois de 1610, mais de uma vez encontra-se nos correspondentes de Galileu um paralelo quase obrigatório entre as duas descobertas mais perturbadoras do século: as terras de Colombo e os céus de Galileu. Com as novas dimensões do mundo, o saber também deve ser renovado: não há como negar a afirmação de uma nova forma de encarar-se a realidade física em movimento, com o uso de instrumentos menos estéreis do que a lógica aristotélica.

    Há uma carta de Fulgenzio Micanzio, de Veneza, escrita em 7 de março de 1637, que é digna de ser inteiramente ressaltada.⁴ Nela se lembra frei Paolo Sarpi, "de gloriosa memória", e um de seus discursos preferidos: que "Deus e a natureza" haviam concedido a Galileu o dom particular de "conhecer os movimentos". Não foi casualmente que Galileu endereçou a Sarpi a famosa e decisiva carta, de 16 de outubro de 1604 (de Pádua), sobre a queda dos corpos pesados. Frei Fulgenzio continua a falar de si próprio, dos seus "delírios", das suas "divagações nas vigílias", que eram então sempre "o infinito, o indivisível e o vácuo". Ao contrário de Aristóteles, chegara à conclusão de que "sem essas noções" é "impossível qualquer movimento, qualquer operação, e o que é pior, qualquer existência", qualquer vida. E conclui, com uma observação bastante significativa: "pensei algumas vezes que neste livro da natureza, cujos caracteres são conhecidos unicamente de V.Sa. ..., é impossível que não tenha especulado sobre os movimentos que nós chamamos de voluntários, ou que continuam no corpo da imaginação". Sobre o homem, ele tem uma "massa de conceitos obscuros"; a nova ciência do movimento, construída por meio de conceitos claros, não pode deixar de incluir também o mundo do homem, dos movimentos voluntários, da fantasia: "procurando – como escreve o próprio Galileu – as sedes das faculdades vitais, decompondo e observando as maravilhosas estruturas dos instrumentos dos sentidos, e, sem nunca deixar de pasmar-se e de contentar-se, contemplando os refúgios da imaginação, da memória e do discurso".

A carta de frei Fulgenzio é de março de 1637; alguns meses mais tarde, em novembro, quando já haviam sido impressas 23 páginas dos *Discorsi*, o padre Marino Mersenne enviou a Galileu o *Discurso do Método*, que acabara de sair, lamentando que o grande filósofo florentino não estivesse em Paris, como Campanella, *ut duobus summis viris eodem saeculo eodemque loco frueremur* (para que, ao mesmo tempo e no mesmo lugar, usufruíssemos dos mais eminentes homens). O bom padre havia publicado em 1634, em francês, as ainda inéditas *Méchaniques de Galilée*, com um prefácio "ditirâmbico" e a exortação ao autor para que desse aos homens, nas solitárias meditações "*dans sa maison des champs*", "*toutes les speculations des mouvements*"; realmente, "tudo o que vier dele será excelente". A condenação romana era coisa do passado; Galileu anunciara aos amigos parisienses o triunfo "da ignorância, mãe da maldade, da inveja, da ira"; "il a maintenant le temps" – dizia o bom padre, que fielmente, como fizera com o manuscrito de Le meccaniche, em 1639, tiraria dos Discursos "Les Nouvelles Pensées de Galilée". "L'excellent esprit du sieur Galilée", na sua opinião, estava lançando as bases de um novo modo de se conceber a natureza e de fazer dela uma ciência. "La nature ne peut être trompée" – ensinava em Les Méchaniques; "a Natureza inexorável e imutável, e que nunca cuida que as suas razões secretas e o seu modo de operar sejam ou não expostos à capacidade dos homens... nunca transgride os termos das leis que lhe são impostas"; nunca pode ela ser enganada pelas máquinas, e nem pode enganar. Não se pode levantar um peso com um instrumento a não ser empregando-se uma força igual àquela que seria necessária sem instrumento algum. A nova ciência, proclamando que "a natureza não pode ser nem superada e nem fraudada pela arte", condenava todas as fantasias mágico--animísticas, todos os milagres, todos os sonhos sobre a alma do mundo e sobre a alma das coisas. "Concedendo-me essa natureza, por exemplo, dez graus de força, que é quanto é necessário para competir com dez graus de resistência, ela me nega e não me permite superar nenhuma força que tenha mais de dez graus". São as regras matemáticas de um jogo honesto.[5] Quando os tipógrafos holandeses imprimiam estas palavras de Galileu, em 1637, morria Robert Fludd, o mago e teósofo contra o qual Kepler, Mersenne e Gassendi haviam lutado, reivindicando o significado da nova ciência. Os seus números, os seus cálculos, a sua matemática – escrevia Kepler – não são os meus; muito menos eram os de Galileu, que em 1630 havia lido e avaliado o escrito de Gassendi contra Fludd.

O padre Mersenne compreendia totalmente o quanto de cientificamente inovador e de racionalmente sólido havia naquela "natureza" galileana, "inexorável", que não podia nem enganar nem ser enganada, mas rigorosamente mensurável e rigorosamente obediente às leis racionais.[6] Assim como também compreendia que aquele raciocínio com o qual, por meios diferentes, os seus dois grandes amigos exorcizavam os últimos espíritos malignos e enganadores era, na verdade, muito mais santificado do que as equívocas fantasias de todos os teólogos e filósofos contemporâneos. A investigação física de Galileu fundava uma nova filosofia. Enquanto ia descobrindo novas províncias do mundo, fixava o olhar na constituição das coisas. Em 1644, quando a morte de Galileu foi anunciada, Mersenne escreveu, comovido: "*caelorum provincias auxit, et universo dedit incrementum; non enim vitreos sphaerarum orbes, fragilesque stellas conflavit, sed aeterna mundi corpora Mediceae beneficentiae dedicavit*" ("aumentou as províncias celestes e ampliou o universo; com efeito, não iluminou as órbitas vítreas das esferas nem as estrelas frágeis, mas ofereceu os corpos eternos do mundo à generosidade dos Medici"). Palavras que merecem uma reflexão: às esferas imaginárias, às frágeis estrelas das hipóteses "matemáticas", opõem--se, muito solidamente, aqueles *aeterna mundi corpora*. Mersenne, o amigo fiel de Descartes, entendeu realmente todo o alcance filosófico da física de Galileu.

Na verdade, Galileu muito cedo se tornara consciente disto. Voltando-se à mencionada carta a Vinta, em 1610, depois das palavras de Mersenne poderemos compreender melhor o significado do seu esplêndido final: "finalmente, quanto ao título e pretexto do meu mister, eu desejaria ser chamado, além de matemático... de filósofo, confessando que passei mais anos estudando filosofia do que meses a matemática pura". E era a si próprio que indubitavelmente se referia quando, em março de 1615, fazia a Pietro Dini o solene elogio de Copérnico, que aliás se parecia tanto com aquele feito a Giordano Bruno:

> depois, vestindo o hábito do filósofo, e considerando se tal constituição das partes do universo poderia realmente subsistir *in rerum natura*, e vendo que não, e parecendo-lhe no entanto que o problema da verdadeira constituição merecesse investigação, pôs-se a averiguar essa constituição, sabendo que se uma disposição suposta e não verdadeira das partes poderia satisfazer as aparências, muito mais teria obtido da verdadeira e real, e ao mesmo tempo teria adquirido um conhecimento tão excelente, em filosofia, isto é, o de saber a verdadeira disposição das partes do mundo.

CIÊNCIA E VIDA CIVIL NO RENASCIMENTO ITALIANO 173

2 A outra e significativa afirmação de Galileu não é isolada, não é contingente, não se liga a meras exigências de prestígio. Reclamando aquele título de "filósofo", mostra uma intenção definida; o que tem em mente é muito mais do que um aumento de salário ou uma qualificação mais valorizada nas hierarquias acadêmicas. Em agosto de 1612, fala ainda disso, acaloradamente, com Sagredo, o amigo fiel e de espírito aberto, interlocutor inteligente e sem preconceitos. Em 12 de agosto, Sagredo lhe responde:

> muito embora nas cartas que escrevi eu tenha distinguido os filósofos dos matemáticos (o que de alguma forma escandalizou o senhor), queria no entanto que soubesse que recorri a esses dois nomes segundo a interpretação vulgar do populacho, o qual chama de filósofos aqueles que, não entendendo nada das coisas naturais (e sendo, pelo contrário, completamente incapazes de entendê-las), professam ser secretários da natureza, pretendendo com esta reputação sufocar todos os sentimentos dos homens, privando-os ainda do uso da razão.[7]

Essas palavras de Sagredo provocam reflexão; exprimem sem reticências uma opinião difusa que traduz o esgotamento, tanto da retórica platonizante que estava em moda no século XV, como da escolástica peripatética, litigiosa e estéril, amarrada há quase dois séculos a uma problemática exaurida, ou bloqueada em vias fechadas por grades: vias que alguns, com involuntária ironia, costumam chamar de "precursoras de Galileu". De fato, não somente as eternas disputas quinhentistas sobre a inteligência não saem dos velhos trilhos, como as investigações sobre o movimento e as sutilezas lógicas não conseguem romper nem as impostações tradicionais nem o hábito cansativo dos jogos dialéticos *ad ultramque partem*, que tanto enfureciam Galileu, "acostumado a estudar – como dizia, com eloquência – no livro da natureza... no aberto livro do Céu... no qual as coisas são escritas de uma única maneira", e nos "livros cheios de demonstrações, que são unicamente os matemáticos, e não os lógicos". A rebeldia de Galileu e de Sagredo não eram fenômenos isolados. Em 23 de agosto de 1612, Luca

Valério saía a campo, em defesa de uma "filosofia livre, e não como que regulada por uma gramática filosófica ou uma filosofia gramatical"; em 13 de julho, Orazio Morandi proclamava que a verdade era uma só e aberta exclusivamente aos que "se congreguem sob as vitoriosas insígnias" de quantos "filosofam contemplando o belo e amplo livro da natureza, e não se ligam aos sofismas daqueles que quiseram não somente encarcerar esta infeliz ciência, mas lançá-la nas indignas cepas da opinião aristotélica e nas tediosas algemas dos caprichos de outros filosofantes, que *iudicant in verba insani magistri*".

É neste quadro que a constante reivindicação, da parte de Galileu, do nome de filósofo, assume um valor preciso: não se trata de uma cátedra universitária mais importante – a de filosofia natural ou de física –, de maior relevo em comparação com a de matemática e a de astronomia. Trata-se da nítida recusa dos procedimentos dos lógicos; trata-se da afirmação de que as novas doutrinas cosmológicas são *reais* e não hipotéticas; trata-se da consciência de que a visão do universo físico que se vem delineando por meio das experiências e das demonstrações matemáticas é total e exaustiva no seu âmbito, ou seja, no âmbito de um saber capaz de se justificar, e além do qual somente há lugar para a fé, que é uma outra coisa. A luneta e o ímã, como os instrumentos lógico-matemáticos usados apropriadamente; as máquinas solares e as fases de Vênus; o heliocentrismo e as leis do movimento, se não pretendem atingir de maneira alguma os valores religiosos do cristianismo, querem destruir sem deixar resíduos a visão aristotélica da realidade, com o seu inextricável entrelaçamento de física e de metafísica. A nova concepção das coisas aspira, de fato, a penetrar todo o mundo dos movimentos animais e a atividade psíquica do homem. Não era por acaso que o ensino usual da filosofia consistia no comentário, tanto dos livros da *Física* ou *Do céu*, como dos livros *Da alma*. O apelo de Galileu a um *outro* texto resolvia-se na leitura dos mesmos capítulos, mas no grande livro da natureza que substituía o de Aristóteles. A recorrência, tão insistente nos seus escritos como nas suas cartas e até nos discursos dos quais se conservaram testemunhos, do antigo *topos* do livro, impõe-se, não tanto por uma imagem até demasiado comum, mas pela intenção polêmica de que está carregada. Deve-se ensinar e aprender não mais mediante o livro de Aristóteles, mas numa elaboração autônoma do saber; indo, como se diria hoje, direto aos fatos, com os instrumentos apropriados: as sensações e os conceitos, as experiências e as demonstrações convenientemente integradas. Não mais "acomodar a natureza e o mundo à doutrina peripatética mas ... finalmente ajustar a filosofia ao mundo e à natureza". Não mais, com "as inteligências vulgares, tímidas e servis" limitar-se "a interpretar, sendo homens, o que foi dito por um outro homem, dirigindo os olhos, dia e noite, a um mundo pintado sobre certos mapas, sem nunca voltá-los ao verdadeiro e real, que, por seu turno, fabricado pelas mãos de Deus, está sempre aberto diante de nós, para nosso proveito".

A prudência teria também ditado o silêncio sobre autores que estavam idealmente muito próximos dele, ou o pouco caso ostentado contra importantes escritos contemporâneos de "filósofos livres": no fundo, Galileu insistia propositadamente sobre uma diferente tomada de contato com a realidade. Muitas vezes, mostrou que absolutamente não desdenhava "os ditos de um outro homem" – mas com a condição de que permanecessem como um meio para o trato direto das coisas. Um "outro homem" pode nos ajudar a encontrar a realidade; mas devemos nos dirigir à realidade pessoalmente, com os nossos olhos, e não através dos olhos *dele*. Por isso, como lembra Viviani, "parecia-lhe que ... a liberdade do campo fosse o livro da natureza, sempre aberto a quem gostava de lê-lo e estudá-lo com os olhos do intelecto"; por isso – como escreve Gherardini – "teve uma quantidade muito pequena de livros, e o seu estudo dependia continuamente da observação, deduzindo de todas as coisas que via, ouvia ou tocava, motivos para filosofar". Era isto o que o próprio Galileu escrevia, num texto admirável:

> Nas coisas naturais, a autoridade do homem de nada vale ... a Natureza ... zomba da constituição e dos decretos de príncipes, imperadores e

monarcas, e não mudaria uma letra de seus estatutos e leis a pedido destes. Aristóteles foi um homem, viu com os olhos, escutou com os ouvidos, discorreu usando o cérebro. Eu sou homem, vejo com os olhos, e muito mais do que ele viu. Quanto a discorrer, creio que ele discorria sobre muito mais coisas do que eu; mas se discorria mais ou melhor do que eu sobre os assuntos que ambos abordamos, isso será demonstrado pelo nosso raciocínio e não pela nossa autoridade. Um homem tão importante, dizeis, que teve tantos discípulos? – mas isto nada significa, porque o número dos seus seguidores é dado pela antiguidade e pelo número de anos decorridos; não se pode dizer que um pai que tenha tido vinte filhos seja mais fecundo do que seu filho, que teve somente um, se o pai tiver sessenta anos e o filho, vinte.

Não se pode evitar a intenção primária deste tema, tão polêmico e insistentemente retomado, contra uma doutrina ainda imperante e contra um método de ensino – e Galileu esteve sempre ligado ao mundo das escolas, mesmo rebelando-se contra elas. Essa polêmica deve ser levada em conta, mas sem cair demasiado nas tentações de explicar, e talvez com doce violência, o que, embora implicitamente, tenha estado presente na tendência a privilegiar a visão, a leitura, a própria luneta, com o que pode estar envolvido na doutrina dos dois livros em que Deus se revela: a natureza e a Bíblia. É certamente o próprio Galileu que se compraz numa linguagem metafórica carregada de implicações metafísicas, que às vezes se dilatam de forma característica, próprias das doutrinas platônicas. Quando tem de justificar no terreno especulativo o heliocentrismo, ele o faz em termos quase de heliolatria e de metafísica da luz. Na carta a Pietro Dini, de 23 de março de 1614, podem ser lidas páginas que poderiam ter saído da pena de um platônico de dois séculos antes. Referindo-se ao *Salmo XVIII*, escreve uma página que não pode ser esquecida:

> Eu diria parecer-me que na natureza se encontra uma substância de natureza espiritual, constante e dotada de grande velocidade, que, difundido-se pelo Universo, penetra todos os lugares sem encontrar resistência, aquece, vivifica e torna fecundas todas as pessoas vivas. E parece que o próprio sentido desse espírito nos demonstra que o corpo do Sol é o seu principal repositório, donde se expande uma imensa luz pelo Universo,

acompanhada do espírito calorífero que penetra todos os corpos vegetais, tornando-os vivos e fecundos: pode-se razoavelmente supor que se trata de algo mais do que uma luz corriqueira, pois penetra e se difunde por todas as substâncias corpóreas, mesmo as mais densas... E pode afirmar-se, muito verossimilmente, que este espírito fecundador e esta luz difusa por todo o mundo confluem para o corpo solar, onde se unem e se fortificam, e por isso está ele colocado no centro do Universo, e de onde depois, mais esplêndida e vigorosa esta luz se difunde novamente.

O texto de Galileu continua: a "luz primigênia", que é o próprio espírito *fovens aquas*, contrai-se no Sol e explode animando o Cosmos.

De modo semelhante ao coração do animal, que enquanto recebe o sustento de que necessita para não perecer promove uma contínua regeneração dos espíritos vitais que sustentam e vivificam os seus membros, também no Sol, enquanto *ab extra* aflui o seu alimento, conserva-se aquela fonte da qual continuamente deriva e se difunde este lume e calor prolífico, que dá vida a todos os membros que em torno dele se concentram.[8]

Ricasoli Rucellai, no diálogo dedicado a Anaximandro, encontrava nestes textos a teoria da *anima mundi* de Ficino. Não foi por acaso que Galileu continuava apoiando-se no Pseudo-Diógenes. Indicar fontes e passagens paralelas não teria sido certamente difícil. A intuição pitagórica, hermética, neoplatônica; o culto do Sol que era caro a Juliano, que constitui o pressuposto e o fundo, aliás consciente e expresso, da hipótese copernicana, está bastante presente nos textos de Galileu, para que possa ser considerado casual, e documenta claramente a dificuldade de separar, como queria Koyré em passagem frequentemente citada, o platonismo místico do platonismo geométrico, ou seja, Platino, Proclo e Ficino, de Euclides e Arquimedes.

Dizer isto, baseado em passagens precisas que atestam a participação num definido mundo da cultura, não significa, porém, e nem quer significar, que a "filosofia" de Galileu seja o platonismo, e um platonismo de tipo ficiniano. Assim como também certas passagens, ou certas opiniões ocasionais (por exemplo, a carta a Licetti, de 15 de setembro de 1640), não significam absolutamente, nele, mais do que se tratar de um adversário e um destruidor implacável do peripatetismo, além de físico também lógico, sem qualquer inclinação por Aristóteles. Duas coisas devem, por outro lado, ser lembradas: em primeiro lugar, a participação, ao menos inicialmente, do seu heliocentrismo daquela inspiração solar, que precedera e depois acompanhara a revolução copernicana, investindo-a de um alcance especulativo que ultrapassava a simples derrubada de uma hipótese astronômica. Em segundo lugar, deve-se ter presente que Galileu, no momento exato em que com as suas teorias físicas ajudavam a delinear um novo conceito do mundo, obrigado a defender--se de toda a espécie de acusações, procurava o apoio de doutrinas que tinham ampla circulação e autoridade: no campo metafísico, no platonismo, ou melhor, naquela versão compósita que constituíra o pressuposto do copernicanismo, que fora retomada por Giordano Bruno, e que circulava de alguma forma em Kepler, e cujos termos insidiosos e complexos são difíceis de se isolar e suprimir.

3 Chegamos assim a um problema frequentemente tratado, mas nem sempre nos seus termos exatos: o do relacionamento de Galileu com as correntes do pensamento quinhentista, sejam o platonismo e o aristotelismo das escolas, sejam as tendências rebeldes e renovadoras, como as de Telésio, Cardano, Giordano Bruno, Della Porta e Campanella. Esse problema se liga a outro, o dos chamados "precursores" do cientista, expressão que habitualmente designa não a única figura digna, ao menos em parte, dessa caracterização – ou seja, Leonardo da Vinci – mas sobretudo os físicos do final da Idade Média e os seus inabaláveis repetidores, até o século XVI.

O impetuoso retorno de Platão, que tinha mudado a cultura não universitária do século XV, adaptara-se no século XVI, com muita facilidade, a uma espécie de coexistência pacífica com o peripatetismo, segundo o programa traçado por aquele grande mediador que foi Marcilio Ficino; ou seja, enquanto Aristóteles permanecia o mestre de lógica e de física, Platão, relido através de Plotino e de Proclo, insinuava-se pela metafísica e pela teologia.

Percorrendo as aulas de filosofia dos mestres dos Studi italianos durante um século, teremos, algumas vezes, a impressão de uma divisão de campos bastante tranquila, mesmo, obviamente, com alguma forma de confusão de limites. Os próprios comentadores antigos, Temístio e Simplício, Alexandre e Filopono, são ajustados a esta operação, com maior dificuldade para Afrodiseu, e com certa primazia para Simplício. No campo da "metafísica", em particular são frequentes as combinações, os acordos, as sinfonias, e assim por diante, numa atmosfera genericamente platonizante, que afeta até mesmo as posições mais ousadas, como a de Giordano Bruno. Vale ressaltar alguns exemplos mais intimamente ligados ao caso de Galileu: em Pádua, nos últimos quarenta anos do século, a filosofia peripatética é ensinada pelo criptoplatônico Francesco Piccolomini, que chama Platão o outro olho da alma, e inspira, e talvez escreve, obras para "jovens patrícios" venezianos, como Pietro Duodo, que em 1609 reformou o Studio. Por outro lado, em Pisa, entre 1588 e 1597, é leitor habitual de Aristóteles, mas extraordinário de Platão, Jacopo Mazzoni, natural de Cesena. Mestre e amigo de Galileu, aparentemente conciliador, substancialmente platônico, é com o seu De Comparatione Aristotelis et Platonis que vai provocar a primeira franca defesa feita por Galileu, "da opinião dos Pitagóricos e de Copérnico sobre o movimento e a situação da terra", na carta de Pádua, de 30 de maio de 1597.[9] Mais ainda: referindo-se à carta de Mazzoni, Galileu envia, em 4 de agosto, a Kepler, uma profissão de fé copernicana, indicada como a única *non perversa ratio philosophandi*: profissão, declara ele, feita voluntariamente, pois "já há muitos anos aceitara a teoria de Copérnico, encontrando em sua base também a causa de muitos efeitos naturais, inexplicáveis se baseados na hipótese comum". E acrescenta: "escrevi muitas demonstrações e refutações dos argumentos adversos, sem ousar publicá-las, espantado com a sorte de Copérnico, nosso mestre comum (*fortuna ipsius Copernici, praeceptoris nostri, perterritus*)".

Delas nos resta, efetivamente, somente a réplica a Mazzoni; e vale a pena nos determos na ligação entre os dois. Em 1590,

Galileu, que ensinava matemática em Pisa, ia também – como escreve ao pai – "estudar e aprender com o Senhor Mazzoni". Em 1597, escreve logo depois de concluir a leitura da *Comparatio:* "a mim, particularmente, deu enorme satisfação e consolo... ver que, em algumas das questões que nos primeiros anos da nossa amizade discutíamos com tanta jovialidade, Vossa Excelência inclina-se para a parte que a mim parecia verdadeira, e o contrário para o senhor". O eco dessas discussões é realmente muito claro, não somente nas muitas páginas em que Mazzoni trata do movimento *sursum et deorsum,* mas também lá onde contrapõe os platônicos a Aristóteles, em relação ao uso dos instrumentos matemáticos na física: "Platão acreditava que a matemática era muito aproriada às pesquisas físicas; por isso serviu-se delas *in reserandis mysteriis physicis*" ("desvendando os mistérios físicos"). Mas há mais do que isto: baseando-se num texto de Proclo, Mazzoni foi formulando uma espécie de síntese entre Demócrito e o *Timeo.* "Afirma Proclo – escreve – que Platão, antes de diferenciar quantitativamente os quatro elementos, estabeleceu os corpúsculos regulares, demonstrando que o frio e o quente derivam do maior ou menor fechamento dos ângulos". E conclui: "*non fuit error, in quem ob amorem Mathematicarum impingeret Plato, sed fuit summa quaedam ingenii solertia, quae caloris et frigidatis causas vidit et docuit*" ("não houve erro, contra o qual por amor da Matemática se lançasse Platão, mas foi uma sua suprema sagacidade de espírito que viu e ensinou as causas do calor e do frio"): é, *in nuce,* a bem conhecida tese de Galileu sobre as qualidades primárias e secundárias.[10] O discurso poderia continuar, e não tanto sobre a utilização de Arquimedes pelos ópticos medievais, quanto, principalmente, no que se refere a Benedetti e à sua obra de 1585 (*Diversarum speculationum mathematicarum et physicarum liber*), não mencionada por Galileu, mas analisada com referências explícitas por Mazzoni, e justamente naquelas partes em que o seu livro reflete, indubitavelmente, as "joviais e amigáveis" discussões de Pisa. E pode ser interessante acrescentar que é do mesmo ano de 1597 um texto de filosofia natural, em que o já citado Francesco Piccolomini, então já colega paduano de Galileu, discute as teses aristotélicas sobre a queda dos corpos pesados, baseando-se nas críticas de *nonnulli mathematici*. Nas *Quaestiones naturales* do adversário de Piccolomini, Jacopo Zabarella, mais jovem do que ele, mas já falecido na época, tão inteligente pensador como ele mas um coerente aristotélico, procuraremos em vão algo semelhante a isso. Na realidade, nos últimos dois decênios do século o peripatetismo, nas áreas que haviam se conservado subordinadas a ele, ou seja, a lógica e a filosofia natural, era consideravelmente conservador, imobilizado em becos sem saída.

O renascimento quatrocentista do platonismo, a retomada de uma parte cada vez mais conspícua dos textos da ciência clássica, os próprios comentários de Aristóteles que ainda não haviam sido usados, ou que eram menos usados, além de incidirem profundamente no campo da metafísica, da moral, da política e da estética, tinham tido ressonâncias tanto nas questões de método como no terreno da psicologia e das ciências da vida. Como é natural, já no início do século desencadeara-se a tempestade nas áreas limítrofes: sobre a questão da imortalidade, entre a metafísica e a psicologia; sobre o problema da classificação das ciências, ou seja, pelo próprio sistema do saber, entre a lógica e a metafísica. No final do século, quando os clamores já haviam se aquietado até mesmo no terreno da filosofia natural e dos métodos, explode a renovação, não no interior do peripatetismo sobrevivente, mas fora dele: entre os matemáticos, ópticos, médicos e outros; e sempre encorajada pelas correntes não aristotélicas e antiaristotélicas. O erro de um grande número de historiadores é tentar obstinadamente buscar uma continuidade entre as discussões medievais, que inegavelmente haviam corroído o aristotelismo mas sem sair dele, e as tomadas de posição originais, fundamentadas na experiência, também esta, por sua vez, tornada possível unicamente pelas escolhas radicalmente diferentes, mais do que pelos novos instrumentos. Quando Galileu, no *De motu*, exclama, embora estivesse ligado ainda à teoria do ímpeto: *Haec Aristoteles contra antiquos, et nos pro antiquis;* quando sistematicamente se enfileira entre os *antiquiores, immerito ab Aristotele confutati*, a propósito da matéria; quando proclama que o "divino" Arquimedes é superior a qualquer outro intelecto; quando, num famoso texto do *Diálogo*, exprime toda a sua admiração por Aristarco e Copérnico, exclusivamente por terem feito, pela razão, tanta violência ao senso comum a ponto de permitir que "contra este [o senso comum] ela se tornasse senhora da sua credulidade": em tudo isto Galileu revela uma ruptura total com os velhos conceitos que o aristotelismo continuava a insinuar justamente por meio da física e da lógica. Sem essa "subversão", sem novas hipóteses gerais, nem mesmo se encosta o olho na luneta; as manchas solares, mesmo se vistas, permanecem como engano dos sentidos; as técnicas, os trabalhos artesanais, as construções e os arsenais permanecem mudos, isolados da pesquisa científica, sem comunicação com o mundo dos eruditos.

Galileu não chegou a essa ruptura, a essa revolução intelectual, a essa mudança das coordenadas do saber induzido pelo aprofundamento das teorias do ímpeto ou pelas discussões sobre *intensio et remissio formarum*, mas pela heroica visão de Copérnico, imediatamente entendida por ele não como hipótese matemática, mas como visão real das coisas, ou seja, interpretada da mesma maneira que o fora por Giordano Bruno. Essa visão o influenciou, fazendo--o abandonar não tanto os últimos resíduos da física peripatética, mas os pressupostos teóricos gerais que aquela física implicava; ela foi para ele uma "filosofia" amadurecida fora do peripatetismo, e também para além de todas as teorias conciliatórias, que, talvez, sem que disso tomassem consciência, acabavam por aceitar premissas demasiado equívocas, sofrendo por isso as consequências dessa atitude. Na *Dissertatio* de 1610, Kepler escrevia que Sidereus Nuncius – por menos que declarasse – tinha por trás de si Nicolau de Cusa e Giordano Bruno e toda uma concepção do universo que, embora se referisse a Pitágoras e a Melissos, a Demócrito e a Platão, constituía uma revolução no modo de pensar o relacionamento entre o homem e o mundo, impondo uma forma radicalmente nova de se chegar às coisas. O copernicanismo entendido como concepção do todo, e não como uma hipótese matemática, era uma visão revolucionária em que se concluíam os esforços teóricos do início do Renascimento – ou, como preferem outros, as possibilidades implícitas de um certo "platonismo", de Nicolau de Cusa a Ficino. Basta ler o início da obra-prima de Copérnico (I, 12) para se tomar consciência disso. Foi o que entendeu Giordano Bruno, e também Galileu, quando escreveu a Kepler, em 1597, que somente partindo de Copérnico pudera compreender adequadamente os problemas do movimento. Esta é uma passagem, que dá muito o que pensar: de que forma Galileu podia ter demonstrado, então, as teorias de Copérnico? Na realidade, nelas encontrara um ponto de partida, uma nova base, uma nova intuição; encontrara um outro caminho para se conceber o mundo, desligado do equívoco aristotélico; podia finalmente ver as coisas com olhos novos, retomá-las e reexaminar os problemas.

O copernicanismo era uma filosofia; e era, ainda, um pressuposto: um pressuposto, se quisermos nos servir de um termo controverso, que florescera justamente na área do Renascimento "platonizante", e não sob o signo do platonismo de Arquimedes, de que fala Koyré. Mais tarde, o ponto de partida de 1597 se tornará algo inteiramente diferente. Quando, arrastado a perspectivas cada vez mais originais, Galileu passar do estudo das leis do movimento ao estudo do céu, o seu copernicanismo conhecerá transformações. No momento em que Sidereus Nuncius derrubar as estruturas do mundo aristotélico – não mais seguindo as visões de uma metafísica poética de tipo bruniano, mas por demonstrações matemáticas e experiências sensíveis efetuadas por meio de instrumentos – a sua filosofia natural assumirá um novo sentido. Derrubadas as barreiras do céu, as concepções hierárquicas e finalísticas, unificado o mundo físico, esclarecidos os processo lógico-cognoscitivos, o copernicanismo de Galileu assume novas dimensões. Tornado "natural", ou científico, o conhecimento tanto da terra como do céu, as relações últimas mudam; e mudam também os limites do reino do homem. No momento em que nele entram os céus, as estrelas, os espaços; no momento em que uma ciência unificada dispõe-se a especificar as leis de todo campo de experiências possíveis, os problemas últimos são recolocados diversamente: esta experiência e o saber humano podem chegar realmente a abraçar em conjunto o infinito, o absoluto, o todo? Aqui, os caminhos se separam; Giordano Bruno respondera que sim, Galileu responderia que não. Por mais semelhantes que pareçam às vezes as expressões pelas quais os dois pensadores faziam previsões sobre o relacionamento entre a ciência e a fé, entre o reino do homem e o reino de Deus, a diferença fundamental permanece enorme: a ponto de justificar o silêncio de Galileu em coisas que ultrapassavam as razões ditadas pela prudência. A filosofia de Galileu é "ciência", ou seja, o fruto da razão e da experiência; e é plenamente válida, numa esfera destinada a ampliar-se progressivamente, sem barreiras, mas no seu próprio terreno, isto é, em dimensões diversas do absoluto e do divino. É uma ciência que não procura essências últimas e não conhece – como tal – o absoluto infinito, e não o julga. Por isso, não pode chocar-se com o que diz a fé, que tem outros instrumentos, outros objetos, um *outro* livro. Mas o livro da razão e da natureza, da matemática e da experiência, da realidade que vemos com os olhos e pensamos com a mente e com o aperfeiçoamento dos sentidos por meio dos instrumentos, da razão mediante os cálculos; o livro do "filósofo" é único e é terreno, pois encontra em si próprio garantias e medidas, e nele o agir e o conhecer se entrelaçam, pois o saber sem as obras é estéril. A ruptura com Aristóteles reside justamente nisto: na negação, no âmbito do visível, do contraste *absoluto* entre os tipos de movimento, entre o céu e a terra, entre o corruptível e o incorruptível, entre o natural e o sobrenatural. O mundo humano é unificado na sua textura espacial e mensurável, no ritmo da sua dimensão temporal, no alvéolo das suas leis. O reino de Deus é outro, e de outro tipo são os seus acessos: o seu livro é de outro gênero.

Ora, é justamente esta filosofia, que já não era intuição pressuposta mas teoria verificada, que se destaca do primitivo copernicanismo; e é esta "nova filosofia" que se torna o foco da reflexão, da própria experimentação galileana, depois de 1610. O que foi chamado de atividade de propaganda é, antes, um ensinamento que conta mais do que qualquer descoberta isolada, em setores particulares: é um novo modo de entender a filosofia, como investigação e construção humanas, para os homens, dentro da realidade em que o homem vive, na consciência dos limites insuperáveis, é daí no respeito de outras dimensões possíveis: mas autônoma no seu terreno, e sua própria medida.

Daí a sua distância de Descartes, mais do que de Giordano Bruno, e justamente pela nítida consciência dos limites de qualquer problemática filosófica que não queira reincidir nos equívocos do peripatetismo e nos seus tristes conúbios de física e metafísica; mas também pela vontade heroica de proclamar a verdade, à qual é intrínseca a "publicação" dirigida a todos, e a ativa verificação com a colaboração de todos, visando à comum libertação do erro. Galileu não age como "mascarado", *larvatus*.

4 O itinerário ao longo do qual definiu-se a reflexão de Galileu parece confirmar esta imagem do seu pensamento. Estudante de medicina em 1581, ainda em 1590 invoca o seu Galeno. Pelas apostilas dos alunos de medicina de Pisa daqueles anos, sabemos do relevo dado a questões de método e de lógica; sabemos da complexa problemática das ciências da vida no ensinamento de Cesalpino, de Mercuriale, até de Licetti.[11]

São conhecidos os apontamentos feitos por Galileu em 1584, documento precioso de uma marca aristotélica nas questões "do céu", da "*intensio et remissio formarum*", das qualidades. Nesses documentos refletem-se exposições escolásticas bem informadas, características do ambiente de Pisa, como atestam por exemplo as citações dos cursos de Flaminio Nobili. Repetiu-se muito que se tratava de lições de Francesco Buonamici, seguindo-se as indicações de Favaro. O confronto com o monumental *De motu* do mestre pisano, editado em Florença em 1591, revela correspondências muito parciais de argumentos com o livro décimo, e discordâncias notáveis no tom, nas citações, no teor do discurso. Nas *Juvenilia* de Galileu faltam os duros ataques às teses dos platônicos sobre a corruptibilidade dos céus e sobre o uso da matemática. E mais:

Buonamici adverte que chegara à ideia do livro pelas recentes discussões no Studio de Pisa, entre ouvintes seus e colegas, a propósito do movimento. O ano é 1591; são de 1590 os mais antigos escritos de Galileu sobre o movimento, conhecidos por refletirem observações e colóquios com Mazzoni, muito críticos e já então destacados da atmosfera que circulava na obra coetânea de Buonamici.

Convém, portanto, voltar às *Juvenilia* físicas; ler os apontamentos de lógica, também esses de próprio punho, agrupados originalmente aos outros e não usados por Favaro. Neles confrontam-se questões relevantes sobre os princípios e a ordem das ciências, tais como os encontramos nos maiores lógicos da segunda metade do século XVI, por exemplo em Zabarella. Essas questões são mais importantes do que as batidas fórmulas sobre a "resolução" e sobre a "composição", já então banalizadas, e em que Randall acreditou poder identificar a fusão do método de Galileu com o peripatetismo das escolas. Entretanto, a reconstituição de todos os escritos das *Juvenilia* servirá também para a formação de uma ideia completa das primeiras experiências culturais de Galileu, e para recolocar em discussão certas ligações suas com Buonamici. Quando Buonamici publica *De motu*, Galileu está tomando um caminho diferente, destinado a levá-lo para fora daquela ordem cósmica, e daquela noção de espaço em que o mestre pisano colocava com tanta firmeza os seus corpos, de natureza pesada ou leve, e por nenhum outro motivo – observava Galileu – a não ser porque deveriam ter também uma *aliquem ordinem*.

A destruição desta ordem, a influência de Arquimedes, a negação da existência em si dos corpos pesados e leves, a transformação do conceito de espaço, o início daquele processo que o levará a refutar um centro do mundo e a precisar o seu conceito da relatividade – tudo isto ia-se ligando na mente de Galileu à interpretação e à aceitação do copernicanismo como visão da realidade, e não como mera hipótese matemática. É extremamente importante a confissão feita a Kepler, em 1597, da sua acolhida das teses de Copérnico há já muitos anos, como fundamento para o estudo das leis do movimento. As observações vinham confirmar as suas ideias; a realidade objetiva correspondia às proporções dos números. O telescópio, finalmente, que era uma extensão dos sentidos, paralela à extensão da razão por meio dos instrumentos matemáticos, "Permitiria ver que o céu *verdadeiro* é diferente do céu peripatético, e que o mundo é um outro mundo. O mundo de Copérnico estava sendo "sensivelmente provado". Temos muitos documentos relativos à atitude de Galileu, como aquele em que respondia a Cesi, que judiciosamente levantava dúvidas a propósito das concepções copernicanas sobre os excêntricos e os epiciclos: "não devemos esperar que a natureza se acomode ao que nos parece melhor disposto e ordenado, mas convém que acomodemos o nosso intelecto ao que ela fez". A filosofia deve deixar de ser "o quimerizar do nosso cérebro" – como dirá a Gallanzoni. O telescópio, isto é, os nossos olhos com potência ampliada; a matemática, isto é, o nosso espírito dirigido para o aprofundamento das coisas, possibilitam-nos o acesso a uma realidade correspondente a essas coisas, e objetivamente mensurável. Certamente não encontramos em Galileu uma investigação dos fundamentos válidos para isso: não existe ainda a teoria cartesiana da veracidade divina, apesar de existirem as famosas páginas do *Diálogo* sobre os conhecimentos *intensivos* e *extensivos*; não existe nenhum desenvolvimento explícito de uma temática pitagórico-platônica da estrutura matemática do Cosmos, apesar de existirem os muito conhecidos vestígios platonizantes das primeiras obras, até os *Discorsi* de 1638. Na realidade, Galileu não escreve nem uma lógica, nem um discurso sobre o método; procura as regras do conhecido jogando-se na água e nadando. Copérnico serve para lhe dar um impulso. O vigor da sua filosofia está na eliminação metódica dos contínuos equívocos físico-teológicos, no preciso delineamento do campo do conhecimento científico, na reivindicação da investigação racional de todo o mundo experimental, na transformação em ato dos processos de recíproca integração entre a matemática e a experiência sensível; na construção, enfim, de uma física autônoma das hipóteses pseudofilosóficas e pseudoteológicas.

Ao mesmo tempo, à medida que o copernicanismo vai sendo verificado por Galileu, define-se a sua atitude para com a religião. Não há dúvidas quanto à sinceridade de sua fé; mas também não há nenhuma dúvida da solidez da sua ideia de que a religião pertence a um outro campo, que não deve interferir na esfera terrena e racional que pertence à ciência. O seu embate com o peripatetismo, e também o distanciamento com relação a tantos contemporâneos, inclusive Kepler, estão radicados na exigência de liberar o conhecimento científico do mundo e do homem, o plano do humano, de qualquer mescla com hipóteses ou conceitos de outra ordem, e, por essa via, de quaisquer interferências institucionais. Por outro lado, para Galileu, o respeito pelo sobrenatural, como tal, corresponde à autonomia do saber racional. Suprimir o aristotelismo significa para ele deixar de procurar o reflexo do eterno na pureza cristalina do globo lunar. Deus, se é a razão de tudo que existe, está, bem por isso, *além* de tudo. Somente uma ciência que se recuse a atingir o infinito *in atto*, o *absolute infinitum*, o divino infinito, é a única capaz de restituir ao infinito a sua majestade.

Atualmente é comum citar-se a peça escrita por Brecht. Talvez a sua página mais eloquente seja aquela em que Frei Fulgenzio confessa ao mestre como lhe falta coragem para dizer aos seus pais, cansados de uma vida desprovida de alegrias, que além das traves do teto, nenhum Deus compreensível, benévolo e justo estava assistindo-os do céu.

A filosofia de Galileu, a filosofia com Galileu, não mais coloca Deus no âmbito das suas reflexões; não o coloca mais, personagem entre outros personagens, no teatro do mundo. Destrói uma imagem familiar do universo – e coloca o plano do divino a uma distância que não pode ser mensurada com nenhuma medida humana. Apesar disto tudo, Galileu continua a sentir-se cristão, membro da sua igreja, defensor do significado humano e moral da sua fé contra todas as mistificações pseudofilosóficas ("Ninguém, nem mesmo os Santos Padres, de uma forma mais pia ... e nem com uma intenção mais santa do que a minha teria podido proceder e falar"). Mas o reino de Deus não é realmente deste mundo. As imagens familiares do Cosmos talvez sejam mitos úteis à educação do gênero humano. Não são filosofia. No momento em que a ciência se firma fora do "clamor" - como dizia Da Vinci - das vãs opiniões conflitantes, e em que a verdade impõe silêncio aos seus falsos sacerdotes, que se apresentam como filósofos, a razão forma consciência dos seus limites e reconhece à fé o seu significado. São bem delimitadas as tarefas da razão, e sem esperanças ilusórias de explicar ao homem qual é o significado último da aventura universal. Quanto menos a reflexão sobre esta seja consoladora, menos cômoda e pacífica será a condição humana. A origem da fé está relacionada de modo indissociável à incompreensibilidade da vida e à sua inelutável tragicidade: uma fé e um Deus justificados no terreno prático, e que, no início efetivo do pensamento moderno, levam-nos a pensar em Pascal, mais do que em Descartes.

Notas

1 G. Galilei, *Opere*, v.X, p.351-2.

2 F. Saxl, Veritas filia temporis, In: *Philosophy and History, The Ernst Cassirer Festschrift*, New York, 1963, p.197-222.

3 *Opere*, v.III, 1, p.138 ss. (o início da *Narratio* de Kepler, reproduzida integralmente, juntamente com a *Dissertatio*, p.101 ss.).

4 *Opere*, v.XVII, p.42.

5 *Opere*, v.II, p.115 ss.

6 Para o que é dito aqui, cf., além da *Correspondence* de Mersenne (ed. Mme Paul Tannery-Cornelis de Waard, v.II e III, Paris, 1945), Robert Lenoble, *Mersenne et la naissance du mécanisme*, Paris, 1943.

7 *Opere*, v.XI, p.379.

8 Um confronto útil pode ser feito com Antonio Persio, Trattato dell'ingegno dell'huomo, in *Vinetia*, segundo Aldo Manutio, 1576, p.126 ss. (cf. Tullio Gregory, Studi sull'atomismo del Seicento, I, Sebastiano Basson, *Giornale critico della filosofia italiana*, n.43, 1964, p.38-65). Um curioso documento de discurso histórico insuficiente in Philip Paul Wiener, The tradition behind Galileo's Methodology, *Osiris*, v.I, 1936, p.733-46, cuja tese principal é notável: "Eu gostaria de mostrar

que a metodologia de Galileu opunha-se não às tradições intelectuais do pensamento grego, mas a um aristotelismo específico, corrente em seus dias; que sempre que Galileu diverge de Aristóteles, não é quanto ao método, mas quanto ao conteúdo e, finalmente, que as inovações nos conteúdos de suas doutrinas físicas foram formuladas por Galileu dentro da moldura de uma concepção platônica do mundo físico". Afirmações estas quase todas insustentáveis. Aliás, o uso um tanto vago feito por Wiener das referências históricas torna-se evidente pelo modo como se refere a Sizzi e à sua *Dianoia*, como se fosse algo inteiramente peripatético.

9 *Opere*, v.II, p.197-202.

10 J. Mazzoni, *In universum Platonis et Aristotelis philosophiam praeludia*, Venetiis, apud I. Guerilium, 1957, p.189 e ss. Para as teorias corpusculares atribuídas a Platão, ver os textos de Basson citados por Gregory, p.51.

11 Cf. J. Roger, *Les sciences de la vie dans la pensée française do XVIIIe siècle*, Paris, 1963, em que, na ampla parte introdutória, o autor discorre sobre as pesquisas europeias do século XVII.

ÍNDICE ONOMÁSTICO

Acciaiuoli, A., 13
Acciaiuoli, D., 13, 36, 53 n.24, 68, 104 n.13
Accolti, B., 25, 41
Agassi, J., 19 n.4
Albergamo, F., 102 n.2
Alberti, L. B., 17-8, 60, 73-5, 80 n.11 e 12, 89, 93, 98, 104 n.17, 126, 142
Albertini, (de Veneza), P., 158 n.10
Alberto da Saxônia (Albertuccio), 89, 105 n.21, 150
Alberto Magno, 92, 106 n.23 e 30
Alcinoo, 165 n.25
Alexandre Afrodiseu, 163 n.21, 179
Alhazen (Ibn al-Haitham), 107 n.31
Altúsio, J., 53 n.25
Amônio de Ermia, 159 n.13
Anaximandro, 177
Aníbal, 31
Antonino (Santo), 19 n.7, 93
Antonio de Aquila, 13
Apolônio, 143, 159 n.13
Argyropoulos, J., 88-90, 93

Arquimedes, 12, 17, 20 n.10, 38, 71, 142-4, 149-51, 156 n.3, 158 n.10, 159 n.13, 164 n.25, 177, 180, 182-3, 186
Ariosto, 18
Aristarco de Samos, 182
Aristóteles, 12, 35, 62, 67, 80 n.2, 86, 141-7, 153-4, 157 n.8, 158 n.9, 159 n.12 e 14, 164 n.23 e 25, 170, 174-5, 178-82, 184-5, 189 n.8
Autrecourt, N. d', 91, 105 n.19 e 20
Averlino, A. (o Filarete), 73, 76-7, 80 n.10 e 15
Averróis, 164 n.23
Avicena, 106 n.25

Bacon, F., 80, 99, 133
Bajazet, 30, 50 n.17
Barbaro, E., 104 n.13
Baron, H., 19 n.5, 44 n.6, 53 n.21
Barozzi, F., 159 n.14
Bartolo de Sassoferrato, 53 n.25
Basson, S., 159 n.13, 189 n.8
Beccanugi, P., 41
Bellarmino, R., 139

Belloni, L., 105 n.18
Beloch, G., 157 n.4
Beltrami, D. 157 n.4
Benedetti, G., 150, 165 n.27, 180
Benivieni, A, 92-3, 105 n.18
Benvenuto de Imola, 43 n.3
Berigardo, C., 136
Berlinghieri, F., 98
Bernardino (São), 19 n.7
Bernardo d'Arezzo (frei), 91, 105 n.20
Bessarion, B., 33, 158 n.10
Björnbo, A. A., 16, 20 n.9, 53 n.27
Boas, M., 8, 19 n.2, 165 n.26
Boccaccio, G., 13, 22, 137
Boccadiferro, L., 147
Bongioanni, F. M., 103 n.8
Bonucci, A, 20 n.11
Borri, G., 147, 149, 159 n.13, 160 n.15, 162 n.17
Borzelli, A., 129 n.1
Bracciolini, P., 25, 38, 40
Bradwardine, T., 161 n.16, 165 n.26
Brancati, G., 104 n.13
Brecht, B., 188
Breno, 31
Brentano Keller, N., 105 n.21
Broaspine, (Squire) G., 21, 42 n.2
Brunelleschi, F. 17, 38, 118
Bruni, F., 22
Bruni, L., 14, 17, 24-5, 32-4, 36-7, 39, 44 n.6, 53 n.24 e 25, 62-8, 70, 78-80 n.3
Bruno, G., 8, 18, 140, 148, 151-2, 162 n.19, 169, 172, 178, 182-5
Bulferetti, L., 157 n.4
Buonamici, F., 145-7, 149, 160 n.15, 161 n.16, 162 n.17, 163 n.21 e 23, 164 n.24 e 25, 185-6
Buridan, G., 71, 83, 89, 91, 103 n.6, 105 n.21
Burt, E. A., 19 n.6

Cacciaguida, 67
Calcagnini, c., 160 n.15
Calígula, 36
Campanella, T., 70, 79-80, 133, 140, 148, 156 n.3, 158 n.9, 162 n.20, 170, 178
Canal, C. da, 157 n.4
Canestrini, G., 80 n.6
Canfora, J., 103 n.9
Caponsacchi, P., 106 n.26, 147
Cardano, F., 16
Cardano, G., 148, 159 n.13, 162 n.20, 178
Carlos IV (Imperador), 25
Carpi, Pio A. da, 158 n.10
Casari, C., 46 n.10
Cassirer, E., 103 n.8, 104 n.16, 107 n.32, 189 n.2
Castelfranco, G., 101 n.1, 102 n.5, 106 n.28
Castelli, B., 139
Castiglione, B., 138
Catena, P., 159 n.14
Cataneo, A. da Imola, 106 n.25
Caverni, R., 84, 103 n.27
Cecco de Ascoli, 22
Cennini, P., 65
Cesalpino, A., 145, 160 n.15, 185
César, 31, 36-7
Cesi, F., 154, 187
Chabod, F., 19 n.5
Chastel, A., 101 n.1
Christodilos de Tessalonica, 39
Cícero, 26, 73, 88
Cipião, o Africano, 52 n.20
Cipolla, C., 42 n.1, 157 n.4
Clagett, M., 17, 20 n.10, 158 n.10
Cláudio, 36
Clávio, C., 159
Cola de Rienzo, 24, 27
Colonna, F., 79
Comênio (J. A. Komensky), 133
Comte, A., 150
Contarini, N., 134-5, 157 n.4, 161 n.16
Copérnico, N., 12, 15, 89, 148-9, 151-4, 157 n.3, 159 n.12, 165 n.28, 172, 182-3, 186-7
Cortesi, P., 87, 104 n.12

Costa, A., 105 n. 18
Cozzi, G., 157 n.4
Cremonini, C., 139-40, 145, 157 n.8, 161 n.16, 163 n.21
Crinito, P., 89, 163 n.22
Crisolora, M., 30, 33, 72-3
Cristóvão Colombo, 12, 169
Croce, B., 81, 101 n.1 e 2, 104 n.13, 131-3, 135, 156 n.1
Crosby, H. L., 165 n.26
Curcio, C., 80 n.17
Cusa, N. de, 17, 78, 84, 100, 107 n.32, 142, 148, 158 n.10, 160 n.15, 169, 182-3

Dati, G., 43 n.24
D'Adda, G., 103 n.9, 106 n.24
Dante Alighieri, 22, 34, 67-9, 96, 103 n.7
Decembrio, U., 25, 44 n.7, 73, 80 n.10
De Feo Corso, L., 53 n.25
Della Porta, G. B., 148, 159 n.13, 162 n.20, 178
Demócrito, 144, 156 n.3, 159 n.12, 164 n.25, 180, 182
Demóstenes, 158 n.9
De Robertis, G., 104 n.11
Descartes, R., 12, 133, 149, 172, 185, 189
Desiderio de Settignano, 40
Dini, P., 153, 172, 176
Diógenes (pseudo), 153, 177
Dionisotti, C., 103 n.9
Domenico de Bandino, 29
Domenico da Chivasso, 16
Domenico, G., 92-3
Donà, L., 134-5, 157 n.4
Doni, A. F., 79
Duhem, P., 84, 100, 103 n.7, 107 n.33
Duodo, P. (vide Piccolomini, F.)

Engels, F., 19 n.7
Epicuro, 159 n.12
Erasmo de Roterdã, 8, 18, 86, 137, 143
Ercole, F., 53 n.25
Escoto Eriugena, G., 12

Espinosa, B., 12, 133
Estrabão, 143
Euclides, 12, 20 n.10, 38, 143, 146, 159 n.14, 177
Eugênio IV, 34

Fascolo, U., 36
Favaro, A, 20 n.10, 132, 149, 156 n.1, 157 n.8, 159 n.13, 163 n.22 e 23, 164 n.25, 185
Federici Vescovini, G., 20 n.9
Ferrucci, A., 146
Ficino, M., 12, 14, 42, 85, 88, 92, 93-6, 98-100, 103 n.8 e 9, 104 n.10, 106 n.26, 29 e 30, 107 n. 31, 142, 159 n.14, 177-8, 183
Filolau, 156 n.3
Filelfo, F., 39, 53 n.25, 92, 103 n.9
Filippo di ser Ugolino, 16-7, 39
Filopono, 89, 150, 179
Firpo, L., 80 n.15 e 17, 157 n.7
Fludd, R., 153, 159 n.13, 171
Fortini, B., 32
Fortini, P., 32
Foscarini, P. A., 160 n.15
Francesco di Giorgio Martini, 73, 75, 80 n.13
Frezza, M., 106 n.24
Fumagalli, G., 102 n.3, 103 n.6 e 8

Gaguin, R., 104 n.10
Galeno, 12, 143, 185
Galilei, G., 8, 12, 15, 20 n.10, 99, 101, 105 n.21, 111, 131-41, 143-4, 146-56, 156 n.1, 2 e 3, 157 n.4, 6 e 8, 158 n. 9 e 10, 159 n.11, 12, 13 e 14, 160 n.15, 161 n.16, 162 n.18, 19 e 20, 163 n. 22 e 23, 164 n. 24 e 25, 165 n. 26
Gallanzoni, G., 187
Gambacorti, B., 31
Ganai, G. di, 104 n.10
Gargano, (Silvestre, de Agostino), 205 n.22
Garroni, E., 101 n.1

Gassendi, P., 133, 149, 159 n.13, 171
Gaudenzio, P., 163, 21
Geymonat, L., 105 n.19
Gelli, G. B., 137
Gentile, G., 101 n.1, 103 n.8, 156 n.1
Gherardi, A., 44 n.8 e 9, 105 n.18
Gherardini, N., 144, 159 n.13, 175
Ghiberti, L., 17, 74, 126
Giacomelli, R., 149, 156 n.2, 163 n.23
Giacomini, L., 146, 160, n.15
Gianotti, D., 136
Gilbert, N. W., 20 n.10, 149, 159 n.14
Gilson, E., 68, 78, 80 n.8 e 16
Giorgio di Giovanni Teutonico, 39
Girolamo da Sommaia, 147, 161 n.16 e 17
Grassi, O., 162 n.20
Gregório XI, 21, 24-5, 44 n.8
Gregory, T., 157 n.7, 189 n.8, 190 n.10
Grócio, U., 133
Gualdo, P., 140, 157 n.8, 160 n.15
Guicciardini, F., 65, 138
Guido del Palagio, 26
Guidobaldo del Monte, 164 n.23

Hanson, N. R., 165 n.28
Harvey, W., 15
Heath, Th., 158 n.10
Hegel, G. W. F., 101 n.1
Heiberg, J. H., 158 n.10
Hélio Aristides, 44 n.6, 64, 66
Henrique de Langenstein, 16
Heydenreich, L., 111
Heytesbury, W., 165 n.26
Hobbes, T., 133, 149

Jacopo da Saliceto, 45 n.9
Joana I d'Anjou, 25
Joaquim de Fiore, 79
John Hawkwood, o Sagaz, 31
Juliano, o Apóstata, 177

Kaegi, W., 63, 72, 80 n.4 e 9

Kepler, J., 138, 148-9, 162 n.19, 169, 171, 178-9, 183, 186, 188, 189 n.3
Kirner, G., 44 n.6
Koyré, A., 9, 11, 19 n.3, 160 n.14, 163 n.23, 165 n.26 e 28, 177, 183
Kristeller, P. O., 19 n.1 e 5, 104 n.10

Labriola, Antonio, 19 n.7
Ladislau de Durazzo, 35
Landino, C., 88-9, 103 n.9 e 13
Lappe, J., 105 n.20
Lázaro de Pádua (frei), 44 n.6, 80 n.5
Lefèvre d'Etaples, J., 104 n.10
Leibnitz, G. W., 133
Lenoble, R., 189 n.6
Leonardo da Vinci, 8, 12, 15-6, 18, 42, 57-60, 72-4, 79, 80 n.1, 81-101, 101 n.1, 102 n.2-5, 103 n.6-9, 104 n.11, 13, 17, 105 n.18, 21, 22, 106 n.23, 25, 27, 28, 30, 107 n.31, 32, 109-29, 167, 178, 189
Leonico Tomeo, N., 143, 159 n.11, 13
Leucipo, 159 n.12
Libri, G. de, 136, 145, 147, 160 n.15
Licetti, F., 136, 177, 185
Lívio, 26
Loschi, A., 25-6, 44 n.7
Lucrécio, 144, 159 n.13
Ludovico, o Mouro, 58, 99
Luiso, F. P., 44 n.6
Luporini, C., 101 n.1

Maquiavel, N., 19 n.5, 38, 39, 40, 42, 71, 79, 137
Mabilleau, L., 157 n.8
Maier, A., 102 n.5 e 6, 105 n.21
Manetti, G., 17, 38-9, 72, 93, 138
Marcolini, F., 159 n.14
Marcolino da Forlì, 169
Marcolongo, R., 84, 103 n.7
Marinoni, A., 102 n.3, 103 n.8 e 9, 104 n.11 e 13
Marliano, G., 92, 105 n.22
Marsili, C., 160 n.15

Marsili, L., 26, 46 n.10
Marsílio de Pádua, 26
Marsuppini, C., 17, 25, 32, 39, 40, 55 n.30
Martelli, I., 160 n.15
Martines, L., 19 n.7
Marullo, M., 42, 99, 107 n.31
Mazagaia da Verona, 42 n.2
Marzi, D., 42 n.1, 44 n.8
Marzio, G., 106 n.24
Masai, F., 53 n.22
Masai, R., 53 n.22
Mazzoni, J., 143, 145, 147, 149, 151-2, 159 n.12, 160 n.15, 162 n.17, 163 n.23 e 24, 165 n.27, 179-80, 186, 190 n.10
McColley, G., 158 n.10
Medici (Família de), Cosimo, o Velho, 16, 37, 39, 41, 75, 90, 105 n.18; Lourenço, 39, 41, 133, 158 n.10; Piero, 76; Cosimo I, 133; Ferdinando I, 133
Melissos, 182
Mercuriale, G., 136, 185
Merkle, S., 42 n. 2, 103 n.7
Mersenne, M., 133, 149, 170-2, 189 n.6
Micanzio, F., 134, 140, 169-70, 188
Michelangelo Buonarroti, 42, 128, 132
Milanesi, G., 129 n.1
Mitridate, 31
Moody E. A., 103 n.6
Morandi, O., 174
Muratori, L. A., 47 n.12

Nardi, B., 105 n.20, 157 n.7
Nero, 36
Nesi, G., 103 n.8
Newton, I., 133
Niccoli, N., 16
Niccolò della Luna, 89
Niccolò di ser Ventura Monachi, 21
Niccola di Oresme, 16
Nicolau V., 75, 158 n.10
Nobili, F., 163 n.22, 185
Novati, F., 42 n.2, 44 n.7, 46 n.9

Occam, G., 91
Olschki, L., 95-6, 103 n.8, 106 n.28

Paleologo, D., 30
Palingenio Stellato, M., 160
Palla di Nofre Strozzi, 38
Palmieri, M., 40
Paulo IV, 137
Papini, N., 105 n.20
Pappo, 20 n.10
Parronchi, A., 20 n.11
Pascal, B., 189
Paschini, P., 159 n.11
Pastor, L., 43 n.5
Patrizi, F., 79, 138-9, 143, 157 n.7
Peckam, J., 16, 38, 107 n.31
Pelacani, B., 91, 105 n.21
Pellegrini, O., 159 n.11
Pendásio, F., 163 n.21
Perosa, A., 107 n.31
Perotti, N., 86, 104 n.11
Persio, A., 157 n.6, 162 n.20, 189 n.8
Petrarca, F., 13, 22-3, 25-7, 32, 44 n.9, 47 n.12, 121, 142
Petrella, B., 145, 161 n.16, 163 n.22
Peurbach, G., 89
Piattoli, R., 105 n.5
Piccolomini, A., 159 n.13 e 14
Piccolomini, E. S. (Pio II), 23, 40, 138
Piccolomini, F., 145, 161 n.16, 163 n.21, 179-80
Pico della Mirandola, G., 12, 15, 100, 106 n.27, 142
Pier Leone de Spoleto, 98
Piero di ser Nino da Montevarchi, 32
Pieruzzi, F., 16, 37, 39
Pietro da Muglio, 22
Pietro da Tossignano, 44 n.9
Pignoria, 157 n.8
Pirro, 31
Pitágoras, 39, 53 n.28, 144, 159 n.12, 182
Platão, 12, 35, 37, 39, 53 n.25 e 28, 62, 64, 66-7, 71, 77-8, 88, 98, 106 n.30,

143-5, 147, 159 n.12 e 13, 160 n.15, 164 n.25, 178-80, 180 n.10, 182
Platina Bartolomeu Sacchi, de, 93
Pleton, J. Gemisto, 33, 53 n.22, 67, 69, 90
Plínio, o Velho, 88, 92, 104 n.13
Plotino, 107 n.31, 144, 177-8
Policiano, A., 12, 41, 85-8, 91-2, 104 n.12, 133, 142, 158 n.10
Pomponazzi, P., 12, 146
Proclo, 144, 159 n.12 e 13, 160 n.14, 177-8, 180
Ptolomeu, 38, 100, 143, 149, 152, 165 n.28

Randall, J. H. (Jr.), 20 n.10, 103 n.6, 186
Regiomontano, Johann Müller, o, 89, 158 n.10
Reuchlin, J., 104 n.10, 138
Ricasoli Rucellai, O., 177
Ricci, P. G., 55 n.30
Richter, J. T., 103 n.9
Roberto de Genebra, 28
Rocco. A., 158 n.9
Roffeni, G. A., 160 n.15
Roger, J., 180 n.11
Ronchi, V., 107 n.31
Rossellino (Bernardo Gamberelli), 38
Rotondò, A., 157 n.5 e 7
Rousseau, J. J., 66
Russo, L., 104 n.12

Sagredo, G. F., 148, 155, 157 n.8, 173
Salutati, C., 13-4, 16, 19 n.5 e 7, 21-33, 37-8, 42 n.2, 43 n.3, 44 n.7, 72
Saluzzo, C., 80 n.13
Santini, E., 53 n.24, 80 n.3
Sarpi, P., 134, 140, 154, 169
Sartini, A., 161 n.16
Sarton, G., 103 n.8
Sassetti, F., 146-7, 160 n.15, 162 n.17
Savonarola, G., 65, 78-9, 92, 106 n.23, 129, 133, 136
Saxl, F., 189 n.2
Scala, A., 41

Scala, B., 25, 32, 38, 41, 55 n.32
Scala (della) A., 52 n.20
Scheiner, Ch., 148
Scholz, R., 46 n.10
Segre, A., 42 n.2
Sêneca, 26, 88
Sêneca, F., 157 n.4
Silva, P., 157 n.5
Simplício, 163 n.21, 179
Sisto VI, 41
Sizzi, F., 180 n.8
Sócrates, 143
Soderini, P., 106 n.25
Solari, G., 80 n.15
Solmi, E., 102 n.4, 103 n.9, 13, 14 e 17, 105 n.21, 22, 106 n.23, 25 e 30, 107 n.31 e 32
Spampanato, V., 156 n.3, 162 n.20
Spaventa, B., 156 n.1
Stigliola, N. A., 162 n.20
Strozzi, C., 147

Tartaglia, N., 150
Telésio, B., 12, 139, 146-8, 162 n.20, 178
Temístio, 179
Tenenti, A., 157 n.30
Thorndike, L., 103 n.6, 105 n.18 e 21
Tibério, 36
Tiepolo, S., vide Piccolomini F.
Tignosi, N., 93, 106 n.25
Timeo, 156 n.3
Tomás de Aquino, 12, 92, 147, 162 n.17
Torni, B., 92-3, 105 n.18 e 22
Tortelli, G., 86
Toscanelli, P., 17, 20 n.11, 38, 89, 93, 118, 142, 158 n.10
Traversari, A., 17

Uccelli, A., 102 n.5, 103 n.7, 104 n.17, 105 n.21 e 22, 106 n.23
Ullman, B.L., 42 n.2
Urbano V, 22

Vailati, G., 150, 165 n.27

Valério, L., 173-4
Valla, G., 8, 12, 142, 158 n.10
Valla, L., 8, 12, 85-7, 138
Vasari, G., 112-7
Veneto, F. G., 138
Verino, F., 145, 147, 149, 160 n.15
Vespasiano da Bisticci, 17, 34, 53 n.23, 118
Vespucci, V., 137
Vinta, B., 146, 167, 172
Virgílio, 26, 31
Virtù (conde de), vide Visconti, G. G.
Visconti: Bernabò, 25, Gian Galeazzo, 24-5, 30, 36, 50 n.17, 64
Vitellione (Witelo), 107 n.31
Vitrúvio, 58, 71, 73, 126
Vives, L., 138

Viviani, V., 132, 156 n.2, 157 n.6, 159 n.13, 163 n.23, 175

Weber, G., 105 n.18
Weinberg, B., 104 n.11
Weinberg, J. R., 105 n.19
Weiss, R., 42 n.2
Welser, M., 148
Wesselofsky, 44 n.9, 46 n.10, 105 n.21
Wiener, P. P., 109 n.8
Wilson, C., 165 n.26
Wohlwill, E., 132, 156 n.2, 163 n.23

Zabarella, F., 13, 138
Zabarella, J., 161 n.16, 163 n.21 e 22, 181, 186

SOBRE O LIVRO

Coleção: Biblioteca Básica
Formato: 14 x 21 cm
Mancha: 25 x 44 paicas
Tipologia: Goudy Old Style 12/14
Papel: Pólen 80 g/m² (miolo)
Cartão Supremo 250 g/m² (capa)
1ª edição: 1996
1ª reimpressão: 2012

EQUIPE DE REALIZAÇÃO

Produção Gráfica
Sidnei Simonelli (Gerente)
Edson Francisco dos Santos (Assistente)

Edição de Texto
Fábio Gonçalves (Assistente Editorial)
Nelson Luis Barbosa (Preparação de Original)
Ada Santos Seles e
Dalila Maria Pereira Lemos (Revisão)
Juliana Campoi (Atualização Ortográfica)

Editoração Eletrônica
Casa de Ideias (Diagramação)

Projeto Visual
Lourdes Guacira da Silva

Impressão e acabamento